2026年度版

石川県の

社会科

参 考 書

協同教育研究会 編

協同出版

はじめに～「参考書」シリーズ利用に際して～

　教育を取り巻く環境は変化しつつあり，日本の公教育そのものも，教員免許更新制の廃止や GIGA スクール構想の実現などの改革が進められています。また，現行の学習指導要領では「主体的・対話的で深い学び」を実現するため，指導方法や指導体制の工夫改善により，「個に応じた指導」の充実を図るとともに，コンピュータや情報通信ネットワーク等の情報手段を活用するために必要な環境を整えることが示されています。

　一方で，いじめや体罰，不登校，暴力行為など，教育現場の問題もあいかわらず取り沙汰されており，教員に求められるスキルは，今後さらに高いものになっていくことが予想されます。

　本書は，教員採用試験を受験する人が，より効率よく学習できるように構成されています。本書の基本構成としては，各自治体の過去問を徹底分析した上で，巻頭に，各自治体の出題傾向と学習法，出題例，類題等を作成・掲載しております。第1章以降では，各自治体の出題傾向に基づいて，頻出の項目を精選して掲載しております。ページ数やその他編集上の都合により，掲載しきれず，割愛している内容もありますので，あらかじめご了承ください。なお本書は，2024年度（2023年夏実施）の試験を基に編集しています。最新の情報につきましては，各自治体が公表している募集要項や Web サイト等をよくご確認ください。

　最後に，この「参考書」シリーズは，「過去問」シリーズとの併用を前提に編集されております。参考書で要点整理を行い，過去問で実力試しを行う，セットでの活用をおすすめいたします。

　みなさまが，この書籍を徹底的に活用し，難関試験である教員採用試験の合格を勝ち取って，教壇に立っていただければ，それはわたくしたちにとって最上の喜びです。

協同教育研究会

教員採用試験「参考書」シリーズ

石川県の社会科 参考書

CONTENTS

石川県の社会科
出題傾向と学習法

効率よく試験対策を進めるために

1 ポイントを確実に理解して例題を解く

　教員採用試験の専門教養の筆記試験対策として最重要なのは，受験する自治体の出題形式や傾向に合った学習法を知ることである。本書は過去問を分析し，頻出分野を中心に構成されている。各節で学習のポイントを示し，例題を解きながら知識を身につけるようになっている。したがって，まず，各節のポイントを確実に理解するようにしよう。

　専門教養とはいえ，学習指導要領の内容から大きく離れた「難問」が出題されることはほとんどない。志望する学校種の問題レベルを把握し，十分に対応できるまでの知識を身につけることが求められる。試験対策としては，苦手な分野や触れたことのない内容を残さないようにすることも大切だが，まずは本書の例題や過去問などに積極的に取り組んで，頻出分野の知識を身につけてほしい。

2 出題傾向から効率よい学習法を導き出す

　石川県の社会科では，中学・高校で共通の問題が出題される。2024年度は，「中高共通」の大問が3題，「中高歴史」「中高地理」「中高公民」の大問がともに4題ずつ出題されている。これは前年度と同じで，2025年度もこのようなパターンが継続されると思われる。

　頻出分野は，中高地理が「地図」「地形」「気候」「産業・資源(農牧業)」「国家・民族」「日本の地誌」，中高歴史が「古代」「中世」「近世」「近代」「古代地中海世界」「中国以外のアジアの歴史」「ヨーロッパ史」，中高公民が「日本の政治機構」「国際政治」「現代社会の特質と課題」「哲学と宗教」などとなっている。こうした分野については本書で学習し，過去問等から類題を解き，確実に得点できるようにしよう。

　解答形式は，2021年度までは「中高共通」問題はすべて選択式で，「中高歴史」「中高地理」「中高公民」では選択式と記述式の問題が混在する形式だった。ところが2022年度以降は，「中高共通」のみならず，「中高歴史」「中高地理」「中高公民」もすべて選択式となった。

　ここでは，実際に出題された問題をいくつか示す(出題例参照)。

　まず，地理分野では地形図や雨温図などについて，的確に読み取る能力が試される。いつも地図を目にする習慣をつけておきたい。「鉱工業」「貿易」「日本の地誌」でも，表やグラフなど統計資料の読み取り問題が頻出である。これらの対策としては，教科書・資料集などに目を通し，類題を多く解いて理解を深めておこう。

　歴史分野では，史資料を読んで問いに答える問題が続く。例年，年代の並べ替え問題が頻出しているため，歴史的な流れを正確に把握し，諸外国との関係についても整理しておく必要がある。著名な史資料を日頃から熟読し，十分な準備をして臨みたい。

　公民分野の「哲学と宗教」については，最頻出項目となっている。国内外を問わず著名な思想家の思想・哲学は必須であり，時代背景を踏まえながら，その考え方をもれなく理解しておこう。その際，単にキーワードを暗記するだけでなく，思想の内容について深く考察しておくことが重要となる。また，各思想家の有名な言葉，著作の中の文章について理解しておくことも，得点につなげるための有効な対策となろう。

3　過去問題集との併用等で実践力をつける

　以上のように，本書の使い方としては，効率的に試験対策を進めるために頻出分野のポイントを押さえ，例題を通して解法を理解することになる。ただし，本試験でその学習成果が発揮できるかどうかは，実践的な問題をどれだけ解いているかが重要となる。その対策として，一通り基礎の確認ができたら時間を計って各年度の過去問を解くこと，模試を活用するといったことなどが考えられる。そこで不正解だった問題については，本書の該当箇所を参照し，繰り返し学んでほしい。そうすることで，出題傾向に合わせた実践的な力が確実に身につくはずである。

まずは出題例を見ていこう！

本自治体の出題例：始めにチャレンジ！① (2024年度実施問題改)

中南米地域について，問いに答えなさい。

問1　地図中の都市A～Cのハイサーグラフの組合せとして正しいものを，①～⑥から一つ選びなさい。

（気象庁資料より作成）

① i－A　　ii－B　　iii－C　　② i－A　　ii－C　　iii－B
③ i－B　　ii－A　　iii－C　　④ i－B　　ii－C　　iii－A
⑤ i－C　　ii－A　　iii－B　　⑥ i－C　　ii－B　　iii－A

問2　地図中のD～G地域の自然環境や農牧業について述べた文として適当でないものを，次の①～④から一つ選びなさい。

①　Dの地域では，セルバと呼ばれる熱帯雨林地域で，伝統的な焼

畑農業が行われている。

② Eの地域では，1970年代末からセラードが中国の援助を受けて開発され，大豆が大規模に生産されている。

③ Fの地域では，エスチュアリーの西側に湿潤パンパが広がり，小麦栽培が盛んである。

④ Gの地域では，山脈から乾いた下降気流が吹きつけ乾燥地域となり，羊の放牧が行われている。

解答：問1 ⑥ 問2 ②

本自治体の出題例：始めにチャレンジ！② (2023年度実施問題)

次の史料を読んで，以下の問いに答えなさい。

A 第三条 下田，箱館港の外，次にいふ所の場所を左の期限より開くべし。

神奈川……　長崎……　新潟……　（ X ）……

……神奈川港を開く後六ヶ月にして下田港は鎖すべし。

B 第一号……第一条 支那国政府ハ，（ Y ）国ガ山東省ニ関シ条約其他ニ依リ支那国ニ対シテ有スル一切ノ権利利益譲与等ノ処分ニ付，日本国政府ガ（ Y ）国政府ト協定スベキ一切ノ事項ヲ承認スベキコトヲ約ス……

C 第一条 締約国ハ本条約ノ規定ニ従ヒ各自ノ海軍軍備ヲ制限スヘキコトヲ約定ス

第四条 各締約国ノ主力艦合計代換噸数ハ基準排水量ニ於テ合衆国五十二万五千噸，英帝国[a]噸，仏蘭西国十七万五千噸，伊太利国十七万五千噸，日本国[b]噸ヲ超ユルコトヲ得ス

D 第一条 (a)日本国と各連合国との間の戦争状態は，……この条約が日本国と当該連合国との間に効力を生ずる日に終了する。

第六条 (a)連合国のすべての占領軍は，この条約の効力発生

9

の後なるべくすみやかに……日本国から撤退しなければならない。但し，この規定は……協定に基く……外国軍隊の日本国の領域における駐とん又は駐留を妨げるものではない。

問1　史料Aについて，次の(1)(2)に答えなさい。

(1)　空欄（　X　）に入る地名として正しいものを，次の①〜⑤から一つ選びなさい。

①　大阪　　②　下関　　③　仙台　　④　兵庫　　⑤　平戸

(2)　この条約を調印した者の組合せとして正しいものを，次の①〜⑥から一つ選びなさい。

①　ハリス－阿部正弘　　②　ハリス－井伊直弼

③　ハリス－堀田正睦　　④　ペリー－阿部正弘

⑤　ペリー－井伊直弼　　⑥　ペリー－堀田正睦

問2　史料Bについて，次の(1)(2)に答えなさい。

(1)　空欄（　Y　）に入る国名として正しいものを，次の①〜⑤から一つ選びなさい。

①　亜米利加　　②　英吉利　　③　独逸　　④　蒙古

⑤　露西亜

(2)　史料Bは，日本政府が中国政府に要求したものであるが，当時の首相と外務大臣の組合せとして正しいものを，次の①〜⑥から一つ選びなさい。

①　首相－大隈重信　　　外相－加藤高明

②　首相－大隈重信　　　外相－小村寿太郎

③　首相－桂太郎　　　　外相－小村寿太郎

④　首相－桂太郎　　　　外相－幣原喜重郎

⑤　首相－寺内正毅　　　外相－加藤高明

⑥　首相－寺内正毅　　　外相－幣原喜重郎

問3　史料Cについて，空欄[　a　]と[　b　]に入る数の組合せとして正しいものを，次の①〜⑨から一つ選びなさい。

①　a　十七万五千　　　b　十七万五千

②　a　十七万五千　　　b　三十一万五千

③　a　十七万五千　　　b　五十二万五千

④　a　三十一万五千　　b　十七万五千

⑤　a　三十一万五千　　b　三十一万五千

⑥　a　三十一万五千　　b　五十二万五千

⑦　a　五十二万五千　　b　十七万五千

⑧　a　五十二万五千　　b　三十一万五千

⑨　a　五十二万五千　　b　五十二万五千

問4　史料Dの条約について述べた文ⅰ～ⅲの正誤の組合せとして正しいものを，以下の①～⑧から一つ選びなさい。

> ⅰ　この条約によって，日本は台湾・南樺太・千島列島を放棄した。
>
> ⅱ　この条約の発効とともに，自衛隊が発足した。
>
> ⅲ　日本は，ソ連を含む48カ国とのあいだでこの条約に調印した。

①　ⅰ－正　　　ⅱ－正　　　ⅲ－正

②　ⅰ－正　　　ⅱ－正　　　ⅲ－誤

③　ⅰ－正　　　ⅱ－誤　　　ⅲ－正

④　ⅰ－正　　　ⅱ－誤　　　ⅲ－誤

⑤　ⅰ－誤　　　ⅱ－正　　　ⅲ－正

⑥　ⅰ－誤　　　ⅱ－正　　　ⅲ－誤

⑦　ⅰ－誤　　　ⅱ－誤　　　ⅲ－正

⑧　ⅰ－誤　　　ⅱ－誤　　　ⅲ－誤

解答：問1　(1)　④　　　(2)　②　　　問2　(1)　③　　　(2)　①

　　　問3　⑧　　　問4　④

次の文を読んで，以下の問いに答えなさい。

　19世紀半ばから_a第一次世界大戦前夜までの時期は，「_bヨーロッパの世紀」といえるほど，ヨーロッパ諸国の動向が地球世界全体の動きを大きく左右し，その主導権のもとで，世界の一体化が決定的になった。

　19世紀半ばには，_c産業革命で先行したイギリスが「世界の工場」といわれるほど圧倒的な経済力を誇った。しかし，それに対抗した各国でも工業化が進み，特に，広大な西部地域を市場にできた_dアメリカ合衆国と，国家による強力な保護政策がとられた_eドイツの発展はめざましく，19世紀末に両国は，製鉄などいくつかの工業生産部門において，イギリスをこえた。しかし，イギリスは，金融と海運とで世界経済の中心的地位を維持していた。

問1　下線部aに関連して，第一次世界大戦中におこった出来事について述べた文として適当でないものを，次の①～④から一つ選びなさい。
①　スターリングラード(現ヴォルゴグラード)の戦いで，ドイツ軍は敗北した。
②　イギリスはアラブ地域の独立を約束するフサイン・マクマホン協定を結んだ。
③　「スペイン風邪」が大流行し，日本でも猛威を振るった。
④　毒ガス・戦車などの新兵器が登場し，植民地の住民も戦争に動員された。

問2　下線部bに関連して，19世紀のヨーロッパ諸国の動向について述べた文として適当なものを，次の①～④から一つ選びなさい。
①　アレクサンドル2世が，農奴解放令を発布した。
②　ヴィルヘルム2世がモロッコ事件を起こした。
③　グラッドストンがスエズ運河会社の株を買収した。
④　ルイ＝フィリップがアルジェリアに軍事侵攻を行った。

問3　下線部cについて，産業革命期の技術革新とその発明を行った人

物の組合せとして正しいものを，次の①〜④から一つ選びなさい。

	技術革新	人物名
①	蒸気船の実用化	ホイットニー
②	蒸気船の実用化	スティーヴンソン
③	綿繰機の発明	スティーヴンソン
④	綿繰機の発明	ホイットニー

問4　下線部dに関連して，20世紀のアメリカ合衆国について述べた文として適当なものを，次の①〜④から一つ選びなさい。

① アメリカ＝イギリス戦争(米英戦争)が起こった。

② アラスカをロシアから買収した。

③ パナマ運河を完成させた。

④ モールスによって電信機が実用化された。

問5　下線部eについて，ドイツに関する出来事を示した次の年表の空欄に当てはまる語句の組合せとして正しいものを，以下のi〜ivから一つ選び，さらにあとの風刺画にかかれている出来事が，年表中X・Yのどちらの時期のものかを選び，その組合せとして正しいものを，あとの①〜⑧から一つ選びなさい。

年号	出　来　事
1815	３５の君主国と４自由市からなる【 あ 】成立
1834	ドイツ関税同盟成立
1848	フランクフルト国民議会開催 ……………………┐
1867	【 あ 】が解体し、【 い 】成立　　　　　　 │ X
1871	【 う 】成立 ……………………………………┤
1919	ドイツ共和国成立 ………………………………┘ Y

	【 あ 】	【 い 】	【 う 】
i	北ドイツ連邦	ドイツ連邦	ドイツ帝国
ii	北ドイツ連邦	ドイツ帝国	ドイツ連邦
iii	ドイツ連邦	北ドイツ連邦	ドイツ帝国
iv	ドイツ連邦	ドイツ帝国	北ドイツ連邦

13

Heidelberg historic literature·digitized/Kladderadatschより作成

①　i − X　　②　i − Y　　③　ii − X　　④　ii − Y

⑤　iii − X　　⑥　iii − Y　　⑦　iv − X　　⑧　iv − Y

解答：問1　①　　問2　①　　問3　④　　問4　③　　問5　⑥

本自治体の出題例：始めにチャレンジ！④ (2023年度実施問題改)

経済思想や現代の経済について，次の問いに答えなさい。

問1　次の経済学者 i 〜 iii と，その主張内容A〜Cの組合せとして正しいものを，あとの①〜⑥から一つ選びなさい。

> i　シュンペーター　　ii　リスト　　iii　ケインズ

A　完全雇用を実現するには，政府が公共投資などを行い，有効需要を作る必要があると主張した。

B　イノベーションは経済発展をさせる原動力である。またイノベーションは，「創造的破壊」を引き起こし，これを繰り返すことによって景気の変動をもたらすと主張した。

C　発展の遅れた国では，国内の幼稚産業を保護するために輸入品に関税をかけたり，輸入制限をする保護貿易政策をとることが必要であると主張した。

①　i − A　ii − B　iii − C　　②　i − A　ii − C　iii − B

③　i − B　ii − A　iii − C　　④　i − B　ii − C　iii − A

⑤　i − C　ii − A　iii − B　　⑥　i − C　ii − B　iii − A

問2　インフレーションの影響について述べた文ⅰ～ⅲの正誤の組合せ
として正しいものを，以下の①～⑧から一つ選びなさい。

> ⅰ　インフレーションが生じると，預金など元本が金額で決まっ
> ている資産は実質的に減少する。
> ⅱ　インフレーションが生じると，ローンなどの債務・借金は，
> 返済の負担が重くなる。
> ⅲ　インフレーションが生じると，名目賃金が変わらない場合，
> 実質賃金は減少する。

① 　ⅰ－正　　　ⅱ－正　　　ⅲ－正
② 　ⅰ－正　　　ⅱ－正　　　ⅲ－誤
③ 　ⅰ－正　　　ⅱ－誤　　　ⅲ－正
④ 　ⅰ－正　　　ⅱ－誤　　　ⅲ－誤
⑤ 　ⅰ－誤　　　ⅱ－正　　　ⅲ－正
⑥ 　ⅰ－誤　　　ⅱ－正　　　ⅲ－誤
⑦ 　ⅰ－誤　　　ⅱ－誤　　　ⅲ－正
⑧ 　ⅰ－誤　　　ⅱ－誤　　　ⅲ－誤

問3　日本銀行が行う金融政策の手段について述べた文として最も適
当なものを，次の①～④から一つ選びなさい。
① 　金融引き締め時は，買いオペレーションが行われる。
② 　金融緩和時は預金準備率を引き上げる。
③ 　ゼロ金利政策とは，買いオペレーションにより無担保コール
レートを実質0％に誘導する政策である。
④ 　マイナス金利は，一般の預金者の普通預金に適用する政策のこ
とである。

解答：問1　④　　　問2　③　　　問3　③

15

近世以後の世界の思想について，次の問いに答えなさい。

問1　20世紀の思想的な立場について述べた次の文章A，Bと，それに関連する代表的な人物の組合せとして正しいものを，以下の①〜⑥から一つ選びなさい。

> A　全体性のもとには吸収することができない無限の存在として，絶対的「他者」の存在を指摘する。全体性を超越した他者の存在の無限性を，他者の顔と表現した。
> B　反ユダヤ主義と帝国主義に焦点をおいて，ナチズムやスターリニズムといった全体主義の心理的な基盤を分析し，その問題点を明らかにした。

①　A－アーレント　　B－アドルノ
②　A－アーレント　　B－レヴィナス
③　A－アドルノ　　　B－アーレント
④　A－アドルノ　　　B－レヴィナス
⑤　A－レヴィナス　　B－アーレント
⑥　A－レヴィナス　　B－アドルノ

問2　次のフランクフルト学派の人物 i 〜iii と，その人物について述べた文A〜Cの組合せとして正しいものを，以下の①〜⑥から選びなさい。

> i　ハーバーマス　　ii　フロム　　iii　ホルクハイマー

A　現代人が歴史的に獲得してきた自由を手放し，自由であることから逃れようとして，依存や従属を求めるメカニズムを分析した。
B　合意と公共性の形成を実現するため，相手に圧力をかけたりすることをなく対話を交わす理性である対話的理性が，民主主義の基盤の一つであると考えた。
C　理性は「目的」を達成するために最も合理的な方法を考える，単なる技術的な「手段」となってしまったと考え，そうした「手段」としての理性を道具的理性と呼んだ。

①	i－A	ii－B	iii－C	②	i－A	ii－C	iii－B
③	i－B	ii－A	iii－C	④	i－B	ii－C	iii－A
⑤	i－C	ii－A	iii－B	⑥	i－C	ii－B	iii－A

解答：問1　⑤　　問2　③

過去3カ年の出題傾向分析

　ここでは，過去3カ年で出題された科目と分類を表にまとめている。学習する前に，大まかな傾向をつかんでおこう。

年度	科目	分類
2024年度	中高地理	地図, 地形, 気候, 人口, 産業・資源(農牧業), 産業・資源(鉱工業), 貿易, 国家・民族, 村落・都市, 世界の地誌(アジア), 世界の地誌(南北アメリカ), 日本の地誌, 環境問題
	中高歴史	古代, 中世, 近世, 近世の文化, 近代, 現代, 古代地中海世界, 中国史, 中国以外のアジアの歴史, ヨーロッパ史, 南北アメリカ史, 二度の大戦
	中高公民	政治の基本原理, 日本の政治機構, 国際政治, 経済理論, 財政・租税, 国際経済, 現代社会の特質と課題, 哲学と宗教, その他
2023年度	中高地理	地図, 地形, 気候, 人口, 産業・資源(農牧業), 産業・資源(林業・水産業), 産業・資源(鉱工業), 交通・通信, 国家・民族, 村落・都市, 世界の地誌(アジア), 世界の地誌(南北アメリカ), 日本の地誌, 環境問題
	中高歴史	原始, 古代, 古代の文化, 中世, 中世の文化, 近世, 近世の文化, 近代, 現代, 古代地中海世界, 中国以外のアジアの歴史, ヨーロッパ史, 南北アメリカ史, 二度の大戦
	中高公民	日本国憲法, 日本の政治機構, 国際政治, 経済理論, 貨幣・金融, 財政・租税, 国際経済, 現代社会の特質と課題, 地球環境, 哲学と宗教, その他
2022年度	中高地理	地図, 地形, 気候, 人口, 産業・資源(農牧業), 産業・資源(林業・水産業), 産業・資源(第3次産業), 貿易, 国家・民族, 世界の地誌(アジア), 世界の地誌(アフリカ), 世界の地誌(オセアニア・南極), 日本の地誌

年度	科目	分類
	中高歴史	原始, 古代, 古代の文化, 中世, 近世, 近世の文化, 近代, 近代の文化, 古代地中海世界, 中国以外のアジアの歴史, ヨーロッパ史, 現代史
	中高公民	日本国憲法, 日本の政治機構, 日本の政治制度, 国際政治, 経済理論, 貨幣・金融, 財政・租税, 労働, 現代社会の特質と課題, 哲学と宗教, その他

※「科目」「分類」は, 過去問シリーズに掲載されている出題傾向分析に該当する。

　次に, ここで紹介した分類の類題を掲載しておくので, 学習の第一歩としてほしい。

類題を解いてみよう！

類題で問題演習の幅を広げよう！①

日本の地理について, 次の記述を読んで問いに答えよ。

　日本は, 新期造山帯に属し, 国土の約7割が山地となっている。この山地から流れ出る_A河川の作用によって地形が作られ, 人々はその地形を利用して生活を営んできた。

　_B沿岸部には平野が広がり, 多くの都市や港が形成され, 様々な産業が発展してきた。

　平野では稲作を中心とした農業が行われてきたが, 近年は後継者不足や_C輸入農産物の流入などにより, 農地の多くが工場や宅地などに転換されている。

(1)　下線Aについて, 次の地形図に関する記述において, 下線部①〜④から誤りを含むものを全て選べ。ただし, 全て正しい場合は⑤を選べ。なお, 地形図の縮尺は原寸から拡大して示している。

（２万５千分の１地形図「沼田」より作成　一部改変）

　　この地形図に示された地形は，北東から南西の方角に向かって
　流れる河川に沿って形成された河岸段丘である。河岸段丘は，主
　に①河川の運搬と堆積によって形成された台地の地形の一つで，
　一般に，数段の段丘面がある場合，②高い段丘面ほど古い時代に
　形成されている。この地形図に見られる土地の標高を比べると，
　③A付近はB付近よりも標高の高いところに位置している。また，
　④段丘崖にはつづら折りの道路が見られる。

(2)　下線Bについて，グラフ①〜⑤は，根室，遊佐，串本，国東，種
　子島の沿岸に漂着したペットボトルの製造された国や地域の割合を
　示している。串本にあたるグラフを，①〜⑤から一つ選べ。

① 韓国 6.0% / 不明 16.0% / 中国 41.0% / 日本 37.0%

② 不明 32.0% / 日本 62.0% / 中国 6.0%

③ 不明 33.0% / 日本 39.0% / 中国 16.0% / ロシア 1.0% / 韓国 11.0%

④ 不明 45.0% / 中国 40.0% / その他 2.0% / 台湾 1.0% / 韓国 6.0% / 日本 6.0%

⑤ 韓国 3.0% / 不明 8.0% / 中国 6.0% / ロシア 11.0% / 日本 72.0%

※データは、平成28年度調査による。
(「海洋ごみをめぐる最近の動向（環境省）平成30年9月」より作成)

(3)　下線Cについて，グラフのX〜Zは1960年から2018年までの日本における米，肉類，魚介類の輸入量の推移を示している。米と肉類の組合せとして正しいものを，①〜⑥から一つ選べ。

(『数字でみる日本の100年』より作成)

① 米＝X　肉類＝Y　　② 米＝X　肉類＝Z
③ 米＝Y　肉類＝X　　④ 米＝Y　肉類＝Z
⑤ 米＝Z　肉類＝X　　⑥ 米＝Z　肉類＝Y

解答：(1)　①，③　　(2)　①　　(3)　⑥

類題で問題演習の幅を広げよう！②

　日本史の授業で榎本武揚と黒田清隆の関係について興味をもったマサシさんは，二人の関わりについて年表を作成した。これを見て，問いに答えなさい。

年表

	榎本武揚	黒田清隆
1836年	江戸に生まれる。	
1840年		薩摩国に生まれる。
1869年	(a)榎本ら旧幕府軍が新政府軍の黒田らと会見し，降伏する。降伏後，黒田は榎本の助命嘆願を行う。	
1872年	黒田が次官を務めていた(b)開拓使に榎本が任官される。	
1874年	黒田の推薦を受けた榎本が，(c)駐露特命全権公使に任命される。	
1885年	(d)第1次伊藤博文内閣で逓信大臣に就任する。	
1887年		第1次伊藤博文内閣で農商務大臣に就任する。
1888年	黒田が内閣総理大臣に就任した際，榎本は逓信大臣に留任する。	
1891年	第1次松方正義内閣で外務大臣に就任する。	
1900年	黒田が死去。その際，榎本が葬儀委員長を務める。	
1908年	死去	

問1　下線部(a)に関連して，戊辰戦争の際の榎本武揚と黒田清隆の動向について述べた文Ⅰ～Ⅲを，古いものから年代順に配列したものとして正しいものを，1～6から1つ選びなさい。

　Ⅰ　榎本武揚が，箱館占領後，各国領事を招いた蝦夷地平定の祝宴を開催した。

　Ⅱ　黒田清隆が，小銃隊長として鳥羽・伏見の戦いに参加した。

　Ⅲ　榎本武揚が，江戸城開城の後，旧幕府艦隊を率いて品川沖から仙台領寒風沢に到着した。

　1　Ⅰ-Ⅱ-Ⅲ　　2　Ⅰ-Ⅲ-Ⅱ　　3　Ⅱ-Ⅰ-Ⅲ

　4　Ⅱ-Ⅲ-Ⅰ　　5　Ⅲ-Ⅰ-Ⅱ　　6　Ⅲ-Ⅱ-Ⅰ

問2　下線部(b)，(c)に関連して，近代の北海道とロシアについて述べた文として正しいものを，1～4から1つ選びなさい。

　1　北海道開拓とロシアに対する備えとして，開拓使は場所と呼ばれる領域を設定し，徴兵制度によって兵役についた者を派遣した。

　2　北海道開拓によってアイヌの伝統的な風俗や信仰などが失われたため，開拓使はアイヌ文化振興法を制定し，アイヌの生活や文化を保護しようとした。

　3　日露和親条約で樺太の南半分と択捉島以南の千島列島を日本領と定めたが，樺太・千島交換条約が締結されたことにより，樺太はロシア領，千島列島は日本領と改められた。

　4　日露戦争後，日本の南満州権益をめぐって日米関係が悪化した一方で，日本はロシアと日露協約を締結し，日露両国は急速に接近した。

問3　下線部(d)に関して，第1次伊藤博文内閣の時期におこった出来事について述べた文として正しいものを，1～4から1つ選びなさい。

　1　政府は華族令を制定し，国家に功績のあったものを華族になれるようにして，将来の上院(貴族院)の土台をつくった。

　2　民権派が井上馨外相の条約改正交渉の失敗を機に，地租の軽減，言論・集会の自由，外交失策の挽回を掲げて，政府に建白書を提出した。

　3　政府は朝鮮でおこった甲申事変に際し，国境としての「主権線」とともに朝鮮を含む「利益線」の防衛の必要性を主張し，陸海軍の増強を求めた。

　4　開拓使廃止にあたり，政府が官有物を政商五代友厚らに不当に安い価格で払い下げようとしたことで，世論は政府を激しく攻撃した。

解答：問1　4　　問2　4　　問3　2

類題で問題演習の幅を広げよう！③

第二次世界大戦後の世界に関する次の文章を読み，問いに答えなさい。

　1959年，キューバではカストロが指導する革命運動により，バティスタ独裁体制の打倒に成功した。革命政府が土地改革を実行し，アメリカ合衆国系の砂糖企業を接収すると，1961年，（　①　）政権はキューバと断交した。合衆国が革命政府の武力打倒を支援して失敗すると，x キューバは社会主義宣言を発表して，ソ連寄りの姿勢を示した。キューバ革命政府は，合衆国の経済封鎖に苦しみながらも，政権を維持した。そのような中で，合衆国では1961年，民主党の（　②　）が大統領に就任した。翌年，キューバでソ連の支援によるミサイル基地建設が発覚すると，（　②　）政権は海上封鎖で対抗した。そのため，米ソ間で一挙に緊張が高まった(キューバ危機)が，合衆国のキューバ内政への不干渉を条件に，ソ連がミサイル基地を撤去する合意が成立した。キューバ危機以降の合衆国では，（　②　）の後を継いだ（　③　）大統領が，1964年に公共施設での人種差別を禁止する公民権法を成立させ，「偉大な社会」計画を提唱して，「貧困との闘い」を推進した。

(1)　（　①　）～（　③　）に当てはまる人物の組み合わせとして最も適切なものを，a～eから一つ選びなさい。

23

	①	②	③
a	アイゼンハワー	ケネディ	ジョンソン
b	トルーマン	ケネディ	ジョンソン
c	アイゼンハワー	カーター	ニクソン
d	アイゼンハワー	ケネディ	ニクソン
e	トルーマン	カーター	ニクソン

(2)　下線部Xに関連して，ソ連および社会主義陣営での出来事ア～エ
　　を起きた年代の古い順に並べたものとして，最も適切なものをa～e
　　から一つ選びなさい。

　　ア　フルシチョフがスターリン批判を行った。

　　イ　ワルシャワ条約機構が発足した。

　　ウ　コミンフォルムが結成された。

　　エ　東ドイツにベルリンの壁が築かれた。

　　a　ウ→ア→イ→エ　　　b　ウ→イ→ア→エ　　　c　ア→ウ→イ→エ

　　d　ア→イ→ウ→エ　　　e　イ→ウ→ア→エ

解答：(1)　a　　　(2)　b

類題で問題演習の幅を広げよう！④

次の文章を読み，問いに答えよ。

　日本国憲法で，自由権は，_a精神の自由，人身の自由，経済活動の
自由に大別される。

　権利が不当に侵害された場合，裁判所に訴えて侵害された権利の回
復を求めることができる。_b裁判所は，他の国家機関からの干渉を受
けることなく，公正な裁判を行わなければならない。裁判そのものに
国民が参加する制度としては，_c司法制度改革の一環として2009年に
導入された裁判員制度がある。

(1)　下線部aに関連して，政教分離に関する裁判の記述として適当で
　　ないものを，次の①～④からすべて選び，記号で答えよ。

　　①　津地鎮祭訴訟では，最高裁判所は三重県津市による地鎮祭は，
　　　一般的な慣習に従った世俗的儀式であり，宗教活動にはあたらな

いとして，原告の請求を退けた。

② 愛媛玉ぐし料訴訟では，最高裁判所は愛媛県が行った靖国神社への玉ぐし料などの公金支出は，特定の宗教との関わりは希薄であり，政教分離に反しないとした。

③ 空知太神社訴訟では北海道砂川市が神社に市有地を無償で提供したことに対して，最高裁判所は特定の宗教を援助しているとして違憲判決を下した。

④ 孔子廟訴訟では，最高裁判所は，沖縄県那覇市による孔子廟(孔子などを祀る施設)への公園内敷地の無償提供は政教分離に反しないとした。

(2) 下線部bに関連して，司法権の独立に関わる記述として適当でないものを，次の①〜④からすべて選び，記号で答えよ。

① 大津事件は，司法権の独立が，限定的とはいえ日本国憲法の下でも存在することを示した。

② 日本国憲法は，特別裁判所を禁止し，行政機関による終審裁判を禁止した。

③ 日本国憲法は，裁判官の身分保障を定め，「心身の故障」のため職務を果たすことができない場合や，国会の弾劾裁判所で罷免が決定された場合以外は罷免されない。

④ 日本国憲法は，最高裁判所が規則制定権をもつとされているが，下級裁判所の裁判官の指名権はもたない。

(3) 下線部cに関連した記述として適当でないものを，次の①〜④から一つ選び，記号で答えよ。

① 全ての刑事訴訟について犯罪被害者やその家族が裁判に参加できる被害者参加制度を導入し，全ての刑事事件における取り調べの可視化が義務化された。

② 交通事故・労働・相続など身近なトラブルを当事者間で解決できない場合，第三者が間に入り，裁判以外の方法で解決をはかるADR(裁判外紛争解決手続き)を制度化した。

③ 諸外国に比して少ないといわれる法曹人口を増やす目的で法科大学院が開設され，国民が気軽に利用できる法律相談窓口として，

都道府県庁所在地を中心に50カ所の法テラスが設置された。

④　最初の公判期日の前に裁判所・検察官・弁護人が事件の争点を明確化し，証拠を厳選して，計画的かつ迅速に審理を行うための公判前整理手続を導入した。

解答：(1)　②，④　　　(2)　①，④　　　(3)　①

類題で問題演習の幅を広げよう！⑤

次の文章は『ヨーロッパ思想入門』（岩田靖夫著）から一部抜粋したものである。この文章を読んで，問いに答えなさい。

ヨーロッパ思想は二つの礎石の上に立っている。(中略)

第一の礎石である (a)ギリシア思想の本質とはなにか。それはまず，人間の (b)自由と平等の自覚である。ギリシア人もまた，太古においては，王制の下に隷属的な生を生きていた。しかし，しだいに人間は本来みな自由な存在者であり，そのかぎり平等な存在者であるという自覚に到達する。この自覚にもとづいて創造されたデモクラシーこそは，21世紀になってもいまだそれの地球的な規模での実現が望まれている理想であり，ギリシア人の創造した人類への最高の贈り物であった，と言ってよいだろう。

問1　下線部(a)について，古代ギリシアの思想家の説明として最も適切なものを，次の1～4から1つ選びなさい。

1　自然哲学者たちは万物の根源となるものは何かを考え，タレスは，それを火だと言った。

2　プロタゴラスは，「人間は万物の尺度である」と言い，相対主義の立場をとった。

3　ソクラテスは，富や名誉よりも魂の平安を求め，アテネを離れて「隠れて生きよ」と説いた。

4　プラトンは，永遠不変の本質をイデアと呼び，イデアは現実の世界に存在すると考えた。

問2　下線部(b)に関連して，誤りを含むものを，次の1～4から1つ選

びなさい。

1　ロールズは，「無知のヴェール」で覆われた原初状態の人間を想
　定し，そのとき人間は理性によって自由で平等な社会を選択する
　だろうと主張した。

2　サルトルは，人間は自由であるが故に行為の責任を他に帰するこ
　とはできず，すべて自分で背負わなくてはならないことを「人間
　は自由の刑に処せられている」と表現した。

3　エラスムスは，著書『ユートピア』の中で貴族が私的利益のため
　に小作人を農地から閉め出したことを批判し，私有財産制度のな
　い平等社会を作るべきだと主張した。

4　オーウェンは，アメリカに渡りニューハーモニー村を作った。そ
　れは，住民が平等に協同で農業や工業を営む自給自足の共同体で
　あった。

解答：問1　2　　問2　3

第 1 章

中高地歴
（地理）

中高地歴（地理）　地域と環境

ポイント

　高等学校の社会科は，中学校のそれと比べると，より専門的な知識を生徒に教授することが定められている。したがって，教員採用試験の設問もより踏み込んだ内容となるのは必然である。かつ，教員の資質を問う試験であるため，教職教養，特に学習指導要領に関する出題が多い。このことは，地理に限らず，全分野にわたって留意しておきたい。

　「地域と環境」では，まず地図利用と地域調査に関する問題が頻出である。次いで，気候や大地形がしばしば出題されている。これらの項目では基礎的な知識に通じておくのはもちろんのこと，視覚的な資料をいかに使いこなせるかがカギとなろう。例えば，国土地理院が発行する地形図については，地形の概要や地図記号の種類，距離や傾斜の数値を答えさせる出題が多い。これは教師として生徒に授業や実習で地形図の読み方を教えられる資質があるかどうかを問うているのである。気候についても雨温図やハイサーグラフなど独特のグラフを利用し，大地形では地図を用いて造山帯や山脈，平野や河川の位置を問うなどする。単に知識を詰め込むのではなく，資料集などを活用して目で確認しながら学習していくことが求められる。

　また，地図の一部を補ったり，全部を描いたりする設問もあった。これも板書などで教師に求められる資質だろう。白紙に大まかな世界地図や日本地図を一から描くことも練習しておきたい。

　他には，人口問題や環境問題，地域開発などの内容が多く見られた。人口や環境については時事的な内容を含むことがあるので，日頃からニュースや統計の発表に注意を払っておくべきである。地域開発については世界よりも日本の方が分量が多く，戦後に何度か行われた総合開発や制度整備の概要を学んでおいたり，自分が受験す

る予定の地方自治体でそういう事例があったかどうか調べておいたりするといいだろう。

　以上はよく出題される点についての説明だが，これら以外の項目からの出題も当然考えられるので，重点を置くべき所は置きながらも，あくまで全般的な学習を行うように心掛けられたい。

□**地図投影法**　それぞれ長所と短所がある。完全に正確な地図は立体の地球儀以外には存在しない。

	長　　所	利　用　法
正積図法	面積が正しい	分布図などに利用
	(例) サンソン図法，モルワイデ図法，グード(ホモロサイン)図法など	
正角図法	角度が正しい	海図などに利用
	(例) メルカトル図法，ランベルト正角円錐図法など	
正方位図法	中心からの方位が正しい	航空図などに利用
	(例) 正距方位図法など	

※正距方位図法は国際連合のマークに採用されている

<メルカトル図法>　　<正距方位図法>　　<グード図法>

□**ＧＩＳ**　地理情報システムの略称。コンピュータを用いて様々なデータを地図上に反映させる方法で，個人や企業，行政などいろいろな場所で用いられている。電力会社やガス会社では，設備の状況や災害の情報などのデータを地図と連結させるシステムを構築しており，迅速な対応や的確な分析を行うことを可能にしている。

□**ＧＰＳ**　全地球測位システムの略称。人工衛星を利用して地球上の位置を割り出す仕組みで，携帯電話やカーナビゲーションシステムなどに応用されている。

□**恒常風** 年中ほぼ同じ方向に吹いている風。地球の自転の影響を受けているため，惑星風ともいう。

	向　き	備　考
貿易風	中緯度高圧帯 → 赤道低圧帯	北半球で北東貿易風，南半球で南東貿易風
偏西風	中緯度高圧帯 → 高緯度低圧帯	上空では特に流れが強いジェット気流
極東風	極高圧帯 → 高緯度低圧帯	極風，極偏東風，周極風ともいう

□**季節風(モンスーン)** 季節によって風向きが逆になる風。大陸の東側では熱帯性低気圧が多く発達し，強風や豪雨をもたらす。この熱帯性低気圧は地域によって呼び名が異なる。**台風**(日本)，**ハリケーン**(カリブ海)，**サイクロン**(アラビア海・ベンガル湾)，**ウィリーウィリー**(オーストラリア)など。

□**地方風(局地風)** 地形的な条件や局地的な気圧配置により，限定された地域のみに吹く風。

フェーン	アルプス地方	山地から平地に吹き下ろす，高温で乾燥した風。フェーン現象の語源。
シロッコ	地中海沿岸	春頃に吹く高温多湿の南風。
ボラ	アドリア海沿岸	冬頃に吹く寒冷な北東風。
トルネード	アメリカなど	爆発的な破壊力をもつ渦巻上の上昇気流。
やませ	北海道〜東北地方の太平洋側	初夏に吹く冷たい北東風。農作物に悪影響を与え，冷害の原因になる。

□**ハイサーグラフ** 直交座標の縦軸に気温，横軸に降水量をとったグラフ。

□**雨温図** 直交座標の縦軸に降水量と気温を別々に目盛り，横軸を12か月に分け，降水量を棒グラフ，気温を折れ線グラフで表したもの。

□**成帯土壌** 気候や植生の影響を強く受けてできた土壌。そのために，気候帯及び植物帯と密接に関連した分布となっている。

□**間帯土壌**　局部的な地形や母岩の影響を受けてできた土壌。そのために分布は限定されている。

土壌	熱帯	乾燥帯	温帯	冷帯
成帯	ラトソル	栗色土・砂漠土	褐色森林土	ポドゾル・ツンドラ土
間帯	テラローシャ(ブラジル)・レグール土(デカン高原)・テラロッサ (地中海沿岸)・火山灰土(火山地域)			

※成帯土壌と気候帯の分布は厳密には一致していない。

□日本の国土

□**世界の人口**　2023年でおよそ**80億4500万人**。今後も増加すると予想
　されている。先進国では出生率・死亡率がともに低い。開発途上国は
　死亡率が低くなったが，出生率は高いので**人口爆発**が起こっている。

□**日本の人口**　2023年でおよそ**1億2435万人**。

□**日本の人口密度**　2023年で，およそ**333人/km²**。

□**日本の年齢別人口比率**　2022年でおよそ，年少人口(15歳未満)が
　11.4％，生産年齢人口(15 ～ 64歳)が59.5％，老年人口(65歳以上)が
　29.1％となっている。

□**合計特殊出生率**　1人の女性が生涯に産む子供の数の平均。日本の場合
　は，2022年で1.26。長期的に人口を維持できる数値(人口置換水準)と
　される2.07を下回っているので，人口減少が懸念されている。

□**外国人人口**　2023年現在，日本で登録されている外国人の数は約341
　万人。国籍別に見ると，中国，ベトナム，韓国，フィリピン，ブラジ
　ルの順に多い。

□**産業別人口**　2021年現在，第1次産業人口比率3.2％，第2次産業人口
　比率23.7％，第3次産業人口比率73.1％である。

<三角図表の読み方>
例えば中国の場合，第1次産業24.4％，
第2次産業28.2％，第3次産業47.4％で，
合計100％となる。

・開発途上国は第1次産業人口の比率が大きい。

・鉱工業に大きく依存する国は第2次産業人口の比率が大きい。

・産業構造の高度化により，先進資本主義国では第3次産業人口の比率
　が大きい。

━━━━━━━━ **例題1** ━━━━━━━━

次の文を読んで，下の(1)〜(7)の問いに答えよ。

　1年を周期として繰り返される大気の平均的な状態を気候という。気候は，気温や降水量，風などの(ア)気候要素によって成り立っており，気候要素の地理的な分布を左右する諸要因を気候因子という。気温と降水量は，(イ)緯度や海抜高度，隔海度，地形などの影響を強く受ける。風は，年中風向の一定している（　①　）風や(ウ)季節により風向きを変える季節風のほか，(エ)地方風，山風・谷風，陸風・海風などがある。このうち，（　①　）風は大気の大循環によって形成される。大気の大循環は，まず太陽からの受熱量が大きい赤道付近の大気が上昇し，極方面に向かう気流が生じる。この気流によって運ばれた空気は緯度30度付近で下降して（　②　）帯を形成する。（　②　）帯付近では激しく乾燥するが，(オ)乾燥地域では灌漑などのさまざまな工夫により農耕を可能にしている地域もある。

(1)　空欄(　①　), (　②　)にあてはまる語句を答えよ。

(2)　下線部(ア)について，次のa〜dのうち気候要素ではないものを1つ選び，記号で答えよ。

　a　海流　　b　湿度　　c　気圧　　d　蒸発量

(3)　下線部(イ)について，これらと関連して図1の南米の高山都市が成立した要因を簡潔に説明せよ。

(4)　下線部(ウ)について，日本付近で夏に吹く季節風の要因を簡潔に説明せよ。

(5)　下線部(エ)について，ロッキー東麓に吹き下ろすチヌックは，「スノーイーター」とも呼ばれている。なぜこのような別名がついているのか，簡潔に説明せよ。

(6)　下線部(オ)について，灌漑を用いないで作物を栽培する耕作方

図1　南米の高山都市の分布

法について簡潔に説明せよ。

(7) 次の表1はケッペンの気候区分に従って，南極大陸を除いた五大陸の気候区割合を示したものである。表中のbおよびcの大陸名を答え，その判断理由を簡潔に説明せよ。

気候区分名 / 大陸名	A f	A w	B S	B W	C w	C s	C f	D f	D w	E T	E F
a	26.9	36.5	6.7	7.3	6.7	0.3	14.0	—	—	1.6	—
b	19.8	18.8	21.5	25.2	13.1	1.3	0.3	—	—	—	—
c	7.9	9.0	25.8	31.4	6.8	7.9	11.2	—	—	—	—
d	3.5	3.9	15.9	10.2	9.6	2.2	5.7	25.8	13.4	9.8	—
e	2.8	2.4	10.7	3.7	2.0	0.8	10.7	43.4	—	17.3	6.2

表1　大陸別の気候区割合(%)　　　　　H.Wangnerによる

解答 (1) ① 恒常　② 亜熱帯(中緯度)高圧　(2) a　(3) 低緯度付近の低地の過酷な暑熱を避けて，比較的冷涼な高原に都市が成立した。　(4) アジアの大陸内部部は高温なため空気が暖められ低圧部を生じ，北太平洋上に発達した高圧部から大気が流れ込むことで，南東風が発生する。　(5) チヌックはフェーン現象により生じる高温乾燥な風であり，ロッキー山麓の雪を溶かすから。　(6) 耕地を深く耕して降水を十分しみこませた後に，さらに浅く耕して毛細管現象を絶ち蒸発を防ぐ乾燥農法(乾地農法)。
(7) b　アフリカ大陸　c　オーストラリア大陸　判断理由：b・cともにD気候及びE気候がないので，アフリカまたはオーストラリア大陸である。そのうちA気候の割合の高いbが赤道が通過しているアフリカ大陸で，B気候の割合が高いcが回帰線下の内陸部に砂漠が広がっているオーストラリア大陸と判断する。

解説 (1) ① 恒常風として，貿易風・偏西風・極東風がある。② 降水量が極端に少なく乾燥が著しい。　(2) 海流は気候要素に影響を与える気候因子。　(3) 気温は100m上昇するごとに0.55℃低下する(乾燥・湿潤で異なる)。　(7) aは南アメリカ大陸，dはユーラシア大陸，eは北アメリカ大陸である。

■■■■■■■■■■■■■■ 例題2 ■■■■■■■■■■■■■■

地理に関する次の各問いに答えよ。

問1　次のア〜ウの文で説明されている用語の組合せとして正しいもの
　　を，下の(1)〜(4)の中から1つ選べ。

　ア　東アジアなどで吹き，1年の中で夏と冬で風向きがほぼ反対にか
　　わる風。

　イ　明瞭な雨季と乾季がある熱帯に分布し，疎林や灌木が点在する
　　草原。

　ウ　主に冷帯に分布し，灰白色で酸性の強いやせた土壌。

	ア	イ	ウ
(1)	貿易風	タイガ	ラトソル
(2)	貿易風	サバナ	ポドゾル
(3)	季節風	タイガ	ラトソル
(4)	季節風	サバナ	ポドゾル

問2　次の世界地図のA，Bの山脈とC，Dの海底地形の特徴を述べた
　　下のア〜エの文の中には，内容が正しい文が2つある。その記号の組
　　合せを，(1)〜(4)の中から1つ選べ。

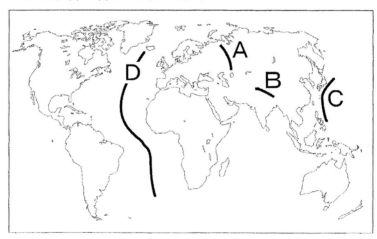

　ア　Aの山脈は，長い期間にわたり侵食を受けた結果，低くなだら
　　かな山脈が連なる。

 イ Bの山脈は，古生代以前に高く隆起した地球上で最も古い山脈
  である。

 ウ Cの海底では深い海溝がみられ，ここは地震等も少ない安定し
  た地域である。

 エ Dの海底では，海嶺と呼ばれる海底の大山脈が見られる。

 (1) アとウ (2) アとエ (3) イとウ (4) イとエ

解答 問1 (4) 問2 (2)

解説 問1 貿易風は中緯度高圧帯から赤道低圧帯に向かって吹く東寄
   りの風，タイガは冷帯気候下にみられる針葉樹林，ラトソルは熱
   帯の湿潤地方に分布する赤色土壌。 問2 Aはウラル山脈で古
   期造山帯，Bはヒマラヤ山脈で中生代から現在にかけて隆起した
   新期造山帯，Cは日本海溝・南西諸島海溝で，プレートがせばま
   りあうところで地震や火山活動が多い。Dは大西洋中央海嶺。

例題3

次の資料を見て，下の問いに答えよ。

【資料Ⅰ】   ※表中の空欄は，統計の記載なし。

県	人口(千人)	製造品出荷額等(億円)	米の収穫量(t)	リンゴの収穫量(t)
A	1.204	16,947	255,200	439,000
B	7.495	478,946	130,800	
長野	2,020	66,464	187,300	132,600
C	2,840	136,869	319,200	
D	2,153	51,194	631,000	

(『データでみる県勢』2024より作成)

【資料Ⅱ】

(1) 【資料Ⅰ】のＡ・Ｂ・Ｃ・Ｄに適する県の位置を，【資料Ⅱ】のア～
エの中から記号で選べ。また，それぞれの県名も答えよ。

(2) 次の文は，【資料Ⅱ】のオの地域について述べている。文中の
（　　　）に適する語句を答えよ。

　　この地域は，天然の良港にめぐまれ，沖は潮目で好漁場になって
います。しかし，近年この地域の海面漁業は衰退し，現在では波の
静かなリアス海岸の沿岸で「かき」や「わかめ」などを人工的に育
てる（　Ｘ　）漁業や，卵からふ化させて育てた稚魚や稚貝を放す
（　Ｙ　）漁業が盛んになってきています。

(3) 【資料Ⅱ】のa・bの都市の月別平均気温・降水量を表しているグラフを，【資料Ⅲ】の①〜④から選び，それぞれ記号で答えよ。

【資料Ⅲ】

(4) 初夏から盛夏にかけて東北地方の太平洋側に吹く冷害の原因となる北東風の名称を答えよ。

解答 (1)　A　ア・青森県　　B　エ・愛知県　　C　イ・茨城県
　　　D　ウ・新潟県　　(2)　X　海面養殖　　Y　栽培
(3)　a　④　　b　①　　(4)　やませ

解説 (1) A(青森)はリンゴの生産量から容易に判断可。B(愛知)は人口，製造品出荷額等から判断。C(茨城)とD(新潟)は製造品出荷額等と米の収穫量から判断可。　　(2)　大船渡，宮古が水揚げ量の多い主な漁港。海面養殖業では，ぶり類やほたて貝，のり，真珠などが養殖されている。　　(3)　①秋田，②岡山，③潮岬，④仙台の雨温図。a(仙台)は東日本型(三陸・常磐型)に属し，本州の太平洋側では最も気温の低い地域。b(秋田)は日本海型(東北・北海道型)に属し，平均気温が約0℃になる月はおおむね1，2月のみとなる。　　(4)　オホーツク高気圧の影響により，初夏のころに吹く冷湿な北東風で，稲作などに悪影響を及ぼす。

━━━━ **例題4** ━━━━

次の地形図を見て，下の(1) ～ (5)に答えよ。

(1)　この地形図には，河川のある作用によって形成される代表的な地形が描かれている。ある作用とは何か，また，代表的な地形とは何か，それぞれ書け。

(2)　寺久保や蛭口などの集落が立地している地形の名称を答えよ。また，これらの集落の立地要因を説明せよ。

(3) この地形図の南端の生来川に南接している河川の上流部は破線 (-----)で表されているが，それはどのような状態で流れているのか 説明せよ。またこのような河川を何というか書け。

(4) この生来川に南接する河川は，河川の下を道路が通っていること や，流路付近の等高線の屈折から考えて，どのような地形的特徴を 持っていると考えられるか，またそのような河川が形成される理由 も一緒に書け。

(5) 石庭の集落の高度を150mの等高線で代表させた場合，南東にある 郵便局との標高差は何mか。また，石庭の集落と郵便局の地図上の 長さが7cmあるとすると，実際の距離はいくらになるか求めよ。

解答 (1) 作用：堆積作用　　地形：扇状地　　(2) 地形：扇端 立地要因：扇端は湧水帯になっており，水が得やすいため。

(3) 状態：河川水は伏流している。　　河川名：水無川

(4) 特徴：天井川である。　　理由：人工堤防により，流路が 固定された結果，堤防内に多量の土砂が堆積し形成したため。

(5) 標高差：50m　　距離：1750m

解説 (1) 等高線の分布から堆積地域である扇状地。扇状地は河川が山 地から平野に出たところに形成。　　(2) 扇状地の末端部である扇 端は湧水帯があり，水利の便がよいので集落や耕地が早くから形 成。　　(3) 扇状地を流れる河川は水はけがよいので，ふだんは砂 礫中を伏流して水無川となることが多い。　　(4) 地形図は滋賀県， 琵琶湖西岸，比良山地の山麓に発達した扇状地の一つで，ここで は道路が河川の下をトンネルで通過しており，天井川をなしてい る。　　(5) 縮尺は等高線の数値から2万5千分の1。南東にある 郵便局の高さは100m，標高差は150m − 100m = 50m。石庭と郵 便局の地図上の長さは7cm。縮尺は2万5千分の1であるから実 際の距離は7cm × 25000 = 1750m。

━━━━━━━━━━ 例題5 ━━━━━━━━━━

A市で行われたマラソン大会のコース図を見て，下の問いに答えよ。なお，略地図はコース近辺の市街地を表したもので，その中のいくつかの建物は地形図で使われる地図記号で表されている。また，＜説明文＞はランナーが進むコースを示したものである。

＜説明文＞

　下記の通過点はランナーが曲がる交差点である。各交差点の名称は，交差する2つの通りの名前を用いて表されている。なお，ランナーはコースの最短距離を走ったこととする。

　陸上競技場前→山本大正→栄町大正→栄町商大→乙仲商大
　→乙仲大正→走水大正→走水鯉川→山本鯉川→陸上競技場

(1)　ランナーが走っている時の市街地の様子を述べた文として適切なものを①～④から選び，番号で答えよ。
　①　神社北側の道路を走り，交差点を過ぎると道路の北に警察署が

あった。

② 裁判所と小学校の間の道路を走った。

③ 市役所前東側の道路を走り，市役所前南側の道路を経て，市役所前西側の道路を走った。

④ 郵便局東側の道路を走り，交差点を過ぎ，消防署東側の道路を走った。

(2) 日本社会の変化とともに新しい地図記号が作られている。次の文の(　)にあてはまる施設を表す地図記号を①〜⑤から選び，番号で答えよ。

(　)を表わす地図記号は2006年に作られました。1995年以降，日本では65歳以上の高齢者が年々増えています。そのため，高齢者が介護を受けやすくするための法律が出来ました。2000年以降，全国で(　)が次々と建てられ，その数は1万3千か所を超えます。そこで，(　)の地図記号を作ることになり，小中学生にデザインを募集しました。およそ5万7千点もの作品が集まりました。そして選ばれたのが，小学校6年の女の子がデザインしたこの作品。地図記号は，時代とともに新しくなり，変化し続けているのです。

---

① 　② 　③ 　④ 　⑤

解答 (1) ①　(2) ①

解説 (1) ①は正答。神社は♦，警察署は⊗で表示される。②の裁判所(♠)と道路を挟んで存在するのは，「小学校」ではなく「高等学校」(⊗)である。③の市役所(◎)前の道路は，走っていない。④は，郵便局(〒)「東側」の道路ではなく，「南側」の道路を走っている。また，消防署(Y)「東側」の道路ではなく「西側」の道路を走っている。　(2) 説明文は，老人ホーム(⛺)についてのもので，①の地図記号が該当する。なお，②は風車，③は電子基準点，④は博物館，⑤は図書館の地図記号である。

例題6

次の表は，4つの県の人口密度などを表したものであり，表中のア〜エは，それぞれ，愛知県，愛媛県，埼玉県，福岡県のいずれかに当たる。ア〜エに当たる県の組合せとして適当なものを，下のA〜Dから1つ選び，記号で答えよ。

表

| | 人口密度
（人／km²） | 人口増加率
（‰） | 出生率
（‰） | 産業別人口構成(%) | | |
				第1次	第2次	第3次
ア	1449	− 0.29	7.1	1.7	31.2	67.2
イ	1932	− 0.05	6.1	1.3	22.1	76.6
ウ	1026	− 0.15	7.2	2.1	21.0	76.9
エ	230	− 1.09	5.9	6.0	24.0	70.0

(注) 人口密度は2022年，人口増加率は2021〜2022年，出生率は2022年，産業別人口構成は2022年の数値である。

(『データでみる県勢』2024より作成)

A　ア−福岡県　　イ−愛媛県　　ウ−愛知県　　エ−埼玉県
B　ア−愛媛県　　イ−福岡県　　ウ−埼玉県　　エ−愛知県
C　ア−愛知県　　イ−埼玉県　　ウ−福岡県　　エ−愛媛県
D　ア−埼玉県　　イ−福岡県　　ウ−愛知県　　エ−愛媛県

解答　C

解説　アの産業別人口構成を見ると，第2次産業人口の割合が4つの県で最も高い。中京工業地帯の中心地である愛知県。イは人口密度と人口増加率が比率的が高いことから，首都圏に含まれる埼玉県。エは人口密度が4つの県で最も低いことから愛媛県，残りのウが福岡県。

中高地歴（地理）　産業と生活

ポイント

　「産業と生活」では，農牧業及びエネルギー・鉱産資源が頻出である。農牧業については国ごとまたは地域ごとの特徴をおさえるのが第一である。そして各々の農牧業が成立する自然的または社会的な条件を理解すべきである。地図を使って農牧業の分布を尋ねる設問などが多いので，資料集などで予め把握しておくようにしたい。エネルギー・鉱産資源については各々の資源の産出国・産出地を覚え，それらの輸送経路をおさえることが肝要である。こちらの方も地図を用いた設問があるので，対応ができるようにしておきたい。産業の分野では，他に水産業や工業からも出題がなされているので，それぞれ地理上の位置関係を分野別に確認しながら学習するといいだろう。

　村落・都市も頻度としては決して少なくない。それぞれの発達の過程，立地条件や形態・機能などの学習が必要である。地域の情勢に即した出題も見受けられるので，自分が居住している地域を例にとって学んでみたり，受験する予定の地方自治体の状況を予習してみたりすることも役に立つだろう。

□孤立国　ドイツの農業経済学者チューネンが体系化した農業立地論のモデルとなる仮想の国。自然条件が均質で外部との交渉が無い国では，消費地との距離や輸送費との関係により各農業地域が同心円状に並ぶことを彼は説き，可航河川がある場合は輸送費が変化するので同心円の構造が崩れると考えた。孤立国は彼の主著のタイトルでもある。

孤立国の農業配置

粗放的牧畜
三圃式農業
穀草式農業
300　200　100　0　100　200　300　km

可航河川のある場合の農業配置
200　100　0　100　200　km
● 都市　　自由式農業　　林業式農業

□**農牧業の類型**　アメリカの地理学者ホイットルセイは様々な指標をもとにして，世界の農牧業の類型化・区分化を行った。

焼畑農業	森林・草原を焼き払った草木灰を肥料とする原始的農業。数年で地力が衰えるために移動を繰り返す。
遊牧	家畜とともに牧草を求めて移動する牧畜。遊牧民は生活の全てを家畜に依存する。
オアシス農業	乾燥地域で行われる灌漑による集約的な農業。オアシスや外来河川，地下水路などを利用する。
アジア式農業	狭い耕地に多くの労働力を投入する労働集約的な農業で，家族中心の零細経営で行われる。
地中海式農業	地中海性気候に順応し，夏は耐乾性の強い作物，降雨のある冬に小麦などを栽培する農業。
混合農業	作物栽培と家畜飼育を組み合わせた農業。中世ヨーロッパの三圃式農業から発達した。
酪農	乳牛を飼育し，酪製品を生産・販売する農業。混合農業から分化して発達した。
園芸農業	都市の需要に応じ，野菜や花卉，果実を集約的に栽培する農業。近郊農業と遠郊農業に区分される。
企業的穀物農業	広大な耕地で機械を利用して行う農業。粗放的だが，労働生産性は高い。
企業的牧畜	半乾燥地域の広大な牧場で行われる牧畜。輸送手段の進化により飛躍的に発展。
プランテーション農業	熱帯などで安い労働力を大量に投入しておこなう単一耕作。植民地時代に発達。
集団的農牧業	土地や生産手段を公有化し，計画経済の下で行う大規模な農牧業。社会主義国家で発達。

□**主要農作物の生産国**(2021年〈『世界国勢図会』2023/2024〉)

□漁業の種類

<table>
<tr><td rowspan="3">獲る漁業</td><td>遠洋漁業</td><td>世界各地の漁場へ出かけて漁を行う。大船団を組むことが多かったが，200海里漁業専管水域などにより急減。</td></tr>
<tr><td>沖合漁業</td><td>1日から数日の範囲内の海域で操業。中小規模の漁業経営によるものが多い。</td></tr>
<tr><td>沿岸漁業</td><td>海岸付近で行う漁業。零細漁家が多い。</td></tr>
<tr><td rowspan="2">育てる漁業</td><td>養殖漁業</td><td>稚魚・稚貝を自然から獲ってきて，人工のいけす等で成長させる漁業。</td></tr>
<tr><td>栽培漁業</td><td>人工的に孵化させた稚魚・稚貝をある程度まで育ててから放流し，自然の中で成長したものを獲る漁業。漁業資源の確保のために行う。</td></tr>
</table>

□工業立地の類型

タイプ	立 地	工 業 例
原料指向型(資源型)	原料産地に立地	製材・パルプ・セメント・陶磁器工業など
市場指向型	消費地に立地	印刷・出版・化粧品・ビール醸造業など
労働力指向型	労働力が得やすい場所	繊維・組立型工業など
臨海指向型	港湾など輸出入に便利な場所	石油化学工業など
臨空港指向型	空港周辺に立地(空港につながる高速道路沿いも)	半導体・ICのように製品が軽く付加価値の高い電子工業など
用水指向型	豊富で安価な用水が得られる場所	鉄鋼・製紙・パルプ・染色・醸造工業など
電力指向型	豊富で安価な電力が得られる場所	アルミニウム・化学肥料工業など

※臨海指向型や臨空港指向型をまとめて交通指向型工業とよぶこともある。

□主要国の発電量内訳（2022年〈『世界国勢図会』2023/2024〉）

※再生エネルギーのうち，バイオ燃料などは火力発電に含む（地熱発電も含めている。）

□日本の村落の発達

	名　称	特　徴	地　名
古代	条里集落	条里制によって計画的につくられた格子状の区画の集落。	条，里，坪などがつく地名
中世	荘園集落	荘園につくられた集落。扇状地や氾濫原などに多い。	本庄・領家，別府・別所・給田など
	豪族屋敷村	地方豪族の屋敷中心の防御施設をもつ集落。東日本に多い。	根古屋・寄居・堀ノ内・箕輪など
	寺百姓村	寺を中心に寺領の耕作民が集まってできた村落。	神戸(カンベ)
	名田百姓村	名主(有力農民)の開墾地につくられた村落。	太郎丸・五郎丸・福富名など
	隠田集落	落武者や租税逃れの人々が隔絶した山間部につくった集落。	熊本県の五家庄・徳島県の祖谷・岐阜県の白川郷など
近世	新田集落	新田開発に伴ってできた集落。	新田・新開・新居・出屋敷など
近代	屯田兵村	北海道の開拓と防備のためにつくられた計画的村落。	兵のつく地名

※屯田兵村はアメリカ合衆国の**タウンシップ**制を参考にした地割。

□**滝線都市**　軟らかい海岸平野と硬い山地の境には滝や急流が並ぶことがあるが，これを滝線という。水運と水力利用に便利なために工業が立地して人が集まりやすく，このような場所に形成された都市を滝線都市という。アメリカ合衆国東部のピードモント台地に並ぶ都市群が代表的。

□**メトロポリス**　<u>巨大都市</u>。政治・経済・文化などの中心をなす都市。周辺の地域や中小都市に大きな影響を及ぼす。東京やロンドンなど。

□**衛星都市**　大都市の周辺に位置し，大都市の機能の一部を担っている都市。住宅衛星都市や工業衛星都市があり，前者はベッドタウンともいう。

□**コナーベーション**　<u>連接都市</u>。市街地の拡大によって，隣接する複数の都市が一つの都市域を形成するに至った都市群のこと。京浜地方や五大湖周辺など。

□**メガロポリス**　<u>巨帯都市</u>。連続する多くの都市が密接な相互関係を保ちながら活動している巨大な都市化地帯。フランスの地理学者ゴットマンの命名。ボストンからニューヨークを経てワシントンに至るアメリカ合衆国の北東沿岸部が代表的。

□**都心部の機能**

名　称	説　明	東　京	大　阪
C.B.D (中心業務地区)	政治・経済の中枢管理機能が集中。企業の本社が林立。	丸ノ内	中之島
官公庁地区	行政機関や司法機関の中枢管理機能が集中。	霞ヶ関	大手前
商業地区 (中心商店街)	経済活動の管理機能をもつビジネス街，デパート・専門店・飲食店・劇場などの施設が集中する商業・娯楽街が形成。	銀座	心斎橋
問屋街	業種ごとに問屋が集中して形成された街。	日本橋	船場
副都心	大都市などで都心の機能の一部を分担する地区。都心と郊外を結ぶ結節点に立地することが多く，複数形成される場合がある。	新宿 池袋 渋谷	天王寺

■■■■■■■■■■■■■■ **例題1** ■■■■■■■■■■■■■■

次の問いに答えよ。

1　小麦は米と比較すると国際商品としての性格が強い。その理由を栽培や消費に着目して説明せよ。

2　次の資料は，植物油脂原料から作られる，おもな植物油脂の生産量の上位国を示しており，資料中のア～エはパーム油，オリーブ油，ひまわり油，大豆油のいずれかを示している。下の問いに答えよ。

資料　おもな植物油脂の生産量の上位国

	ア	イ	ウ	エ
第1位	スペイン	インドネシア	中国	ウクライナ
第2位	チュニジア	マレーシア	アメリカ合衆国	ロシア
第3位	イタリア	タイ	ブラジル	トルコ
第4位	ギリシャ	コロンビア	トルコ	トルコ
第5位	トルコ	ナイジェリア	インド	ハンガリー

（『世界国勢図会』2023/24から作成）

(1)　資料中のアの原料となる作物名を書け。また，この作物の栽培に適する気候は，ケッペンの気候区分では何気候区にあてはまるか，アルファベットで書け。

(2)　資料中の空欄（　A　）にあてはまる国名を書け。

(3)　植物油脂の生産量の世界の合計が最も多いのはどれか，資料中のア～エの中から1つ選び，記号で答えよ。

3　省エネルギーへの取り組みの一例としてコージェネレーションシステムがある。そのしくみを，活用例をあげて説明せよ。

解答　1　米は，栽培地域が限られ，自給的要素が強いのに対し，小麦は，年間を通して世界のどこかで作られ，パンやパスタなどの原料として広く使われており，国際商品として企業的経営が行われているため。　2　(1)　作物名…オリーブ　記号…Cs　(2)　アルゼンチン　(3)　イ　3　エネルギー効率を高めるために，発電時に出る廃熱をビルの冷暖房などに取り入れて有効活用するしくみ。

解説　1　米の場合，生育には夏の高温と日照，十分な降水量が必要な

ため，夏にモンスーン(季節風)が吹いて降水量の多いモンスーンアジア(東アジア・東南アジア・南アジア)のデルタ地帯が栽培に適しており，その地域が米の生産のほとんどを占め，かつ，米の大消費地となっている。　2　(1)　作物名…オリーブは地中海原産のモクセイ科の硬葉樹である。実からオリーブオイルを作り，食用，調理用，化粧用等に用いられる。　記号…Csは温帯の地中海性気候である。地中海性気候の地域では，夏の乾燥がかなり激しく，冬は多雨なため，夏の乾燥に耐える耐乾性の強いオリーブ，オレンジ，ブドウなどの果樹と，冬の雨を利用した自給用の小麦などを栽培する地中海式農業が行われる。　(2)　イはインドネシア・マレーシアが1位・2位を占めることからパーム油である。ウは大豆油，エはひまわり油である。アルゼンチンはパンパでの農牧業が盛んで，大豆の生産もひまわりの種の生産も世界3位(2019年)である。　(3)　パーム油の原料であるアブラヤシの生産が，東南アジアや西アフリカの海岸地域で伸びている。パーム油はスナック菓子などの食品や石けんなどの原料となる。　3　一般の火力発電技術の効率は4割程度だが，廃熱利用を行うと7～8割に高められる。一か所の建物に発電機を設置し，地域全体に配管で蒸気や冷水を送り，地域冷暖房を行っているところもある。

例題2

現代世界の諸地域に関する次の各問いに答えよ。

(1)　中国の工業化について述べた文として適当でないものを，次の1～5から1つ選べ。

1　中国では，1970年代末に対外開放政策が始まり，経済特区と経済技術開発区が設置された。

2　経済特区では，外国企業に対する税が低く抑えられ，外国企業は中国の安価で豊富な労働力と国内市場の成長の可能性にひかれて積極的に投資した。

3　経済特区は，輸出企業と先端技術を開発する企業の誘致を目的とした工業団地で，寧波や珠海では，外国企業だけでなく国内企業

にも解放されている。

4 中国は自動車，パソコン，衣類など多くの工業製品の世界最大の生産国であり，「世界の工場」とよばれている。

5 経済特区では輸出指向型工業が発展し，農村地域では郷鎮企業の設立が1992年以降進んだ。

(2) a〜fの表は，東南アジア諸国の上位輸出品目および輸出額に占める割合を示している。aとcの表に該当する国名を，次の語群からそれぞれ選び，答えなさい。

シンガポール　　フィリピン　　インドネシア　　タイ
ベトナム　　　　マレーシア

a

輸出品	%
機械類	31.7%
自転車	11.7%
プラスチック	4.2%
野菜と果実	3.7%
石油製品	2.9%

b

輸出品	%
機械類	42.7%
石油製品	6.9%
衣類	4.9%
パーム油	4.7%
精密機械	3.8%

c

輸出品	%
機械類	46.3%
衣類	9.1%
履物	5.4%
家具	3.9%
鉄鋼	3.8%

d

輸出品	%
パーム油	11.5%
石炭	11.5%
鉄鋼	9.2%
機械類	7.9%
衣類	4.0%

e

輸出品	%
機械類	49.0%
石油製品	12.3%
精密機械	4.2%
金(非貨幣用)	3.1%
化学薬品	2.7%

f

輸出品	%
機械類	63.8%
野菜と果実	3.5%
精密機械	3.2%
ココナッツ油	2.7%
銅	2.6%

（『データブック　オブ・ザ・ワールド　2024』より作成）

解答 (1) 3　　(2) a タイ　　c ベトナム

解説 (1) 中国では，1980年にシェンチェン(深圳)，チューハイ(珠海)，スワトウ(汕頭)，1981年にアモイ(厦門)，1988年に海南(ハイナン)，2010年に新疆ウイグル自治区のカシュガル(喀什)，コルガス(霍爾果斯)に経済特区が設立された。寧波(ニンポー)は沿岸の都市ではあるが，経済技術開発区であって経済特区ではない。

(2) a 工業化が進み工業製品の産業も豊富なタイ。　b 機械類の輸出が多く，天然資源も輸出しているマレーシア。　c 機械類のほか衣類の輸出が盛んなベトナム。　d 天然資源の輸出量・種類が多いインドネシア。　e 自動車を除く機械類を中心に工業

製品の多いシンガポール。　f　工業化が進み機械類の輸出が多く，農作物，天然資源の輸出もあるフィリピン。

━━━━━━━━━━━━━━ **例題3** ━━━━━━━━━━━━━━

次の各問いに答えよ。

(1)　ケッペンの気候区分における気候区と，その気候区でみられる特徴，植生，人間生活・産業の組合せとして最も適切なものを，次の1～4から1つ選べ。

	気候区	特徴	植生	人間生活・産業
1	熱帯雨林気候	年中高温多雨で，気温の年較差が小さい。年間を通して赤道低圧帯や貿易風の影響を受ける。	多種類の落葉広葉樹からなる熱帯雨林。赤色・酸性でやせたラトソルが分布。	乾季と雨季を生かしたプランテーション農業，ヤギの放牧や牛の企業的牧畜が見られる。
2	サバナ気候	砂漠周辺に分布。3ヶ月程度の短い雨季がある。	おもに乾季に落葉する広葉樹林からなるが熱帯雨林ほど種類は多くない。	遊牧が盛ん。小麦栽培や牛・羊種の企業的牧畜も見られる。
3	ステップ気候	夏は赤道低圧帯に入り雨季，冬は中緯度高圧帯に入り乾季となる。	短草草原。土壌は主に栗色土。比較的降水量が多い地域には肥沃な黒土が形成。	焼畑農業とプランテーション農業がさかん。黄熱病・マラリア等の風土病が残る。
4	温暖冬季少雨気候	夏は高温湿潤なモンスーンの影響を受け多湿。冬は乾燥し温暖。夏はときどき熱帯低気圧が襲来。	しい，かし，くすなどの照葉樹林。高緯度地域では落葉樹や針葉樹も見られる。	アジアでは米，綿花，茶の栽培が盛ん。アフリカ大陸，アンデス山脈東側ではトウモロコシ，小麦，コーヒー等が栽培される。

(2)　次のグラフは，日本の輸入魚介類とその輸入額の国別割合を示したものである。A～Cにあてはまる輸入魚介類の組合せとして正しいものを，下の1～4から1つ選べ。

(令和4年度「水産白書」より作成)

1　A　サケ・マス類　　B　カニ　　　　　　C　エビ
2　A　カニ　　　　　　B　サケ・マス類　　C　エビ
3　A　サケ・マス類　　B　カニ　　　　　　C　マグロ

4 A カニ　　　　　B サケ・マス類　　C マグロ

(3) 次のグラフ1～4は，アイスランド，デンマーク，ドイツ，フラン
スのいずれかの国の発電量の内訳を示したものである。ドイツにあ
たるものを，次の1～4から1つ選べ。

(IEAの統計（2023年12月更新）より作成)

解答　(1)　4　　(2)　2　　(3)　4

解説　(1)　1の熱帯雨林気候の特徴は正しいが，植生は落葉，広葉樹で
なく常緑広葉樹を主とする。また，人間生活・産業はサバナ気候
についての説明である。2のサバナ気候と3のステップ気候は，「特
徴」と「人間生活・産業」の説明が入れ替わっている。　(2)　水
産庁によると，2022年に日本に輸入されたAのカニの総量は，金
額ベースでは，749億円。ロシアからが全体の約6割を占めている。
Bのサケ・マス類の輸入額は，2022年に2783億円となった。その
うち，チリが57.8％，ノルウェーが20.7％を占めている。同じく，
Cのエビの輸入額は2213億円で，ベトナムが20.0％，インドが
19.8％，インドネシアが17.0％を占めている。　(3)　水力発電の
割合が高い1がアイスランド，風力発電の割合が高い2がデンマー
ク，原子力発電の割合が高い3がフランスである。よって，残る
4がドイツとなる。

■■■■■■■■■■■■■■■■■■■■ **例題4** ■■■■■■■■■■■■■■■■■■■■

日本の農業に関する次の文を読み，下の各問いに答えよ。

　他産業との所得格差を是正することなどを目的として，1961年に①農業基本法が制定された。1990年代，冷害による凶作が原因となり，日本は深刻な米不足に陥った。しかし，このような事態については，以前から，米の作付けを制限して生産を調整する　X　政策が原因となって起こり得るという懸念が指摘されていた。　X　政策は，当時の食糧管理制度の下で，②米が過剰生産されたことによって，国の財政が圧迫されたことに対する政策であった。1990年代における米不足は，日本の③ウルグアイ・ラウンドの合意内容に影響を与えた。2000年代になると，国内では初となる④BSE(牛海綿状脳症)が発生し，食の安全が危ぶまれた。

(1)　下線部①について，農業基本法の内容について述べた文として最も適当なものを，次のア～エから1つ選び，記号で答えよ。

　ア　農業従事者の若返りのために，三ちゃん農業を促進させること。

　イ　農業の経営規模を拡大させるために，農業の機械化を促進させること。

　ウ　米の供給量を増加させるために，稲作を中心とする農業を促進すること。

　エ　農家の農業による収入を増加させるために，第二種兼業農家の育成を促進させること。

(2)　文中の　X　にあてはまる語句を漢字で答えよ。

(3)　下線部②について，この理由について述べた文として最も適当なものを，次のア～エから1つ選び，記号で答えよ。

　ア　生産者米価が消費者米価を上まわり，逆ザヤを生みだしていたから。

　イ　生産過剰による生産者米価の暴落が，農家に打撃を与えていたから。

　ウ　消費者米価の上昇が，景気の悪化を生みだしていたから。

　エ　米の増産に力を入れたことが，他産業の衰退を招いたから。

(4)　下線部③について，次の各問いに答えよ。

① ウルグアイ・ラウンドにおいて日本が合意した，外国米の輸入に対する取り決めを何というか。カタカナで答えよ。

② ①の内容に関する記述として最も適当なものを，次のア～エから1つ選び，記号で答えよ。

ア 外国米に対して，関税を設けずに，輸入の自由化に踏み切ることで合意した。

イ 輸入した外国米の量に対して，同じ量の米を輸出することで合意した。

ウ 国内の米の消費量に対する一定割合の外国米を輸入することで合意した。

エ GATTに対して一定の補助金を支出することで，外国米の輸入の自由化を見送ることで合意した。

③ GATTが改組されてできた組織として最も適当なものを，次のア～エから1つ選び，記号で答えよ。

ア 関税と貿易に関する一般協定　　イ 経済連携協定
ウ 世界貿易機関　　　　　　　　　エ 国連貿易開発会議

(5) 下線部④について，2003年に牛肉を対象としたトレーサビリティに関する法が制定された。トレーサビリティの説明として最も適当なものを，次のア～エから1つ選び，記号で答えよ。

ア 生産物の生産地，流通経路を調べるシステム

イ 農家単体で，生産，加工，流通を行うシステム

ウ 有機栽培による飼料のみを使用するシステム

エ 生産物に，人体に有害な物質が含まれているかを調べるシステム

解答 (1) イ (2) 減反 (3) ア (4) ① ミニマム・アクセス ② ウ ③ ウ (5) ア

解説 (1) ア 三ちゃん農業は，じいちゃん・ばあちゃん・かあちゃんの農業で，若返りとは対極の言葉である。 ウ 特に稲作の生産量の増加を図る部分はない。 エ 兼業農家の促進は図っていない。 (2) 減反政策とは，過剰となった米の生産量を調整し，麦や大豆などほかの作物への転作を促す政策のことである。

(3)　イ　食糧管理制度により米の価格が調整されてきたので，農家の収入を保証していた。　ウ　消費者物価は高止まりしていて，景気への影響はなかった。　エ　減反政策は，米の増産を図ったものではない。　(4)　①・②　ミニマム・アクセスとは，日本が高関税を課して輸入を制限する代わりに，いかなる貿易品目にも最低限の輸入枠を設定するという考え方で，1993年ウルグアイ・ラウンドで日本が合意した取り決めである。　③　アはGATTのこと。イの経済連携協定(EPA)は，2以上の国の間で，自由貿易協定に加えて貿易以外の分野を含めて締結される包括的協定のことである。エの国連貿易開発会議(UNCTAD)は，貿易と開発，それに金融，投資，技術，持続可能な開発の関連問題に総合的に対応する国連の中心的な機関である。　(5)　トレーサビリティとは，食品の生産，加工，流通などの各段階で，原材料の出所や製造元，販売先などの記録を記帳・保管し，食品とその情報を追跡できるようにすることである。

例題5

次の文を読んで，下の問いに答えよ。

　農業の起源は約1万年前といわれ，複数の地域でそれぞれ独立して成立した。①バナナやイモ類が栽培された《ア》農耕文化，雑穀やマメ類が栽培された《イ》農耕文化，麦類が栽培された《ウ》農耕文化，ジャガイモやトウモロコシが栽培された《エ》農耕文化が発生し，やがてそれらの作物は，周辺の栽培適地へと伝わっていった。

　資本主義が確立したヨーロッパでは，農業の近代化が進み，②穀物のほかにクローバー，ジャガイモ，トウモロコシ，テンサイなどを導入して《オ》を行い，多くの牛や豚を飼育した農業を営むようになった。都市の近くでは③酪農や園芸農業が発達するようになった。

問1　《ア》～《エ》の農耕文化の主な栽培植物の発生地と伝播経路を，次の地図の(A)～(D)から1つずつ選び，記号で答えよ。

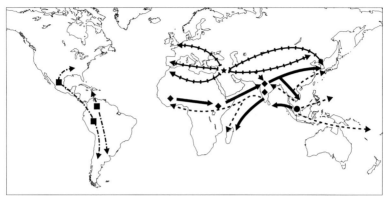

(A) 農耕文化　◆ 発生地　← 伝播経路
(B) 農耕文化　★ 発生地　←╂┼┼ 伝播経路
(C) 農耕文化　● 発生地　←--- 伝播経路
(D) 農耕文化　■ 発生地　←-·-· 伝播経路

問2　「山羊」や「羊」が家畜化されたのはどの農耕文化においてか,《ア》
　　〜《エ》から1つ選び，記号で答えよ。

問3　下線部①はプランテーションによって多く生産されるようになっ
　　た。それに関連して述べた次の文の空欄に入る語句を答えよ。

　　　プランテーションは，アフリカ，アジアなどの熱帯・亜熱帯地域
　　に展開される大規模な（　a　）的農園農業である。一般に欧米の大資
　　本企業が資本と技術力を提供し，安価で豊富な現地の人々を雇い，
　　バナナやパイナップル，コーヒー，カカオなどの（　b　）作物を大量
　　に（　c　）耕作し，主に世界市場に輸出している。東南アジアのマレー
　　半島においては，かつてイギリス資本が安価な労働力として多くの
　　（　d　）人を雇い，（　e　）のプランテーション経営を展開した。

問4　文中の《オ》にあてはまる語句を答えよ。

問5　下線部②について，穀物・飼料作物と家畜飼育を組み合わせた農
　　業を何というか，漢字で書け。

問6　下線部③に関し，酪農とはどのような農業か。「飼育」「乳製品」
　　という語句を用いて簡潔に書け。

解答 問1 《ア》(C) 《イ》(A) 《ウ》(B) 《エ》(D)
問2 《ウ》 問3 a 商業 b 商品 c 単一 d イ
ンド e 天然ゴム 問4 輪作 問5 混合農業
問6 飼料作物を栽培し，乳牛を飼育し，乳製品を作って販売す
ることが目的となる農業のこと。

解説 問1 《ア》根栽，《イ》サバナ，《ウ》地中海，《エ》新大陸，とな
る。 問2 他の農耕文化との違いは，発生当初から家畜飼育と
強く結びついている点である。 問3 プランテーションに関す
る基本的な問題である。 問4 同じ耕地に異なる農作物を年ご
とに一定の順序で作付けすることで，一年間休耕地とする場合も
ある。

━━━━━━━━━━ **例題6** ━━━━━━━━━━

次の各問いに答えよ。
問1 工業生産および工業立地について述べた文として最も適当なもの
を，次の①〜④から1つ選べ。
① 労働費が安く技術力の高い国へ工業製品を大量発注することを
セーフガードという。
② 海外に工場が移転して工業出荷額や雇用が減少するなど中心工
業地域が衰退することを産業のセグリゲーションという。
③ 本国の親会社が海外に現地法人をつくって生産や営業の拠点を
配置し，広範な地域で経済活動を行う企業を郷鎮企業という。
④ アメリカ合衆国との国境地帯にあり，原材料や部品を輸入し，
製品をアメリカ市場に輸出する加工区を，メキシコではマキラドー
ラという。
問2 「青いバナナ」(ブルーバナナ)とよばれる地域の説明として最も
適当なものを，次の①〜④から1つ選べ。
① アメリカ合衆国の北東部，五大湖沿岸に広がる機械工業，鉄鋼
業を中心とした工業地帯のこと。
② イギリス南部からドイツ，フランスを経て北イタリアにおよぶ
経済活動が活発な地域のこと。

③ アメリカ合衆国の北緯37度以南に広がる原子力工業，航空・宇宙関連産業が発達している地域のこと。

④ アフリカ大陸のコンゴ民主共和国からザンビアにかけて広がる広大な銅の埋蔵地帯のこと。

解答 問1 ④ 問2 ②

解説 問1 ① セーフガードとは，ある輸入品が急増し自国の競合する産業が重大な被害を受ける恐れのある場合に協定により緊急輸入制限することをいう。 ② 産業の空洞化という。 ③ 郷鎮企業ではなく多国籍企業。郷鎮企業は中国において地方行政単位である郷や鎮または個人が経営する中小企業のこと。

問2 ① フロストベルト ③ サンベルト ④ カッパーベルト

中高地歴（地理） 世界の地誌

ポイント

　「世界の地誌」については，アジア・ヨーロッパ・アメリカが頻出である。ただし，アジアといっても，東アジアから東南アジア，南アジアを経て西アジアまでと広範囲にわたり，アメリカについてもアングロアメリカからラテンアメリカまでが含まれている。ヨーロッパについては各国の地誌だけではなく，ＥＵについての出題もあるので注意が必要だ。一方で，アフリカやオセアニア，変わった所では南極まで出題がなされているので，全大陸を一通り学習しておくことを勧めたい。

　内容の方を見てみると，地名や地形，気候や産業，資源や貿易など多岐に及んでおり，こちらの方でも網羅的に学んでおくことが必要だ。

　また，知識を覚えこむだけでなく，地図などを活用して視覚的な理解も深めるような学習ができれば，より効果的だと思われる。いくつかの国の輪郭を図示して正解を求める出題もあったので，各大陸や主要国の形状など地理的な感覚も養っておきたい。

　そして，記述の能力も大事である。地理用語の解説や「この地域の気候の特徴は？」「この国の産業は？」などの問いがしばしば出るので，簡潔で要領を得た説明ができるようにしておこう。

　また，時事についてもおさえておきたい。各地の紛争や労働問題など最近の動向を反映した出題がなされることもあるので，日頃からニュースに注目したり，そのような事項をまとめた書籍などに目を通しておくようにする。

□ＥＵ　ヨーロッパ(欧州)連合の略称。1993年にマーストリヒト条約が発効してＥＣから改組。2020年1月に英国が離脱したことにより，加盟国は27カ国となった。本部はブリュッセルに置かれているが，主要機関はヨーロッパ各地に分散している。

ECSC(1952·ヨーロッパ石炭鉄鋼共同体) ─┐
EEC(1958·ヨーロッパ経済共同体) ───── EC(1967) ───── EU(1993)
EURATOM(1958·ヨーロッパ原子力共同体) ─┘ (ヨーロッパ共同体) 　 (ヨーロッパ連合)

□東南アジア

①―フィリピン：多島国，中心はルソン島，カトリック教徒
②―ミンダナオ島（日本向けのバナナ生産）
③―ベトナム：社会主義国，ドイモイ政策で経済開放
④―ラオス：社会主義国，メコン川中流の山岳国
⑤―カンボジア：内戦終結で復興，アンコール＝ワット
⑥―タイ：緩衝国として独立維持，仏教王国
⑦―チャオプラヤ川：デルタ（米の栽培）
⑧―ミャンマー：旧国名ビルマ
⑨―マレーシア：ブミプトラ政策でマレー人優遇

⑩―クアラルンプール：天然ゴム→油ヤシへのプランテーション転換
⑪―シンガポール：華人国家，中継貿易，ジュロン地区（輸出加工区）
⑫―ブルネイ：石油・天然ガス産出で裕福
⑬―マラッカ海峡（海上交通の要衝）
⑭―インドネシア：多島国，世界最多のイスラム教徒がいる国
⑮―バリ島（ヒンズー教徒の島）
⑯―ロンボク海峡（海上交通の要衝，マラッカ海峡より深い）
⑰―東ティモール：2002年独立，カトリック多数
⑱―ＡＳＥＡＮ(2024年現在10カ国加盟)

□西アジア

①－イスタンブール(アジアとヨーロッパ
　　の架け橋)
②－トルコ：西欧化・近代化を進める国
　　民国家
③－キプロス島(トルコ系住民とギリシャ
　　系住民の対立)
④－レバノン：内戦終結後も対立・混乱
⑤－イスラエル：ユダヤ人，キブツ，
　　パレスチナ問題
⑥－エルサレム(キリスト教・ユダヤ教の
　　聖地)

⑦－スエズ運河
⑧－サウジアラビア：世界最大級の産油国
⑨－メッカ(イスラム教の聖地)
⑩－ホルムズ海峡
⑪－ドバイ(アラブ首長国連邦，中東有数
　　の都市)
⑫－イラク：イラク戦争とその後の混乱・
　　復興
⑬－クルディスタン地域：クルド人問題
⑭－イラン：シーア派イスラム教，核問題
⑮－地下水路カナートによる灌漑

□アフリカ

①ーアトラス山脈北側(地中海式農業)
②ースエズ運河
③ーエジプト：古代文明，観光立国
④ーアスワンハイダム
⑤ーサヘル地域(砂漠化が深刻)
⑥ーリベリア：アメリカ解放奴隷，便宜置籍船
⑦ーコートジボアール：カカオの生産
⑧ーガーナ：ヴォルタ計画，アコソンボダム
⑨ーナイジェリア：アフリカ最大の人口
⑩ーエチオピア：アフリカ最古の独立国
⑪ーケニア：ホワイトハイランドに白人が入植
⑫ー東アフリカ大地溝帯(リフト・バレー)
⑬ーコンゴ民主共和国：旧国名ザイール，内戦終結
⑭ーカッパーベルト(銅鉱床地帯)
⑮ー南アフリカ共和国：鉱産資源豊富，アパルトヘイト廃止
⑯ーAU(アフリカ連合，2002年発足，2024年現在55ヵ国加盟)

石川県の社会科

□オセアニア

①－ミクロネシア
②－メラネシア
③－ポリネシア
④－ビキニ環礁 (第五福竜丸事件)
⑤－オーストラリア：先住民アボリジニー
⑥－大鑽井盆地 (掘り抜き井戸)
⑦－グレートバリアリーフ (大堡礁)
⑧－スノーウィーマウンテンズ計画

⑨－ポートヘッドランド (日本への鉄鉱石輸出)
⑩－ニュージーランド：先住民マオリ人
⑪－北島 (牧牛)
⑫－南島 (東部で牧羊，西部で牧牛)
⑬－ワイラケイ地熱発電所
⑭－ニューカレドニア島 (フランス領，ニッ
　　ケル産出)
⑮－ラロトンガ条約 (南太平洋の非核化)

□南米

①—パナマ運河(1999年パナマに返還)
②—マラカイボ湖(ベネズエラ最大の油田)
③—リャノ(オリノコ川流域)
④—セルバ(アマゾン川流域)
⑤—マナウス(アマゾン川の河港都市)
⑥—カラジャス(世界屈指の鉄鉱山)
⑦—カンポ(ブラジル高原)
⑧—ブラジリア(ブラジル首都，計画都市)
⑨—リオデジャネイロ(旧首都，カーニバル，ファベーラ)
⑩—グランチャコ(パラグアイ川流域)
⑪—パンパ(東部の湿潤パンパと西部の乾燥パンパ)
⑫—ブエノスアイレス(アルゼンチン首都)
⑬—フォークランド諸島(マルビナス諸島,領土戦争)
⑭—パタゴニア(冷涼乾燥)
⑮—アタカマ砂漠(ペルー海流による海岸砂漠)
⑯—チリ：銅の産出量世界一
⑰—ラパス(ボリビア首都，高山都市)
⑱—インカ文明の中心地(クスコ)
⑲—ペルー：水産業盛ん(アンチョビー)
⑳—キト(エクアドル首都，高山都市)
㉑—ガラパゴス諸島(エクアドル領，進化論)

□世界の紛争

①一北アイルランド紛争
→アイルランドへの併合を主張
するカトリック系住民と, プ
ロテスタント系住民の対立
②一ベルギー言語紛争
→北部のフラマン語地域と南部
のワロン語地域が対立し, 連
邦制に移行
③一バスク独立運動
→バスク人の独立を求めて過激
派が爆弾テロ
④一西サハラ紛争
→領有を主張するモロッコとポ
リサリオ解放戦線が抗争

⑤―ダルフール紛争
→スーダン西部でアラブ系民兵組織が非アラブ系住民を襲撃

⑥―ソマリア内戦
→国内対立に各国の介入が絡み,分裂状態

⑦―イラク
→イラク戦争後の混乱の中,国内外のテロ組織が駐留軍や住民をテロ攻撃

⑧―パレスチナ紛争
→イスラエルとパレスチナ人が長年対立

⑨―レバノン
→長年の内戦の影響で,親シリア派と反シリア派が対立

⑩―キプロス紛争
→南部のギリシャ系住民と北部のトルコ系住民が対立

⑪―クルド独立運動
→独立国家を求めるクルド人とトルコなどの周辺諸国の間が緊張状態

⑫―ドニエストル紛争
→モルドバ東部のロシア系住民が沿ドニエストル共和国独立を宣言

⑬―ウクライナ紛争
→ロシアがクリミアを一方的に併合,ウクライナへ侵攻

⑭―アブハジア紛争,南オセチア紛争
→グルジア西部のアブハズ人,北部のオセット人が独立を宣言

⑮―チェチェン紛争
→ロシアからの独立を求めてチェチェン人がゲリラ活動

⑯―ナゴルノ・カラバフ紛争
→アゼルバイジャン西部のアルメニア系住民が独立を宣言したが停戦合意

⑰―カシミール問題
→カシミール地方の領有権をインドとパキスタンが主張し長年対立

⑱―東トルキスタン独立問題
→中国の支配に対し,ウイグル人が独立を求めて抵抗

⑲―チベット独立問題
→中国の支配に対し,ダライ・ラマ14世はインドに亡命政権をたてて抵抗

⑳―ネパール
→毛沢東主義を掲げる過激派マオイストを中心に大規模な民主化運動,王政廃止で連邦共和制へ移行

㉑―スリランカ紛争
→ヒンドゥー教徒のタミル人が仏教徒のシンハラ人に分離独立を要求したが内線集結

㉒―南沙(スプラトリー)諸島領有問題
→領有権をめぐって,周辺諸国が対立

㉓―東シナ海問題
→日本の尖閣諸島とガス田の領有権をめぐって,中国と対立

㉔―朝鮮半島問題
→朝鮮戦争後,北朝鮮と韓国が分断し,休戦状態を継続中

㉕―竹島問題
→日本の竹島を韓国が占領し,領有権を主張

㉖―北方領土問題
→日本の北方四島をロシアが占領し,領有権を主張

㉗―ミンダナオ紛争
→フィリピン南部のミンダナオ島のモロ人(イスラム教徒)が独立を要求

㉘―イリアン・ジャヤ独立問題
→ニューギニア島西部のパプア人がインドネシアからの独立を要求

㉙―ニューカレドニア独立問題
→原住民のカナック人がフランスに独立を要求し,自治に向けて協議

㉚―チアパス問題
→サパティスタが先住民の生活向上と政治の民主化をかかげ,チアパス州で蜂起

━━━━━ 例題1 ━━━━━

南アメリカに関する次の各問いに答えよ。

1　以下の地図中(a), (b)の地域には砂漠が広がっている。それぞれが形成された要因を以下の地図に図示するとともに，(a), (b)の名称を明らかにしながら，枠内に説明を記せ。

2　南アメリカにおいて，1995年に発足した地域経済統合を何というか答えよ。

解答　1

2　MERCOSUR

解説　1　(a)　この砂漠地帯はアタカマ砂漠であるので，海岸砂漠の形成について解説をする。この地域では大陸西岸を寒流のペルー海流が流れており，地表付近が冷却され上昇気流が発生せず大気が安定する。したがって雲ができず雨が降らないため砂漠が形成される。　(b)　この砂漠地帯はパタゴニアであるので，山地と風の関係を解説する。山脈に風が吹き付けることで，風上側は上昇気流が生じて雨が降るが，風下側は乾燥する(フェーン現象)。この地域はアンデス山脈にぶつかった偏西風の風下にあたるため，砂漠となる。　2　ブラジル・アルゼンチン・ウルグアイ・パラグアイが加盟しており，ベネズエラは資格停止。準加盟国はボリビア，チリ，コロンビア，エクアドル，ガイアナ，ペルー，スリナム。対外共通関税，財・サービスや労働力の自由な流通を目指す関税同盟のこと。南米南部共同市場(Mercado Comun del Cono Sur)の略。

例題2

次の表は世界のおもな国(A〜C)の統計を示している。表と下のA〜Cの各国が抱える各種の問題に関する文章を読んで，あとの(1)〜(7)の問いに答えよ。

国名	総人口(千人)	出生率(%)	死亡率(%)	産業別人口構成(%)			国民総所得(百万ドル)	各国の主な輸出品(上位5品目)
				第1次	第2次	第3次		
A	110,990	22.6	6.3	19.8	27.2	53.0	412,839	石油製品，液化天然ガス，野菜・果実，機械類
B	83,370	9.2	12.5	1.3	26.1	72.6	4,411,0.28	機械類，自動車，医薬品，精密機械，自動車部品
C	127,504	14.9	9.4	12.3	24.9	62.8	1,261,434	機械類，自動車，自動車部品，原油，野菜・果実

(『世界国勢図会』2023/24より作成)

A　この国は，外来河川の河口に巨大な三角州をもつ歴史の古い国である。ダム開発により農業開発が行われたが，塩害等の環境問題を抱えている。1994年に，この国の首都で「国際人口開発会議」が開

催され，①リプロダクティブ・ヘルス・アンド・ライツという考え方が採択された。

B　この国は外国人が多い。労働力不足を補うため，②ガストアルバイターと呼ばれる外国人労働者を受け入れたからである。しかし現在では大きな民族問題の原因の一つになっている。また南西部に位置するフライブルクは③環境首都として世界中から注目を集めている。

C　この国は④USMCAを組織する3か国の一つで経済の成長が著しいが，莫大な累積債務を抱えている。首都は標高が2000m以上の盆地に位置し，人口が集中し，⑤スラム街の形成や大気汚染など多くの都市問題を抱えている。

(1)　表のA～Cの国名を答えよ。

(2)　下線部①について，この「リプロダクティブ・ヘルス・アンド・ライツ」という新しい概念を説明せよ。

(3)　下線郡②について，「ガストアルバイター」の受け入れから現在抱える問題点まで，政策の変遷を含めて説明せよ。

(4)　下線部③について，フライブルクやロンドンなどでも取り入れられている「ロードプライシング制度」とはどのような制度か，その成果も含めて説明せよ。

(5)　下線部④について，右の表a～cはASEAN，EU，USMCAの統計を示している。USMCAについて，a～cから1つ選び，記号で答えよ。

国名	面　積 (千·km²)	人　口 (百万人)	GDP (億ドル)	貿易額(億ドル)	
				輸　　出	輸　　入
日本	378	125	49,409	7,560	7,690
a	4,487	674	33,403	17,241	16,212
b	4,132	445	171,778	66,471	65,083
c	21,783	502	265,763	27,567	39,618

(『世界国勢図会』2023/24より作成)

(6)　下線部⑤について，発展途上国のスラム街と先進国のスラム街の形成過程の違いを説明せよ。

(7)　3か国の産業別人口構成の「三角図表」作成を板書で説明する。座標軸や単位，各国の数値を実際に三角グラフとして図示せよ。また，そのグラフから読み取れる産業別人口構成の特色を具体的に説明せよ。

解答　(1)　A　エジプト　　B　ドイツ　　C　メキシコ　　(2)　家族

計画を人口抑制の手段としてよりも，女性の人生に対する自己決定権を人権として尊重する考え方であり，女性の地位向上なくして人口問題の解決はないという主張。　(3)　旧西ドイツは，経済成長に必要な労働力不足に対して1960年代からトルコやイタリアなどから外国人労働者を迎えた。1990年の東西ドイツ統一後景気が後退し，外国人を排斥する運動が強まった。2000年から移民に対する制限をゆるめ，社会への統合をはかり共存をめざす多文化主義の考え方が広まってきた。　(4)　交通渋滞を緩和させることが目的で，市内中心部に乗り入れる自動車から混雑課徴金を徴収するもので，公共交通機関はスピードアップし，ラッシュアワー時の混雑も多少緩和され，排気ガス対策にも効果があった。

(5)　c　(6)　発展途上国では，貧困に耐えかね農村部から押しだされた人々が都市部へ移動し，都市の基盤整備が追いつかず居住環境が劣悪になりスラムが形成される。先進国では，インナーシティ問題が顕在化し，旧市街地から人々が郊外に流出することにより，人口減少や高齢化で生活環境が悪化して犯罪も多発し，スラム化を招いている。

(7)　(板書例)

①グラフを作成しよう
　＊三角図表の座標を記入(1次，2次，3次)
　＊単位の％を記入(0％→50％→100％)
②数値の打点をしてみよう
　＊A～C国の数値をグラフに図示

③グラフを読み取ろう

エジプトの位置から1次産業の割合が高い開発途上国，ドイツの位置から3次産業の割合の高い先進国，メキシコの位置から工業化の進むNIESの国を読み取ることができる。

解説 (1) Aは外来河川，巨大三角州，歴史の古い国からエジプト。Bは外国人労働者，フライブルクからドイツ，CはUSMCA，人口が1億を超えた，スラム街からメキシコ。　(5)　USMCAは，「アメリカ合衆国・メキシコ・カナダ協定(United States-Mexico-Canada Agreement)」の略称。母体は1994年にアメリカ合衆国・カナダ・メキシコとの間で発効した北米自由貿易協定(NAFTA)。アメリカ合衆国に不利に働く協定として，当時のドナルド・トランプ大統領が猛烈に批判し，改正を求めたことから，2020年7月にNAFTAに代わって発効した協定である。aはGDPが低いASEAN，bは輸出入の多いEU。　(7)　産業別人口構成割合は，指標が第1次，第2次，第3次産業の3つであるので，三角グラフを用いると，各国の特色が一目でわかる。

例題3

インドを示した次の地図について，あとの各問いに答えよ。

[あ]　ジャルカンド州に位置するこの都市は，近隣の（　A　）炭田と（　B　）鉄山を利用して，1907年にタタ財閥により同国初の製鉄所が建設されたことで知られている。

[い]　インドにおける代表的な避暑地である。この地域一帯は世界有数の降水量があり，都市名を冠した茶の栽培で知られている。

[う]　この地域における経済・文化の中心地であり，避暑地でもある。近年はIT産業が集積し，「インドのシリコンバレー」と呼ばれるようになった。

[え]　ヒンドゥー教，仏教，ジャイナ教の聖地として知られる宗教都市で，各地から多くの信者が訪れる。

[お]　綿工業の中心地で同国最大の人口を有するこの都市は，かつてイギリスのインド支配の根拠地の1つであった。

[か]　タミルナドゥ州の州都で，旧名はマドラスである。綿織物や皮革工業をはじめ，アルミニウム，自動車，石油精製などの工業が行われている。

(1)　[あ]〜[か]の文が説明する都市の位置を，地図中の①〜⑪から選び，番号で答えよ。

(2)　[あ]の文中の空欄にある（　A　）炭田および（　B　）鉄山の名称をそれぞれ答えよ。

(3)　下線部について，インドのIT産業が近年急速に発展した要因を1つ挙げよ。

(4)　[か]の文が説明する都市の，現在の名称を答えよ。

解答　(1)　[あ]　④　　[い]　②　　[う]　⑨　　[え]　⑤　　[お]　⑪
[か]　⑧　　(2)　A　ダモダル　　B　シングブーム　　(3)　英語を話せる技術者が多い，賃金水準が低い，等々　　(4)　チェンナイ

解説　インドは中国と並び，世界的にも経済発展がめざましい地域である。従って，試験に出てくる頻度も今後増すことが考えられ，注意しておきたい所である。　(1)　[あ]はジャムシェドプル，[い]はダージリン，[う]はバンガロール，[え]はヴァラナシ（ベナレス），[お]はムンバイ（ボンベイ），[か]はチェンナイ。いずれもインドの重要な都市であるので，位置とともに覚えておこう。　(2)　タタ

　財閥はインド最大の民族資本で，ジャムシェドプルのタタ製鉄所は世界屈指の粗鋼生産量を誇る。　(3)　他に，アメリカ合衆国の裏側に位置していて昼夜が正反対なため，24時間体制が可能になるとの理由で同国のIT産業が進出した，インターネットの普及で距離の遠近が関係なくなってきた，という事情もある。

例題4

　次のオーストラリアの略地図を参考に，各問いに答えよ。

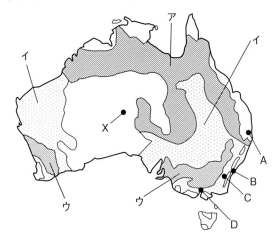

問1　略地図中のA～Dの都市名をそれぞれ答えよ。

問2　略地図中のア～ウはそれぞれ農業地帯をあらわしている。ア～ウの農業地帯の組合せとして適当なものを，次の①～④から1つ選べ。

①　ア　牧牛地帯　　イ　小麦地帯　　ウ　牧羊地帯
②　ア　牧羊地帯　　イ　牧牛地帯　　ウ　小麦地帯
③　ア　牧牛地帯　　イ　牧羊地帯　　ウ　小麦地帯
④　ア　牧羊地帯　　イ　小麦地帯　　ウ　牧牛地帯

問3　略地図中のX地点にあるウルル(エアーズロック)の地形的特徴の説明として適切なものを，次の①～④から1つ選べ。

①　断層運動によって生じた地形であり，周囲を断層で囲まれた地塁である。

②　準平原上に一段高く突出した丘陵状の地形であり，侵食から取り残されてそびえる残存地形である。

③　赤熱した溶岩が屋根形の山の中央からゆっくりと押し出され，ドーム型の峰となった単成火山である。

④　地殻が緩やかに上方へたわむ曲隆運動によって生じた地形である。

解答　問1　A　ブリスベン　　B　シドニー　　C　キャンベラ
　　　D　メルボルン　　問2　③　　問3　②

解説　オーストラリアと我が国は，食料や資源の貿易によって経済上の結びつきが非常に強い。ゆえにオーストラリアの農鉱業は頻出であるし，各種のデータを伴う設問も多い。　問1　南東沿岸部は同国にとって最重要の地域であり，主要都市の名前と位置はしっかり把握しておこう。　問2　気温が高い北部は牧牛，乾燥している大鑽井盆地・西部は牧羊，南東部のマーレーダーリング盆地は小麦栽培が盛ん。　問3　巨大な一枚岩の独立岩峰で，世界自然遺産にも登録されている。

■■■■■■■■　例題5　■■■■■■■■

世界地図について，次の各問いに答えよ。

(1)　次の地図を見て，線分ア，イ，ウの実際の距離を長い順に並べた場合，正しいものを，あとのa〜eから1つ選べ。

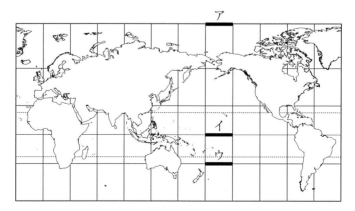

77

    a　ア→イ→ウ　　b　ア→ウ→イ　　c　イ→ア→ウ

    d　イ→ウ→ア　　e　ウ→イ→ア

(2)　次の地図を見て，ニューヨークの対蹠点として正しいものを，地図中のa〜eから1つ選べ。

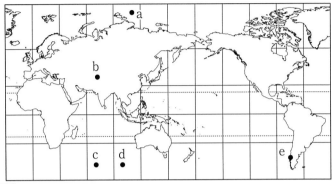

解答　(1)　d　　(2)　d

解説　(1)　地図は経線，緯線ともに直線で直行しており，また緯線の間隔は等間隔ではないことからメルカトル図法で描かれていると考えられる。高緯度ほど経線の間隔が実際よりも広く描かれるため，実際の距離はアが最も短く，赤道上のイが最も長くなる。

(2)　対蹠点とは，地球上のある地点の正反対の位置にある地点のことで，経線上は180度反対側，緯線上は赤道をはさんで反対側の地点となる。ニューヨークは北半球にあるため，bは除外する。c，d，eはほぼ同緯度上にあるので経度について考えると，経線は12本あって各30度間隔であることから，180度離れているのは6本隔てたdである。参考までに，ニューヨークは北緯40度，西経74度である。

中高地歴（地理）　日本の地誌

ポイント

　「日本の地誌」については，地域的な偏りの少ない出題がなされている。ただし，地方自治体によってはその地域に関わりのある問題を出すケースもしばしば見受けられるので，受験の予定が決まれば関連の地域について念入りに学習しておくことを勧めたい。

　内容の面では，産業に関する設問が多い。農業，水産業，工業，商業，と色々あり，表やグラフを伴った出題も多い。学習の際には各種統計のデータも頭に入れるようにし，数字に強くなっておきたい。

　貿易を扱った設問も増えている。我が国の貿易の特色，輸出入の主要商品や相手国，経済のグローバル化の影響などに関する内容のものが出ている。また，資源・エネルギーの貿易については産油地域の情勢やエネルギー源の新開発，食料の貿易については我が国や主要国の食料自給の現状，という出題例があるように，時事的な内容を伴う設問も見られるので，参考書だけで学ぶのではなく，最近のニュースにも注意を払うようにしておこう。

　また，「～について述べよ」という形式の設問もよく出されるので，それぞれの事項についての背景，他の事項との相関性はあるかどうかを考えながら学習を進めていくようにしたい。解答にあたっても，授業で生徒に説明するが如く，分かりやすい言葉を用いて的を射た論述ができることが求められている。

☐北海道・東北地方

①－北方領土(国後島・択捉島・色丹島・
　歯舞群島)：ロシアが占領中
②－知床(世界自然遺産)
③－サロマ湖(潟湖)
④－根釧台地(パイロットファーム, 酪農)
⑤－釧路湿原(日本最大の湿原, ラムサー
　ル条約登録)
⑥－夕張市(炭田閉鎖, 財政再建団体)
⑦－札幌市(冬季五輪, 政令指定都市)
⑧－昭和新山(溶岩円頂丘)
⑨－函館山(陸繋島)
⑩－青函トンネル
⑪－青森ヒバ(日本三大美林)
⑫－白神山地(世界自然遺産, ブナ原生林)
⑬－大潟村(八郎潟の干拓)

⑭－秋田スギ(日本三大美林)
⑮－十和田湖(カルデラ湖, 県境未画定)
⑯－八戸市(漁港)
⑰－三陸海岸(リアス海岸)
⑱－仙台市(杜の都, 七夕, 政令指定都市)
⑲－山形県(おうとう(さくらんぼ)栽培)
⑳－天童市(伝統工芸－将棋駒)
㉑－シリコンロード(高速道路沿いにＩＣ
　工場が林立)
㉒－佐渡島(近世の金山開発, トキ)
㉓－新潟市(柳都, 政令指定都市)
㉔－阿賀野川流域(第二水俣病)
㉕－中越地震(2004年発生)
㉖－中越沖地震(2007年発生)
㉗－東日本大震災(2011年発生)

□関東・中部地方

①－福島県浜通り（原子力発電所）
②－鹿嶋市（臨海工業地域, 掘り込み式港）
③－つくば市（筑波研究学園都市, 万博）
④－成田（門前町, 成田国際空港）
⑤－九十九里平野（海岸平野, 納屋集落）
⑥－京葉工業地域
⑦－京浜工業地帯
⑧－関東ローム層（火山灰が堆積）
⑨－富士山（世界文化遺産）
⑩－甲府盆地（扇状地, 果樹栽培）
⑪－日光（世界文化遺産）
⑫－渡良瀬川流域（足尾銅山鉱毒問題）
⑬－浅間山麓（高冷地農業）
⑭－八ヶ岳山麓（高冷地農業）
⑮－糸魚川－静岡構造線（フォッサマグナ西縁）
⑯－黒部ダム（日本最大規模のダム）

⑰－神通川流域（イタイイタイ病）
⑱－砺波平野（散村, 屋敷森）
⑱－砺波平野（散村, 屋敷森）
⑲－能登地震（2024年発生）
⑳－能登半島（伝統工芸－輪島塗）
㉑－木曽ヒノキ（日本三大美林）
㉒－日本アルプス（飛驒・木曽・赤石の3山脈）
㉓－三保松原（世界文化遺産）
㉔－牧ノ原台地（洪積台地, 茶の栽培）
㉕－浜松（楽器・オートバイ）
㉖－中京工業地帯
㉗－豊田（日本最大の自動車工業）
㉘－濃尾平野（木曽・長良・揖斐の下流, 輪中集落）
㉙－四日市（四日市ぜんそく）
㉚－伊勢（伊勢神宮, 鳥居前町）

□関西・中国地方

①一若狭湾(リアス海岸, 原子力発電所)
②一天橋立(砂州)
③一琵琶湖(日本最大の湖, 京阪神の水がめ)
④一京都(平安京, 世界文化遺産)
⑤一伏見(清酒)
⑥一奈良(平城京, 世界文化遺産)
⑦一紀伊山地(世界文化遺産)
⑧一英虞湾・五ヶ所湾(真珠養殖)
⑨一潮岬(陸繋島)
⑩一阪神工業地帯
⑪一灘(清酒)
⑫一豊岡市(コウノトリ繁殖)
⑬一明石海峡大橋

⑭一大鳴門橋
⑮一鳥取砂丘(海岸砂丘, 防砂林, なし・らっきょう)
⑯一水島(石油コンビナート)
⑰一瀬戸大橋
⑱一中海(汽水湖)
⑲一宍道湖(汽水湖)
⑳一瀬戸内しまなみ海道
㉑一広島市(政令指定都市, 原爆ドーム)
㉒一厳島神社(世界文化遺産)
㉓一秋吉台(日本最大のカルスト地形)
㉔一宇部・小野田(セメント)
㉕一関門海峡(壇ノ浦, 巌流島)

□四国地方

①－讃岐平野(ため池,うどん)　④－四国カルスト
②－室戸岬(海岸段丘)　⑤－愛媛県－みかん栽培
③－高知平野(促成栽培)　⑥－四万十川(最後の清流)

□九州・沖縄地方

①ー対馬(ツシマヤマネコ)
②ー関門海峡(壇ノ浦,巌流島)
③ー八幡製鉄所(日本最初の近代製鉄所)
④ー筑豊炭田(日本最大規模,閉鎖)
⑤ー平尾台(カルスト地形)
⑥ー有明海(遠浅,のり養殖)
⑦ー諫早湾(干拓問題)
⑧ー雲仙岳(溶岩円頂丘)
⑨ー阿蘇山(世界最大級のカルデラ)
⑩ー宮崎平野(促成栽培)

⑪ー青島(波食棚,波状岩)
⑫ー水俣湾(水俣病)
⑬ーシラス台地(火山灰が堆積)
⑭ー桜島(火山島)
⑮ー種子島(鉄砲伝来,宇宙センター)
⑯ー屋久島(世界自然遺産)
⑰ー奄美大島(アマミノクロウサギ)
⑱ー沖縄島(さとうきび・パイナップル,米軍基地,ヤンバルクイナ)
⑲ー西表島(イリオモテヤマネコ)

※シリコンアイランド＝九州の別名の一つで,半導体関連企業が集積する九州についた呼び名(九州では空港の近くにIC工場が立地・★マークは空港を表す)。

━━━━━━━━ 例題1 ━━━━━━━━

日本のいくつかの地理的事象に関して,地図1,2を見て,下の各問いに答えよ。

地図1　　　　　　　　　地図2

問1　地図1のAの太線はフォッサマグナの西縁にあたる。この線が通り,日本海に面している新潟県の都市を答えよ。

問2　地図1のBには,本州と九州との移動を容易にしている関門トンネルがある。このトンネルの出入り口にあたる福岡県側の都市の説明として正しいものを,次のア～エから1つ選び,記号で答えよ。

　ア　この都市の天神地区は九州で最も商業集積度が高く,九州全域からの顧客を集めている。

　イ　現在でも人口が増加傾向にあるこの都市は,古くから製鉄業が栄え,近年の工業品出荷額の統計を見ても,製鉄業の割合が増加

　　　　している ことが確認できる。

　　ウ　九州全体の政治・経済・文化の中心都市であり，あらゆる都市
　　　　機能が集中し，全天候型スポーツ施設も立地している。

　　エ　九州最初の政令指定都市であり，現在，門司港レトロ地区など
　　　　の観光や半導体関連企業の誘致等，町づくりへ動きが見られる。

問3　次の説明は，地図2におけるC，D，Eのいずれかの本州と四国を
　　つなぐルートである。説明されたルートを図2のC，D，Eから1つ
　　選び，記号で答えよ。

　　　このルートに，1988年に完成した大橋は，鉄道と自動車道路併用
　　の橋である。この大橋は，五つの島を六つの橋梁とそれらを結ぶ高
　　架橋で構成されている。架橋以来，島同士だけでなく，近畿圏と四
　　国との物流が増加した。

問4　次の表は県別農産物のデータ(2022)を表し，F～Iは福岡県，熊
　　本県，宮崎県，鹿児島県のいずれかを示している。(1), (2) の問いに
　　答えよ。

	小麦(トン)	きゅうり(トン)	みかん(トン)	豚(千頭)
F	116	3,330	9,700	1,153
G	313	64,500	6,940	818
H	20,600	15,300	75,000	338
I	75,400	4,310	17,600	79

（『データでみる県勢』2024より作成)

(1)　F～Iの組合せとして正しいものを，次の①～⑤から1つ選び，
　　番号で答えよ。

	①	②	③	④	⑤
F	鹿児島	鹿児島	宮崎	福岡	福岡
G	宮崎	熊本	福岡	熊本	宮崎
H	熊本	宮崎	熊本	宮崎	鹿児島
I	福岡	福岡	鹿児島	鹿児島	熊本

(2) 九州地方におけるきゅうり生産は促成栽培によるものが多い。その理由について，気候に着目して説明せよ。

解答　問1　糸魚川市　　問2　エ　　問3　D　　問4　(1)　①

(2)　温暖で日照時間の長い気候条件を利用して，きゅうりの早期生産ができ，フェリーや高速道路網の整備により大都市への輸送が可能となり，端境期のメリットがより大きくなったから。

解説　問1　フォッサマグナとはラテン語で「大きな溝」の意味であり，日本列島を東北日本と西南日本にわける断層地帯である。西縁の糸魚川＝静岡構造線では大規模な断層地形がみられるが，東縁は火山噴出物に覆われているため不明瞭である。　問2　関門トンネルは山口県下関市と福岡県北九州市を結ぶ海底トンネルである。北九州市は，1901年の八幡製鉄所の操業開始を契機に，重化学工業都市として栄えた。アの天神地区は福岡市の商業中心地であり，ウも九州の中心都市である福岡市の記述である。また，北九州市の人口は近年減少しており，イは間違いとなるため，答えはエとなる。北九州市は1963年に門司・小倉・戸畑・八幡・若松の5市が合併したことで誕生した，九州初の政令指定都市である。　問3　本州四国連絡橋のうち，鉄道・道路併用橋は1988年に完成した瀬戸大橋(児島・坂出ルート)のみであり，Dとなる。東から，E 神戸・鳴門ルート，D 児島・坂出ルート，C 尾道・今治ルート(瀬戸内しまなみ海道)となっている。　問4　(1)　Fは，豚の頭数が多いことから，豚の飼育頭数が全国1位の鹿児島県とわかる。Gは，きゅうりが多いことから，冬季の温暖多照な気候と，地理的な標高差を活用し，全国の生産量の約10%を占める宮崎県とわかる。Hは，みかんが多いことから熊本県，Iは，小麦が多いことから，小麦の生産量全国第2位の福岡県であるとわかる。　(2)　温暖な宮崎平野では，夏野菜であるきゅうりをビニールハウスで生産し，出荷時期を早める促成栽培が行われており，12月～5月にかけて全国の市場へと出荷されている。

━━━━━━━━━ **例題2** ━━━━━━━━━

次の(1) ～ (3)に答えよ。

(1)　次のア～エは，新潟県，茨城県，大分県，鹿児島県の地形別面積
割合をそれぞれ表している。このうち，大分県について表している
ものを1つ選び，記号で答えよ。

資料：『データでみる県勢』2023より作成

(2)　次の表は，日本国内における産業別の製造品出荷額等の上位5位ま
での都道府県を表したものである。A～Cにあてはまる項目を選択
肢ア～ウの中からそれぞれ選び，その記号を書け。また，表中①～
④にあてはまる都道府県名を，それぞれ書け。

(億円)

	A		B		C		パルプ・紙・紙加工品	
第1位	①	22,695	③	3,584	東京	7,846	④	8,608
第2位	②	20,277	大阪	2,831	②	7,350	愛媛	5,475
第3位	③	17,890	岡山	2,304	大阪	4,477	②	5,087
第4位	兵庫	17,270	福井	2,137	③	2,367	③	3,867
第5位	神奈川	15,610	滋賀	1,924	福岡	1,908	大阪	3,418

資料：『データでみる県勢』2024より作成

ア　印刷・同関連業　　イ　食料品　　ウ　繊維工業

(3)　湖の成因について，次の①，②に答えよ。

①　桧原湖(福島県)，中禅寺湖(栃木県)，河口湖(山梨県)は，すべ
て同じ成因の湖である。どのように形成されたのか，簡潔に説明
せよ。

②　芦ノ湖(神奈川県)を成因から区別した場合，次のア～エのどれ
に属するか。正しいものを1つ選び，記号で答えよ。

　　　ア　断層湖　　イ　海跡湖　　ウ　マール　　エ　火口原湖

解答 (1)　エ　　(2)　A　イ　　B　ウ　　C　ア　　①　北海道
②　埼玉県　　③　愛知県　　④　静岡県　　(3)　①　火山活
動・山崩れ・地すべりなどによって岩石や土塊が流下し，河川が
堰き止められたことによって形成された。(堰止湖)　　②　エ

解説 (1)　大分県は山地の比率が高いことでよく知られている。
(2)　AはBとCを選んだ後に消去法で判断する。　B　大阪府は
繊維工業が盛んである。　C　首都圏は印刷業が多い。したがっ
てAは食料品である。　①は食料品が1位なので北海道，②は首
都圏で印刷業が多い埼玉県，③は繊維工業が1位の愛知県である。
また，④の静岡県は東部に多くの製紙工場がある。　(3)　①　堰
止湖以外には火口湖やカルデラ湖等の構造湖がある。　②　芦ノ
湖は火口原に水がたまった火口原湖である。同じく火口原湖には
榛名湖がよく知られている。

━━━━━━━━ 例題3 ━━━━━━━━

日本に関する次の問いに答えよ。

(1)　日本の自然環境の授業において，高校生から次のア・イの質問が
出た。各質問に対して，下の語群の語句をそれぞれ1つずつ選び，そ
の語句を用いて，それぞれ高校生が理解できる内容で説明せよ。た
だし，選んだ語句の使用回数は自由とする。
　　ア　「リアス海岸とフィヨルドのでき方は，どう違うのですか。」
　　イ　「成帯土壌と間帯土壌の違いは何ですか。」
　　語群：気温，堆積，沈水，降水，気候，離水，風化，造山

(2)　本州付近のプレート境界を示した図として，最も適当なものを1つ
選び，記号で答えよ。

(3) 次の文の空欄に適することばを補い，文を完成させよ。

気温の日較差は，その日の最高気温と最低気温との差で求める。

気温の年較差は，その年の(　　　)で求める。

(4) 日本の降水に関する次の文の空欄に適する語句を，Xは6文字，Y
は4文字で答えよ。

梅雨は小笠原気団と(　X　)気団との境界付近の前線性降雨である
のに対して，北陸の降雪は(　Y　)風による地形性降雨である。

(5) 日本海沿岸のいくつもの都市の大火は，フェーン現象の発生時に
起きたものが多い。北陸地方がフェーン現象で高温・乾燥となる時
の気象条件として，最も適当なものを1つ選び，記号で答えよ。

ア　移動性の高気圧が，日本海から北陸上空を通り太平洋に通過す
る時。

イ　移動性の低気圧が，対馬海峡から北海道に向けて日本海を通過
する時。

ウ　三陸海岸沖の低気圧から伸びる寒冷前線が，本州の南の海上に
停滞する時。

エ　日本海に高気圧が，太平洋に低気圧が，それぞれ勢力をもって
張り出す時。

(6) 下のア～エの文は，日本の環境問題の授業における教師の発問に
対する答えである。ア～エのうち，下線部の内容が適当でないもの
を1つ選び，記号で答えよ。

発問　日本はさまざまな公害や災害等の被害を体験し，対策を講
じてきました。現在は，その経験を支援として発揮することが，国
際社会で期待されています。では，どのような地域に，どのような
支援をすべきだと思いますか。

ア　「工場排煙等による大気汚染地域に，排煙脱硫装置や排煙脱硝装
置の技術者の派遣や資金援助をすべきだと思います。」

イ　「有機水銀汚染が起きている金の採掘地域に対して，水俣病に関
する研究者や技術専門家を派遣すべきだと思います。」

ウ　「カドミウム汚染が起きている銅の採掘地域に対して，イタイイ
タイ病に関する研究者や医師を派遣すべきだと思います。」

エ　「地震等で倒壊した建物のがれき処理を行っている地域に，<u>ダイ</u>
　　　<u>オキシン被害</u>の専門家や医師を派遣すべきだと思います。」

(7)　次の地図は，世界各地のおもな食べ物の分布を示したものである。
　　図中のア～オにあてはまる語句の組合せとして最も適当なものを，
　　下の1～8から1つ選べ。

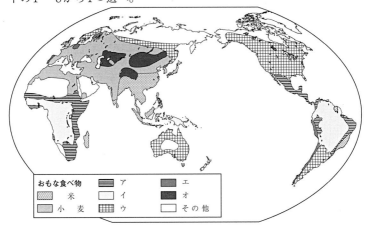

(『朝日百科　世界の食べもの』ほかより作成)

	ア	イ	ウ	エ	オ
1	とうもろこし	いも類	麦類・じゃがいも	小麦・肉	肉・乳製品
2	いも類	肉・乳製品	小麦・肉	とうもろこし	麦類・じゃがいも
3	麦類・じゃがいも	肉・乳製品	とうもろこし	小麦・肉	いも類
4	肉・乳製品	麦類・じゃがいも	いも類	とうもろこし	小麦・肉
5	とうもろこし	いも類	小麦・肉	麦類・じゃがいも	肉・乳製品
6	いも類	とうもろこし	麦類・じゃがいも	肉・乳製品	小麦・肉
7	いも類	小麦・肉	肉・乳製品	麦類・じゃがいも	とうもろこし
8	小麦・肉	麦類・じゃがいも	とうもろこし	いも類	肉・乳製品

(8)　次のア～エは，「肉類」「大豆」「とうもろこし」「木材」について，
　　日本の輸入相手国別輸入額割合(2022年)を示したものである。「肉類」
　　に該当するものを1つ選び，記号で答えよ。(『日本国勢図会2024/25』
　　による)

ア	アメリカ合衆国 64.4%	ブラジル 22.8%	アルゼンチン 6.9%
イ	アメリカ合衆国 71.4%	ブラジル 16.8%	カナダ 1.8%
ウ	アメリカ合衆国 26.8%	タイ 14.5%	オーストラリア 12.4%
エ	ベトナム 12.1%	中国 11.8%	カナダ 10.1%

解答 (1)　ア　リアス海岸は河食によるＶ字谷が沈水してできたのに対して，フィヨルドは氷食によるＵ字谷が沈水してできたものである。　イ　成帯土壌は気候の影響を強く受けてできた土壌であるのに対して，間帯土壌は気候の影響を受けた土壌ではない点が異なる。　(2)　ア　(3)　最暖月平均気温と最寒月平均気温との差　(4)　Ｘ　オホーツク海　Ｙ　北西季節　(5)　イ
(6)　エ　(7)　5　(8)　ウ

解説 (1)　ア　リアス海岸は，日本の三陸海岸やスペインのリアスバハス海岸などでみられる。フィヨルドは，ニュージーランド南島やノルウェーでみられる。日本では氷食によるＵ字谷がなく，フィヨルドはみられない。　イ　間帯土壌は気候というより母岩の影響が大きい。一方，気候の影響が大きい成帯土壌は，各気候の分布とほぼ等しく土壌が分布している。　(2)　日本の周辺には4枚のプレートが存在する。大陸プレートであるユーラシアプレートと北アメリカプレート，海洋プレートである太平洋プレートとフィリピン海プレートである。糸魚川・静岡構造線の位置から，ウとエが誤りであることがわかる。中央構造線はプレートの境界ではないので，イは誤りである。よって解答はアとなる。

(3)　年較差とは別に，1年間の最高気温と最低気温の差を「絶対年較差」という。　(4)　南の高温湿潤な小笠原気団と北の低温湿潤なオホーツク海気団の境界となる梅雨前線が6月と7月に日本上空に停滞し，雨が続く梅雨となる。北陸の降雪は，シベリア気団からの寒波が日本海からの水蒸気を含み，脊梁山脈によって持ち上げられ降水となり，気温が低いので雪となる。一方太平洋側

は，山からおりてくるからっ風によって乾燥する。　(5)　フェー
ンとはもともと，ヨーロッパアルプスの北側を吹く風のことであ
る。北陸地方の場合は，低気圧が日本海を通過する際に，中心に
向かって吹き込む風が発生する。そのため，日本海側は風下とな
るので，フェーン現象により高温・乾燥となる。　(6)　イの水俣
病は熊本県，ウのイタイイタイ病は富山県神通川流域での公害で
ある。新潟水俣病と四日市ぜんそくをあわせて四大公害病という。
エの文は正しくはアスベスト被害。ダイオキシン被害は，日本で
は都市ゴミの焼却施設からの排出量が多いとされ，それによる被
害である。地震等で倒壊した建物のがれき処理を行っている地域
に対しては，例えば東日本大震災では陸上自衛隊などの人材が活
躍している。　(7)　アはメキシコを代表とする中央アメリカに多
いため，とうもろこし。イはアフリカで食されるタロいも，ヤム
いもなどのいも類。ウは南北アメリカとオーストラリアに広く分
布することから，小麦・肉であると考える。エはヨーロッパの高
緯度地域にあることから，麦類・じゃがいも。内陸部に分布する
オは遊牧民が多いことから，肉・乳製品。　(8)　まず1位がベト
ナムであることから，エが木材となる。ウは2位がタイ，3位がオー
ストラリアであるので，肉類である。ア，イは，アは3位がアル
ゼンチン，イは3位がカナダであることから，アがとうもろこし，
イが大豆である。

例題4

自然環境について，次の(1)〜(3)の各問いに答えよ。

(1)　日本の地形と自然災害について，①，②の各問いに答えよ。

①　次の図1は，岩手県中部から福島県北部の太平洋沖において，東
北地方太平洋沖地震の際に起こった津波の特徴を示したもので，
●は分析地点である。図中の [a]・[b] 付近では，津波遡上域の面積
の大小，津波遡上限界線付近の標高の高低に明らかな違いがみら
れる。これらの差異とその理由について述べた文として正しいも
のをア〜エより1つ選び，記号で答えよ。

溯上域ごとの津波の特徴
A：津波溯上域の面積，B：津波溯上限界線付近の平均標高，
C：海水流入量の概算（A×B）．破線は判読範囲を示す．　　　　「地理56－6」（古今書院）より

図1

ア　⬚a⬚付近は，⬚b⬚付近に比べ，津波溯上域の面積は大きい地点が
　　多く，津波溯上限界線付近の平均標高は低い地点が多い。これ
　　は⬚a⬚付近の沿岸部が，⬚b⬚付近に比べ，緩傾斜で単調な海岸であ
　　るためである。

イ　⬚a⬚付近は，⬚b⬚付近に比べ，津波溯上域の面積は大きい地点が
　　多く，津波溯上限界線付近の平均標高は低い地点が多い。これ
　　は⬚a⬚付近の沿岸部が，⬚b⬚付近に比べ，急傾斜で入り組んだ海岸
　　であるためである。

ウ　⬚a⬚付近は，⬚b⬚付近に比べ，津波溯上域の面積は小さい地点が
　　多く，津波溯上限界線付近の平均標高は高い地点が多い。これ
　　は⬚a⬚付近の沿岸部が，⬚b⬚付近に比べ，緩傾斜で単調な海岸であ
　　るためである。

エ　⬚a⬚付近は，⬚b⬚付近に比べ，津波溯上域の面積は小さい地点が
　　多く，津波溯上限界線付近の平均標高は高い地点が多い。これ
　　は⬚a⬚付近の沿岸部が，⬚b⬚付近に比べ，急傾斜で入り組んだ海岸
　　であるためである。

② 西日本の太平洋沿岸では，東海から四国の沖合いにのびる南海トラフを震源とする巨大地震や津波の発生が懸念されている。南海トラフは，2つのプレートの境界であるが，この2つのプレートの名称を答えよ。

(2) 次の文は九州の3つの火山について述べたものである。3つの火山の名称の正しい組合せをア～カから1つ選び，記号で答えよ。

　D：1990年から始まった噴火で成長した溶岩ドームが崩落し火砕流が発生。多くの被害を出した。溶岩ドームは後に平成新山と名付けられた。

　E：20を超える火山群の1つで，2011年1月に噴火。火山灰や軽石が風下の地域に降下。住民の一部は避難を余儀なくされた。

　F：姶良カルデラの南縁に成長した火山。大正の噴火で半島と陸続きになる。特に夏季には県庁所在都市にも降灰がみられる。

	ア	イ	ウ	エ	オ	カ
D	雲仙普賢岳	雲仙普賢岳	雲仙普賢岳	新燃岳	新燃岳	新燃岳
E	桜島	新燃岳	新燃岳	雲仙普賢岳	雲仙普賢岳	阿蘇山
F	阿蘇山	阿蘇山	桜島	阿蘇山	桜島	桜島

(3) 次の図2は気温の年較差を示したものである。これをみて，①，②の各問いに答えよ。

＊陸地は破線で簡略化し示してある。
＊図中の数字の単位は℃である。

「やさしい気候学」（古今書院）より

図2

① 年較差について述べた次のア～エの文のうち，正しいものを1つ

選び，記号で答えよ。

ア　全体的に低緯度より高緯度の方が年較差が大きいのは，地軸が傾いているため高緯度ほど夏と冬の受熱量の差が大きいからである。

イ　全体的に低緯度より高緯度の方が年較差が小さいのは，地軸が傾いているため低緯度ほど夏と冬の受熱量の差が大きいからである。

ウ　全体的に沿岸部と内陸部では，内陸部の方が年較差が大きいのは，比熱が小さい海洋の影響を受けにくいからである。

エ　全体的に沿岸部と内陸部では，沿岸部の方が年較差が大きいのは，比熱が大きい海洋の影響を受けにくいからである。

② 図2から，ユーラシア大陸の中〜高緯度の年較差は，東岸と西岸で大きく異なることがわかるが，これは，特に両岸の冬の気温の違いが影響している。これらの地域の冬の気温の違いについて説明した次の文の空欄に適する語句を答えよ。

ユーラシア大陸の中〜高緯度の西岸では，沖合を（　G　）が流れるため同緯度の東岸に比べ暖かい。一方，東岸では，冬は（　H　）高気圧が発達し低温となる。

解答 (1) ①　エ　　②　フィリピン海プレートとユーラシアプレート
(2)　ウ　　(3) ①　ア　　②　G　暖流(北大西洋海流)
H　シベリア

解説 (1) ①　図1のAの地図では，ⓐ付近はⓑ付近よりも円の面積が小さい。これは遡上が長距離にわたって進まないことを示し，斜面が急傾斜であることがわかる。　②　海洋プレートであるフィリピン海プレートは南から北上しており，大陸プレートであるユーラシアプレートとぶつかる。一方，フォッサマグナ以東の大陸プレートは北アメリカプレートとなり，フィリピン海プレートとの境界は相模トラフと呼ばれる。　(2)　雲仙普賢岳は1991年に噴火し，死者・行方不明者44名を出す被害となった。新燃岳は鹿児島県と宮崎県の県境にあり，2011年の噴火では西風の影響で宮崎県を中心に火山灰による被害が出た。桜島は現在も噴火が続い

ており，近隣では噴煙の行方が日々注目されている。　(3)　①
極地で白夜や極夜が存在するように，高緯度地域では夏と冬での
受熱量が大きく異なる。　　②　ユーラシア大陸の中～高緯度の西
岸は一年中北大西洋海流とその上空に吹く偏西風の影響を受ける
ため，気温や降水量の年較差は大きくない。一方，東岸は大陸内
部の大気の影響が大きく，季節風の影響を受けるため，気温，降
水量の年較差が大きい。

例題5

次の図1は，日本周辺のプレートの分布とその境界を表したものであ
る。この図1を見て，下の①～③の各問いに答えよ。

図1

① 　図1中のXのプレート名を答えよ。

② 　図1中のYのプレートの移動方向として正しいものを，図1中のア
～エから1つ選び，記号で答えよ。

③ 　異なる方向に動くプレートの境界一帯は，地殻変動が活発で変動
帯と呼ばれる。次の写真1は1995年の阪神淡路大震災の原因となっ
た兵庫県淡路島にある野島断層である。この断層に働く力の方向と
断層の動きの模式図として適当なものを，後の図2のア～エから1つ
選び，記号で答えよ。

（新詳地理B　帝国書院より）
写真1

ア　　　　　イ　　　　　ウ　　　　　エ

図2

| 解答 | ①　フィリピン海プレート　　②　エ　　③　イ |
| 解説 | ①　日本列島は，4つのプレートの上に乗っている。海側のプレートには，Xのフィリピン海プレートとYの太平洋プレートがあり，陸側のプレートにはユーラシアプレートと北アメリカプレートがある。なお，東日本大震災を引き起こした地殻の破壊が茨城県沖で止まったのは，フィリピン海プレートによるものであることが，海洋研究開発機構の調査で判明している。　②　Yの太平洋プレートは，日本周辺ではエの方向(北西)の方向に移動している。③　イの野島断層は横ずれ成分をもった逆断層で，淡路島の北淡町野島平林付近では，約150mにわたり最大で水平方向210cm，上下方向120cmのずれが生じている。野島断層の全長は，北東から南西方向に伸び，淡路島北部の旧北淡町から旧一宮町(現淡路市)にかけて断続的に地表に現れ，その長さは約9kmに達する。 |

━━━━━━━━━━━━━　例題6　━━━━━━━━━━━━━

日本とロシア(ソヴィエト連邦を含む)の国境の変化を示した次のA
〜Dの地図を年代の古い順に並べたものとして正しいものを①〜⑧の

中から1つ選べ。

A

B

C

D

① A → B → C → D　　② A → B → D → C

③ B → A → C → D　　④ B → A → D → C

⑤ C → A → B → D　　⑥ C → A → D → B

⑦ D → A → B → C　　⑧ D → C → B → A

解答　⑤

解説　Aは1875年の樺太・千島交換条約, Bは1905年のポーツマス条約, Cは1855年の日露和親条約, Dは1951年のサンフランシスコ平和条約によって決まった国境である。

第２章

中高地歴
（日本史）

中高地歴(日本史) 原始・古代

ポイント

　高等学校の日本史は，中学校の歴史と比べると，より専門的な内容になっていると言える。そして，時代を問わず，史料を用いた出題が特に顕著である。これらに対応できるような学習が求められる。加えて，教員を採用するための試験なので，教職教養，特に学習指導要領に関する出題も多い。このことも十二分に留意しておきたい。

　「原始・古代」では，やはり古代の分量が圧倒的に多い。原始は旧石器時代から弥生時代までを含むが，受験予定の地方自治体に遺跡などがあれば，出題の可能性もあるので注意しておきたい。古代は大和時代から平安時代までがおおよその範囲だが，この中では出題に時代的な偏りはあまり見られなかった。ただ，政治の動きだけではなく，文化に関する出題もなされているので，それぞれの文化の特徴や代表的な作品を理解し，問われれば的確な説明ができることが求められよう。史料問題では，特に中国の史書に見える倭国関係の記事，『続日本紀』記載の奈良時代の記事，平安初期の政治の問題点を列挙した三善清行の「意見封事十二箇条」などは，まず原文から覚えておきたい史料だ。何故ならば史料の一部を補えという出題もなされているからである。

　学習指導要領の勉強もしっかりしておこう。こちらの方も内容の仔細を問うたり，場合によっては一部を補足したり，内容を踏まえた上での学習指導の方法を述べたりすることが求められる。必ず最新のものをよく読み込み，頭の中に入れておいてから試験に臨むようにしたい。

□原始日本の遺跡

①岩宿遺跡　　⑫板付遺跡
②茂呂遺跡　　⑬菜畑遺跡
③野尻湖遺跡　⑭泉福寺洞穴遺跡
④浜北人　　　⑮垂柳遺跡
⑤港川人　　　⑯登呂遺跡
⑥三内丸山遺跡⑰唐古・鍵遺跡
⑦亀ヶ岡遺跡　⑱荒神谷遺跡
⑧加曽利貝塚　⑲吉野ヶ里遺跡
⑨大森貝塚　　⑳入江貝塚
⑩夏島貝塚　　㉑垣ノ島遺跡
⑪鳥浜貝塚　　㉒大船遺跡

○ 旧石器時代
▲ 縄文時代
◎ 弥生時代

□中国の史書の倭国関係の記事

> 夫れ楽浪（らくろう）海中に倭人有り。分（わか）れて百余国と為る。歳時を以て来り献見（けんけん）すと云（な）ふ。

　『漢書』地理志。中国の史書に載った倭国の記事では最も古いもの。楽浪は楽浪郡のこと。前漢の武帝は紀元前108年に衛氏朝鮮を滅ぼし，朝鮮に四郡を設置した。楽浪郡もその一つで，現在の平壌付近にあった。紀元前後の日本は小国分立の状態で，中国の王朝とは定期的な交渉があったという内容。

> 建武中元二年，倭の奴国（なこく），貢を奉じて朝賀す。使人自ら大夫（たいふ）と称す。倭国の極南界なり。光武，賜ふに印綬（いんじゅ）を以てす。

『後漢書（とうい）』東夷伝。「建武中元二年」は後漢の年号で，**西暦57年**。「光武」は光武帝のことで，後漢の初代皇帝。「印綬」は印章と付随の紐のことで，官職を示すもの。のちに福岡県志賀島で「**漢委奴国王**」と彫られた金印が土中から発見され(1784年)，この記事が事実と証明された。

> 倭人は帯方（たいほう）の東南大海の中に在り。…倭国乱れ，相攻伐（あいこうばつ）して年を歴たり。乃ち共（すなわ）に一女子を立てて王と為（よ）す。名を卑弥呼と曰（い）ふ。鬼道（きどう）を事とし，能く衆を惑（まど）はす。…景初二年六月，倭の女王，大夫難升米（ふなしめら）等を遣（つかわ）し郡に詣（いた）り，天子に詣（いた）りて朝献（ちょうけん）せんことを求む。…「今汝を以て親魏倭王と為（なんじ）し，金印紫綬（しじゅ）を仮（ゆる）し，装封して帯方の太守に付し汝に仮授（かじゅ）せしむ。」

『魏志』倭人伝。正確には『三国志』魏書・烏丸鮮卑東夷伝（うがんせんぴ）といい，倭人伝はその中の一条。「帯方」は帯方郡のことで，後漢末に楽浪郡の南部に新設された。「卑弥呼」は邪馬台国の女王で，鬼道(呪術)によって民を導いたとされる。「景初二年」は三国時代の魏の年号だが，この記述は誤りで，景初三年(**西暦239年**)が正しいとされている。この年に卑弥呼は「難升米」たちを帯方郡に派遣して魏に朝貢したとある。これに対し，魏から「親魏倭王」の称号と「金印紫綬」が贈られた。

> 倭国は高驪（こうらい）の東南，大海の中に在り。…順帝の昇明二年，使を遣はして上表して曰く，「封国は偏遠（へんえん）にして，藩を外（な）に作す。昔より祖禰躬（そでいみずか）ら甲冑を擐（つらぬ）き，山川を跋渉（ばっしょう）し，寧処（ねいしょ）に遑（いとま）あらず。東は毛人（じん）を征すること五十五国，西は衆夷（しゅうい）を服すること六十六国，渡りて海北を平（かいほく）ぐること九十五国，王道融泰（ゆうたい）にして土を退畿（かき）に廓（かく）む。累葉朝宗（るいようちょうそう）して，歳を怠（あやま）らず。」…詔して，**武**を使持節都督倭・**新羅・任那・加羅・秦韓・慕韓六国諸軍事安東大将軍倭王**に除す。

『宋書』倭国伝。「高驪」は高句麗のこと。「順帝」は南朝宋の第8代

皇帝で，「昇明二年」はその治世中の年号で，西暦478年にあたる。この年，倭王「武」が使者を派遣して上表文を奉った。「武」は倭の五王の一人で埼玉県稲荷山古墳出土鉄剣銘にみえる「獲加多支鹵大王」。雄略天皇に比定されている。この頃の日本は「好太王碑文」に見えるように朝鮮半島に勢力を拡大しており，「武」も自らの権威を増すために南朝宋と交渉をもったと考えられる。このことは「武」に与えられた称号に朝鮮各地の地名が入っていることからもうかがえる。

大業三年，其の王多利思比孤（たりしひこ），使を遣（つかわ）して朝貢す。使者曰（いわ）く，「聞くならく，海西の菩薩天子，重ねて仏法を興すと。故，遣（つかわ）して朝拝せしめ，兼ねて沙門（しゃもん）数十人，来（きた）りて仏法を学ぶ」と。其の国書に曰（いわ）く，「日出（い）づる処の天子，書を日没する処（ところ）の天子に致す。恙（つつが）無きや，云々」と。帝，之（これ）を覧（み）て悦（よろこ）ばず。鴻臚卿（こうろ）に謂（い）ひて曰（いわ）く，「蛮夷の書，無礼なる有らば，復（ま）た以て聞（ぶん）する勿（なか）れ」と。明年，上，文林郎・裴（世）清（つかわ）を遣（つかわ）して倭国に使（つかい）せしむ。

『隋書』倭国伝。「大業三年」は西暦607年にあたり，「帝」すなわち隋の煬帝（ようだい）の年号。聖徳太子が小野妹子に持たせた国書を読んだ煬帝が怒り，鴻臚卿（外務大臣）にもう取り次ぐなと言ったことが記されている。しかしながら，翌年に隋から裴世清（はいせいせい）という人物が答礼のために日本へ派遣されており，聖徳太子はこれまでの朝貢外交から対等外交へ転換することに成功したといえる。

□古代の土地制度

公地公民制	大化の改新によって豪族の土地私有を廃止。土地と人民を朝廷の直接支配とした。
班田収授法	律令制度の一環として、6歳以上の男女に口分田を班給。6年ごとの実施(六年一班)が原則。
律令農民の困窮	重い負担に耐えかね、農民の浮浪・逃亡・偽籍などが相次ぐ。有力者のもとへ身を寄せる農民も増加。
三世一身法 (723年)	新規開墾は3代、既存の施設による開墾は1代に限っての土地私有を承認。
墾田永年私財法 (743年)	墾田の永久私有を認めたが、身分による制限があった。
荘園の拡大	初期荘園から寄進地系荘園に至り、多くの荘園が摂関家に集中。
荘園整理令	増え続ける荘園の整理は幾度か試みられた。後三条天皇の延久の荘園整理令(1069年)が有名。
知行国制度	院政期から盛んになり、平氏政権は数十か国の知行権を掌握。

□古代の文化

飛鳥文化 6c後半～7c半ば	白鳳文化 7c半ば～8c初頭	天平文化 8c
・日本最初の仏教文化 ・国際性のある文化	・律令国家新興の意気 ・清新さ、潑剌さ	・国際性豊かな文化 ・鎮護国家と貴族文化
推古朝が中心	持統・天武両朝が中心	聖武朝が中心
南北朝文化の影響	初唐文化の影響	盛唐文化の影響

弘仁・貞観文化 9c	国風文化 10～11c	院政期の文化 11c半ば～12c末
・密教芸術の開花 ・漢詩文の隆盛	・唐風文化の消化 ・貴族文化と浄土教	・地方への文化波及 ・末法思想と庶民文化
嵯峨朝～清和朝が中心	摂関期に隆盛	院政期～平氏政権
晩唐文化の影響	―	―

□**伽藍配置**　寺院の建物の配置様式。一定の法則が見られ，それぞれに代表的な寺院の名称が冠されている。

━━━━━ **例題1** ━━━━━

仏教伝来当初と奈良時代の寺院の伽藍配置の変遷について，代表的な寺院と建物の役割に触れて80字以内で説明せよ。

|解答| 仏教伝来当初は，飛鳥寺に代表されるように仏舎利を納める塔が寺院の中心であった。奈良時代は，東大寺に代表されるように本尊が安置されている金堂が寺院の中心となった。(80字)

|解説| 伽藍配置は，仏教寺院の堂塔(伽藍)の配置様式のこと。古代寺院，特に奈良時代までの寺院は，中門・塔・金堂・講堂などの伽藍を一定の様式によって配置していた。塔を中心として，その東・北・西に金堂を置く飛鳥寺式伽藍配置が最も古く，塔・金堂・講堂を一直線に並べる四天王寺式がこれに次ぐ。以後，法隆寺式・薬師寺式・東大寺式などがあり，時代が下るにつれ，塔の位置が中心から遠ざかる。一方，奈良時代には金堂が中心となり，金堂の北

に講堂，その間左右に鐘楼，経楼を配置し，僧房は講堂の三方を
取巻き，その北から東に食堂がおかれた。

―――――― 例題2 ――――――

原始・古代の政治・経済・文化について，次の問いに答えよ。
問1　次の表は旧石器時代から縄文時代にかけて使用された石器を示し
　　ている。表中A～Dについて説明した文として正しいものを，下の
　　ア～エから1つ選び，記号で答えよ。

（清水書院『要解日本の歴史』より作成）

ア　Aは，斧形に加工された石斧であり，打製以外にも磨製のもの
　　があって，原始農耕に用いられたと考えられている。
イ　Bは，木の葉形をした槍先形尖頭器であり，手槍，投槍の尖端
　　に付けられて狩りの道具として用いられたと考えられている。
ウ　Cは，切ったり削ったりすることに用いられたナイフ形石器で
　　あり，北方から日本に伝わったと考えられている。
エ　Dは，中小動物を捕らえるために製作された矢の尖端となる細
　　石器であり，三角形や台形などの幾何学的な形状が特徴である。

問2　次の地図中のＡ～Ｄは，静岡県内に見られる遺跡の位置を示している。これらの遺跡について説明した文として正しいものを，下のア～エから1つ選び，記号で答えよ。

ア　Ａは，弥生時代後期から古墳時代前期にかけての竪穴住居跡や水田跡などが発見された山木遺跡である。

イ　Ｂは，縄文時代後期から晩期にかけての加曽利貝塚であり，住居群と死者を屈葬した墓地群が見られる。

ウ　Ｃは，弥生時代後期の集落跡や木製農具が出土した登呂遺跡であり，水田跡からは39個の銅鐸がまとまって発見された。

エ　Ｄは，弥生時代後期から古墳時代前期にかけて築造された新沢千塚古墳群であり，東国では最大規模の群集墳である。

解答　問1　イ　　問2　ア

解説　問1　イ　昭和24(1949)年に相沢忠洋が岩宿(群馬県)で発見し，日本列島に旧石器時代があったことが確認されるきっかけとなった石器もこのタイプである。　ア　Ａは石斧ではなくナイフ形石器である。木や骨にはめ込んで，ナイフ・槍・鎌として用いられた。なお，石斧は表のいちばん左である。　ウ　Ｃの細石器は，東日本からは北方型(シベリア型)，西日本からは南方型(華北型)が出土し，関東と中部地方の一部では両者が混在している。

エ　Ｄは縄文時代の石器なので，細石器ではなく石鏃である。

問2　ア　伊豆の国市の山木遺跡は，Ｃの登呂遺跡(静岡市)とともに，弥生時代後期の大規模な水田跡や竪穴住居跡が発見されている。　イ　Ｂは下田市の了仙寺横穴遺跡である。古墳時代の有

力者の墓と推定される洞窟遺跡である。加曽利貝塚は千葉市にある。　ウ　Cは登呂遺跡だが，39個の銅鐸がまとまって発見されたのは島根県雲南市の加茂岩倉遺跡である。　エ　Dは浜松市の伊場遺跡である。弥生時代から平安時代の複合遺跡である。新沢千塚古墳群は奈良県橿原市にある。

― 例題3 ―

次の文章を読んで，下の各問いに答えよ。

> 　古代の日本ではたびたび(a)宮都が移され，持統天皇は本格的な都城である藤原京への遷都を行った。8世紀初めに元明天皇は平城京に遷都した。平城京には官営の市も開かれ，(b)調・庸など律令制下で徴収された税も集められるなど経済の中心地であるとともに，大寺院が多く建立されて仏教文化の中心地でもあった。桓武天皇は平城京から山背国の長岡京に遷都したが，藤原種継の暗殺などもあり，平安京に再遷都した。

問1　下線部(a)に関連して，7世紀の宮都について述べた文X・Yにあたる場所と，地図中a～dの組合せとして正しいものを，下の1～4から1つ選べ。

X　大化改新の際，飛鳥からこの地に宮都が移された。

Y　白村江の戦いの後，中大兄皇子によってこの地に宮都が移され

た。

1　X・a　　　Y・c

2　X・a　　　Y・d

3　X・b　　　Y・c

4　X・b　　　Y・d

問2　下線部(b)に関連して，飛鳥時代から平安時代にかけての税制・土地制度について述べた文として正しいものを，次の1〜4から1つ選べ。

1　改新の詔では豪族の田荘・部曲を廃止し，人民・田地の調査，統一的な税制の施行などが目指された。

2　律令制度では成人男性を中心に租・調・庸・雑徭などの税が課せられ，口分田は6歳以上の男女に班給されたが，私有の奴婢の分は班給されなかった。

3　8世紀後半〜9世紀には農民の貧窮化が進んで班田収授が困難となったため，桓武天皇は畿内に公営田を設けて財源の確保に努めた。

4　10世紀には受領が田に耕作を請け負わせ，田堵(負名)に官物・臨時雑役といった税を課すようになり，土地へ課税する律令体制の原則は崩れていった。

解答　問1　1　　　問2　1

解説　問1　X　645年に行われた大化の改新の際，都は飛鳥から難波宮(a)に移された。　Y　663年に起きた白村江の戦いの後，都は琵琶湖のほとりの大津宮(c)に移された。　問2　2　私有の奴婢も，良民の3分の1の班田を支給された。　3　公営田は，財政の確保を目的とした官田で，平安時代の823年に初めて大宰府管内でつくられた。桓武天皇は，それ以前の809年に没している。　4　律令体制の税制は，「土地へ課税」するのではなく，戸籍に基づく「人身支配」を原則とした。10世紀以降，律令制による税制は維持できなくなったため，戸籍に基づく人身支配に代わり，土地に対する課税へと切り替えられた。

■■■■■■■■■■■ **例題4** ■■■■■■■■■■■

次の各問いに答えよ。

(1) 縄文時代の人びとの生活について述べた文として適当なものを，A～Dから1つ選び，記号で答えよ。

A 狩猟には弓矢が使用され，矢の先端には青銅製の鏃がつけられた。

B 植物性食糧の重要性が高まり，木の実をすりつぶす鉄製の小刀が数多く出土している。

C 釣針・銛・やすなどの骨角器とともに石錘・土錘がみられ，網を使用した漁法も盛んであった。

D 日本最古の船は，弥生時代の丸木船であることから，縄文人は外洋航海術をもっていなかったことが考えられる。

(2) 弥生時代の遺跡とその所在する県の組合せとして適当なものを，A～Dから1つ選び，記号で答えよ。

A 加茂岩倉遺跡－島根県　　B 菜畑遺跡－福岡県

C 唐古・鍵遺跡－兵庫県　　D 板付遺跡－大分県

解答 (1) C　(2) A

解説 (1) AとBについて，金属器は縄文時代には存在しない。Dは，縄文時代，すでに丸木船は存在していた。　(2) Bの菜畑遺跡は佐賀県の遺跡である。Cの唐古・鍵遺跡は奈良県の遺跡である。Dの板付遺跡は福岡県の遺跡である。

■■■■■■■■■■■ **例題5** ■■■■■■■■■■■

中国・朝鮮半島と日本の外交関係について，次の(1)～(6)の問いに答えよ。

(1) 百済から日本に論語・千字文をもたらしたとされる人物名を漢字で答えよ。

(2) 渤海と日本との通交について，その時期や周辺諸国との関係を含め，説明せよ。

(3) 次の史料を読んで，(a)・(b)の問いに答えよ。

…( )は朕の東藩なり。日本は( )に密邇し，開国以来，亦時

に中国に通ず。朕の躬に至つて一乗の使も以て和好を通ずること無し。…故に特に使を遣はし，書を持して朕が志を布告せしむ。冀くば，今より以往，問を通じ好を結び，以て相親睦せん。…

（『蒙古国牒状』より）

(a) （　　）内には同じ国名が入る。あてはまる国名を漢字で答えよ。

(b) この国書が到着して以後の，朝廷や幕府がとった態度について説明せよ。

(4) 1419年に朝鮮が日本に対し起こした事件について説明せよ。

(5) 大隈内閣期と寺内内閣期に日本が中華民国に対してとった行動を，次の中からそれぞれ1つずつ選び，記号で答えよ。

　ア　西原借款　　イ　張作霖爆殺事件　　ウ　山東出兵

　エ　二十一カ条の要求

(6) 次の文章は，ある外交文書の一節である。この外交文書の名称を漢字で答えよ。

　…日本側は，中華人民共和国政府が提起した「復交三原則」を十分理解する立場に立って国交正常化の実現をはかるという見解を再確認する。…

解答 (1) 王仁　(2) 渤海は唐・新羅との対抗関係から727年に日本に国交を求め，日本も新羅との対抗関係から友好的に通交した。(3) (a) 高麗　(b) 幕府が返牒を拒否した後も，再三にわたり使者が来日したため，朝廷は返牒することを決定したが，幕府が反対して中止となった。(4) 宗氏の当主が交代し，倭寇の活動が活発になったため，朝鮮軍が倭寇の本拠地と考えていた対馬を襲撃した。(5) 大隈内閣期：エ　寺内内閣期：ア (6) 日中共同声明

解説 (1) 『古事記』によれば，王仁(和邇吉師)が応神天皇のときに論語・千字文を伝えたとされる。(2) 渤海は高句麗の遺民の大祚栄が，契丹の反乱で唐の支配が動揺した隙をついて建てた国で，最盛期には遼東半島から朝鮮北部までの地域を支配し，「海東の盛国」と称された。(3) (a) 高麗は1259年にモンゴル帝国に服属していた。(4) 事件とは応永の外寇のこと。朝鮮が倭寇の根拠地と

みなした対馬を襲撃した事件。　(5)　イの張作霖爆殺事件(満洲某重大事件，1928年6月4日)とウの山東出兵(1927〜28年)は田中義一内閣のときのできごとである。日本は蔣介石の北伐に干渉して山東出兵を行い，北伐軍の侵攻で北京を脱出し本拠地である満洲に戻ろうとした奉天軍閥の張作霖の乗る列車を爆破して殺した。張作霖爆殺事件は関東軍により実行されたもので，首相の田中義一は関東軍に対する処分の曖昧さを昭和天皇に叱責され退陣することになった。　(6)　資料中に「中華人民共和国政府」「国交正常化の実現」といった文言があるので，田中角栄首相が訪中して日中国交を正常化させた日中共同声明であると分かる。

例題6

次のA〜Eの文を読み，問いに答えよ。

A　この人物は，鳥羽法皇の死後，藤原通憲(信西)らの進言により，(a)平清盛・源義朝らの武士を動員して(b)崇徳上皇方を攻撃して破った。

B　(c)この人物は，畿内・西国の武士や大寺院の僧兵などを味方として，北条義時追討の兵を挙げたが失敗し，土御門・順徳両上皇とともに配流された。

C　この人物は，(d)時の執権の外戚であり有力御家人でもあったが，幕政の主導権を巡って内管領の平頼綱と対立して滅ぼされた。

D　(e)この人物は，当時，陸奥守の任にあったため，清原氏一族の内紛に介入し，藤原清衡を援助して内紛を平定した。

E　(f)この人物は，藤原定家に学んで和歌に励むなど京風文化の摂取に熱心であったが，右大臣拝賀のため鶴岡八幡宮に詣でた直後，甥の公暁により殺害された。

(1)　下線部(a)は，日宋貿易を推進するため，どのようなことを行ったか，説明せよ。

(2)　下線部(b)の中心人物で，学問にすぐれ日記「台記」を著したほか，左大臣をつとめたことでも知られる人物は誰か，答えよ。

(3)　下線部(c)の人物のような朝廷の主宰者を意味し，上皇が朝廷を主宰する院政の確立にともなって用いられるようになった用語を答えよ。

(4) Bの文で説明する出来事の後，新補率法が定められ，新しく置かれた地頭の一部について，その給与を保障することとしたが，新補率法について説明せよ。

(5) 下線部(d)は誰か，答えよ。

(6) 下線部(e)は誰か，答えよ。

(7) 下線部(f)が編纂した歌集の名称を答えよ。

(8) A・B・Cの各文で説明する出来事はそれぞれ何と呼ばれているか，その名称を答えよ。

(9) A〜Eの各文で説明する出来事を，それらが起こった年代の古いものから順に並べ替えよ。

解答 (1) 摂津の大輪田泊を修築するなど，瀬戸内海航路を整備して，宋商人を積極的に畿内へ招こうとした。 (2) 藤原頼長
(3) 治天(治天の君) (4) 田畑11町ごとに1町の土地，田地1段につき5升の米(加徴米)，山や川からの収益の半分，をそれぞれ地頭に与えるというもの。 (5) 北条貞時 (6) 源義家
(7) 金槐和歌集 (8) A 保元の乱 B 承久の乱 C 霜月騒動(弘安合戦) (9) D→A→E→B→C

解説 (1) この人物は後白河天皇。大輪田泊がキーワード。 (2) 関白藤原忠通の弟。保元の乱で敗死した。 (3) この人物は後鳥羽上皇で鎌倉時代に院政を行ったが，このような立場の上皇に対する尊称。 (4) 1223年に制定された法定率。免田(荘園領主に対する年貢や課役を免除された田地)・加徴米・山川からの収益の三点を書くこと。 (5) Cは霜月騒動に関する文章。この人物は安達泰盛，北条貞時は時宗の子で9代執権。 (6) Dは後三年合戦に関する文章である。源義家は頼義の子である。前九年合戦と混同しないこと。 (7) この人物の源実朝は，鎌倉幕府の3代将軍。歌集の名は鎌倉の大臣の歌集という意味。 (8) Aは平治の乱と混同しないこと。Bは1221年に起こり，朝廷に対し幕府側が優位になった事件。 (9) A 1156年。B 1221年。C 1285年。D 1083年。E 1219年。

━━━━━━━━━━━━━━━━━ **例題7** ━━━━━━━━━━━━━━━━━

次のA～Dの史料について，下の(1)～(10)の設問に答えよ。

A 夫れ楽浪海中に倭人有り，ァ<u>分れて百余国と為る。歳時を以て来り</u>
<u>献見す</u>と云ふ。(『漢書』地理志)

B 其の一に曰く，昔在の天皇等の立てたまへる子代の民，処々の
(イ)，及び，別には臣・連・伴造・国造・村首の所有るゥ<u>部曲の民</u>，
処々の田荘を罷めよ。仍りて食封を大夫より以上に賜ふこと，各差
あらむ。(日本書紀)

C (養老七年四月)辛亥，太政官奏すらく，「頃者，百姓漸く多くして，
田池窄狭なり。望み請ふらくは，天下に勧め課せて，田疇を開闢か
しめん。其の新たに溝池を造り，開墾を営む者有らば，多少を限ら
ず，給ひて(エ)に伝へしめん。若し旧き溝地を逐はば，其の一
身に給せん」と。(続日本紀)

D 夫れ往生極楽の教行は，ォ<u>濁世末代</u>の目足なり。道俗貴賤，誰か帰
せざる者あらんや。但しヵ<u>顕密の教法</u>は，其文，一に非ず。事理の
業因は，其の行惟れ多し。(往生要集)

(1) 史料Aは，日本の何世紀の様子を述べたものか，書け。

(2) 下線部アについて，当時のどのような状況を述べたものか，書け。

(3) (イ)に適する語句を書け。

(4) 下線部ウの読み方を書け。

(5) 史料Bの詔が出された時の天皇は誰か，書け。

(6) (エ)に適する語句を書け。

(7) 史料Cは，土地政策に関する法令である。この法令が出された背
景について説明せよ。

(8) 下線部オの背景となったのは末法思想である。この思想について
説明せよ。

(9) 下線部カについて，密教における中心仏であり，宇宙の根本仏と
されるのは何か，書け。

(10) 史料Dにみられる信仰にもとづいて建立された寺院として適当で
ないものを，次の①～④から1つ選び，その番号を書け。

　① 中尊寺　　② 興福寺　　③ 平等院　　④ 法成寺

解答 (1) 紀元前1世紀　　(2) 百余の小国に分立し，中国に定期的に朝貢していた。　　(3) 屯倉　　(4) かきべ　　(5) 孝徳天皇　(6) 三世　　(7) 律令制下，租税負担や労役に苦しむ農民の中には，土地を捨てて浮浪・逃亡するものがあらわれ，口分田の多くが荒れ果てたり，豪族が不正に占有するようになり，口分田の減少が深刻化した。　　(8) 釈迦が没した後の時代を，正法・像法・末法の三つにわけて考え，特に釈迦の教えが及ばなくなった末法の時代には，正しい仏法が行われなくなるという終末論のことである。特に，日本では1052(永承7)年が末法元年とされ，人々に恐れられた。　　(9) 大日如来　　(10) ②

解説 (3)～(5)　史料Bは孝徳天皇が646年に発した改新の詔の一部である。　　(6)　史料Cは723年に発布された三世一身法である。(7)　三世一身法では開墾地が3代で収公されるため，3代目になると耕作されず荒廃してしまうので，更に743年に墾田永年私財法が発せられることになった。　　(10)　Dの源信著『往生要集』は浄土信仰の教えを説いた書物である。奈良の興福寺は南都六宗の一つ法相宗の本山であり，浄土信仰とは無関係である。

━━━━━━━━━━━━ **例題8** ━━━━━━━━━━━━

縄文時代の人々の信仰や呪術的な風習について，遺物や葬法に触れながら述べよ。

解答 自然に大きく依拠した生活を送っていた縄文時代の人々は，あらゆる自然物や自然現象，道具などに精霊が宿ると考えた。これをアニミズムとよぶ。そして，呪術によって災いを避け，豊かな収穫を祈った。こうした呪術的な習俗を示す遺物として，女性をかたどった土偶や男性を表現した石棒などがある。人々は自然の恵みや子孫の繁栄を願い，集落中央の広場などで，これらを用いて祭祀を行ったと考えられている。

解説 縄文時代の中頃から盛んになった抜歯は，通過儀礼の一つとして成人式の際などに行われた風習と考えられ，集団の統制の厳しさを窺わせる。また，死者の多くは屈葬されているが，これについ

ては，死後の安らぎを願って母の胎内での姿をとらせたとする考え方や，死者の霊が生者に災禍を及ぼすことを恐れたためなど，幾つかの理由が考えられている。

例題9

日本を訪れた外国人に関する次の史料について，下の(1)～(5)の問いに答えよ。

　時に①大和上揚州大明寺に在り，衆僧のために律を講ず。栄叡・普照師大明寺に至り，大和上の足下に頂礼して具に本意を述べて曰く，「②仏法東流して日本国に至る，其の法有りと雖も，法を伝ふるの人無し。本国に昔聖徳太子有りて曰く，二百年後に聖教日本に興らむと。今此の運に鍾る。願はくは和上東遊して化を興せ」と。……和上曰く，「是法事のためなり。何ぞ身命を惜しまむ。諸人去かざれば，我即ち去くのみ」と。……天平十二載歳次癸巳十月十五日壬午，日本国使大使特進藤原朝臣清河等来りて延光寺にいたり，和上に白して曰く，……十五日壬子，③四舟同じく発つ。

(1)　下線部①の「大和上」とは誰か。その人物名を書け。
(2)　下線部①の人物の肖像彫刻が作られて国宝となっている。その制作に使われた技法は何と呼ばれるか。その呼び名を書け。
(3)　下線部②に関して，わが国に仏教が公伝した年代には二つの説がある。そのうち戊午年(538年)説の根拠となっている史料は何か。その史料名を一つ書け。
(4)　下線部③に関して，この時四つの船がすべて帰国できたわけではなかった。帰国できず，大使藤原清河と同様，中国にとどまって亡くなり，望郷の和歌を残したことで知られる人物は誰か。その人物名を書け。
(5)　寺院の建物の配置様式を伽藍配置という。時代による伽藍配置の変遷について生徒に説明するとき，あなたはどのような説明をするか。塔と金堂の二つの語句を使って，簡潔に書け。

解答　(1)　鑑真　(2)　乾漆像　(3)　『上宮聖徳法王帝説』または『元興寺縁起』　(4)　阿倍仲麻呂　(5)　〈解答例〉最初は仏舎利を

　　　納める塔が尊ばれて中心に配置されたが，仏像が重視されるよう
　　　になると，それを安置した金堂が中心に置かれるようになった。

解説　(1)　この史料は『唐大和上東征伝』。　(2)　唐招提寺の鑑真和上
　　　像のこと。　(3)　壬申(552年)説の根拠は『日本書紀』。　(4)　百
　　　人一首に「天の原ふりさけみれば…」というその和歌が入っている。

━━━━━━━━━━ 例題10 ━━━━━━━━━━

次の史料を参考にし，下の各問いに答えよ。

　(延暦二十四年十二月壬寅)　是の日，中納言近衛大将従三位藤原朝臣
内麻呂，殿上に侍す。勅有りて参議右衛士督従四位下藤原朝臣緒嗣と
参議左大弁正四位下菅野朝臣真道とをして天下の徳政を相論せしむ。
時に緒嗣，議して云く，「方今，天下の苦しむ所はa軍事とb造作とな
り。此の両事を停めば百姓安んぜむ」と。真道，異議を確執して肯え
て聴かず。c帝，緒嗣の議を善しとし，即ち停廃に従ふ。(『日本後紀』)
問1　下線部a, bの軍事と造作とは，具体的にそれぞれ何を指すか，
　　答えよ。
問2　下線部cの帝とは誰を指すか，答えよ。
問3　下線部cの帝の時代の政治及び社会の状況について，正しいもの
　　を次のア〜エのうちから1つ選び，記号で答えよ。
　ア　増加する初期荘園の増大に際し，政府は南都の寺院などの保護
　　　の立場から，寺院領を除き加墾禁止を命じた。
　イ　東北や九州を除いて軍団と兵士を廃止し，かわりに郡司の子弟
　　　を健児として採用し，各国の軍事力とした。
　ウ　社会の実情にあわなくなった律令を補足・修正するため弘仁格
　　　式を編纂し，以降三代格式と総称される格式の編纂が続けられた。
　エ　南都の寺院が政治に介入し弊害をもたらした反省から，最澄の
　　　伝えた密教が支持され，その拠点の延暦寺には戒壇が設けられた。
問4　奈良時代から平安時代にかけて，律令に規定されていない官，い
　　わゆる令外官が多く設けられた。次のア〜キのうち，下線部cの帝
　　の時代に設置されたものを2つ選び，記号で答えよ。
　ア　蔵人頭　　イ　参議　　ウ　検非違使　　エ　征夷大将軍

オ　関白　　　カ　勘解由使　　　キ　追捕使

問1　a　蝦夷征討　　b　平安京造営　　問2　桓武天皇
問3　イ　　問4　エ・カ

延暦24年は西暦805年で，桓武天皇の治世の晩年にあたる。
問3　アは称徳天皇の765年。ウは嵯峨天皇の820年。エの延暦
寺の(大乗)戒壇は嵯峨天皇の822年に実現した。　問4　ア・ウ
は嵯峨天皇，イは聖武天皇，オは藤原基経を実質的に任じた光孝
天皇，キは朱雀天皇。

■■■■■■■■■■■■■■■■ **例題11** ■■■■■■■■■■■■■■■■

次の(1)〜(6)の文章は，考古学上重要な遺跡について記したものである。それぞれの遺跡名を都道府県名を付して答えよ。

(1)　旧石器文化の遺跡。1946年関東ローム層の中から石器が発見され，1949年に発掘調査が行われて関東ローム層中に石器の存在が確認された。この発掘調査が日本旧石器文化の本格的研究の端緒となった。

(2)　約5,500年前から4,000年前まで長期間にわたって定住生活が営まれた縄文時代最大級の集落遺跡。1992年からの発掘調査により，ヒョウタン，ゴボウ，マメなどの栽培植物が出土し，DNA分析によって栗の栽培が明らかになった。

(3)　弥生時代の大規模な多重環濠集落を中心とする遺跡。環濠の周辺には墓域が形成され，1996年には2つの突堤からなる船着場の遺構も見つかっている。『魏志倭人伝』に記載された一支国の拠点集落である。

(4)　弥生時代の青銅器出土地。1984年の発掘調査により，それまで知られていた弥生時代の銅剣の出土総数約300本を上回る358本の銅剣が出土した。さらに翌年には，銅剣出土地から約7メートル離れて銅鐸6個，銅矛16本が出土した。

(5)　弥生時代の青銅器出土地。1996年道路工事中に，一か所の出土としてはこれまで最多の39個の銅鐸が発見された。銅鐸の多くは大鐸の中に小鐸を入れた状況で埋められ，同じ鋳型で鋳造した銅鐸も3組みられた。

(6)　1998年多数の富本銭や鋳棹が出土し，富本銭の鋳造場所であるこ

とがわかった7世紀後半から8世紀初めの工房遺跡。富本銭はまじないの目的で作られた厭勝銭とみられていたが，この発見によって『日本書紀』天武12(683)年に「今より以後，必ず銅銭を用いよ」と記載されている銅銭にあたる可能性が高くなった。

解答 (1)　群馬県岩宿遺跡　　(2)　青森県三内丸山遺跡　　(3)　長崎県原の辻遺跡　　(4)　島根県荒神谷遺跡　　(5)　島根県加茂岩倉遺跡　　(6)　奈良県飛鳥池遺跡

解説 (1)　相沢忠洋が旧石器の最初の発見者。　(2)　本州北端の地。縄文時代のイメージがかなり変わった発掘であった。　(3)　九州の壱岐島にある。　(4)・(5)　出雲王権の存在をうかがわせる。(6)　大和政権の中心地であり，高松塚古墳などもある。

━━━━━━━━━━━ **例題12** ━━━━━━━━━━━

次の古代の都の変遷図をみて，下の各問いに答えよ。

> 藤原京　→　平城京　→　A　長岡京　→　B　平安京
> →　福原京　→　平安京

問1　畿内の国のうち，Aが造営された国はどこか，当時の表記で答えよ。

問2　Bの造営に協力した秦氏は渡来系氏族である。機織りの技術を伝え，秦氏の祖とされる人物は誰か，次の1〜4から1つ選べ。

　1　弓月君　　2　王仁　　3　司馬達等　　4　阿知使主

解答　問1　山背　　問2　1

解説　問1　長岡京は，桓武天皇が人心一新のため784年より現在の京都府長岡京市と向日市を中心とした地に造営したものである。この地があったのは，旧国名では山背国であった。山背国は，平安京遷都の折に山城国となった。　問2　2は西文氏の祖。3は古代の渡来人で，継体天皇のときに来日し，蘇我馬子と協力して仏教の興隆に努めた。4は東漢氏の祖である。

中高地歴（日本史）　中世

ポイント

　「中世」では，鎌倉時代が頻出である。我が国最初の武家政権の意義，守護・地頭の設置による土地制度の変容，経済・産業の新局面などが問われるだろう。また文化に関しては，いわゆる鎌倉新仏教の学習が不可欠である。各宗派の開祖や教義の内容，及び互いの相違点などがかなり細かく問われている。

　次いで，室町時代が多い。南北朝の動乱から幕府支配の確立，内紛や一揆の頻発，戦国大名の割拠までの流れをおさえておくことも必要だが，この時代には経済や文化の面で見るべき発展があったので，そちらの方もしっかりと学習してほしい。経済では諸産業の発達や座の成立，または惣村の形成などの民衆の自立についての設問が見られ，文化では北山・東山の両文化の特徴と比較，絵画・芸能の新展開などについての出題が見られている。

　史料問題の多さは「原始・古代」と変わらない傾向だが，「中世」においては絵画の利用も増えている。鎌倉時代では伯耆国の東郷荘のような下地中分の絵図や『一遍上人絵伝』など，室町時代では如拙が開拓し雪舟が大成した水墨画などが割合よく用いられている。勿論，文献史料も頻出である。『御成敗式目』や『建武以来追加』のような武家法，室町時代にしばしば起こった騒動を記録した史料などをおさえておこう。

□鎌倉時代の流れ

守護・地頭設置	征夷大将軍就任	承久の乱	御成敗式目
1185年	1192年	1221年	1232年
源頼朝の奏請で朝廷が承認。	源頼朝が武家の棟梁となる。	幕府の西国支配を強化。	最初の武家法が成立。

元寇	霜月騒動	永仁の徳政令	幕府滅亡
1274・1281年	1285年	1297年	1333年
文永の役と弘安の役の2回。	得宗専制政治の確立へ。	御家人の窮乏，幕府への不満。	最後の得宗北条高時が自害。

□御成敗式目（貞永式目）

> 一，諸国守護人奉行の事
> 右，右大将家の御時定め置かるる所は，大番催促・謀叛・殺害人(付，夜討・強盗・山賊・海賊)等の事也。…

『御成敗式目』は1232年に第3代執権・北条泰時が制定した我が国最初の武家法であり，その年号をとって『貞永式目』ともいう。全51カ条。上に引用したのはその第3条である。文中の「右大将家」とは源頼朝のことである。彼が守護の基本的権限として定めたのは，(京都)大番役の催促や謀叛人・殺害人の逮捕の大犯三カ条だというのが上の条文の大意であり，その後の省略した部分は守護の職権濫用を戒めた内容となっている。この第3条は試験などでよく出題される箇所である。

> さてこの式目をつくられ候事は，なにを本説として注し載せらるるの由，人さだめて謗難を加ふる事に候歟。ま事にさせる本文にすがりたる事候はねども，ただどうりのおすところを被記候者也。…この式目は只かなをしれる物の世間におほく候ごとく，あまねく人に心えやすからせんために，武家の人へのはからひのためばかりに候。これによりて京都の御沙汰，律令のおきて，聊かもあらたまるべきにあらず候也。

これは『御成敗式目』を定めた泰時が，六波羅探題だった弟の重時に送った手紙の一部であり，式目制定の意図がはっきりと示されている。「どうり(道理)」を基準にしたと3行目に書かれている。この武家社会の道理と先の『御成敗式目』第3条からもうかがえるような頼朝以来の先例が，式目制定の二本柱である。そして5行目辺りから記されて

いるように，『御成敗式目』は全国一円に適用される法律ではなく，朝廷管轄下の公家法・荘園領主管轄下の本所法と住み分けをしながら施行された**武家法**だったのである。式目制定の基準と適用範囲についても，よく問われるところである。

□鎌倉新仏教

	宗 派	開祖	特 色	著 書	本 山
浄土教系	浄土宗	法然	専修念仏 他力易行	『選択本願念仏集』	知恩院 (京都)
	浄土真宗	親鸞	悪人正機 絶対他力	『教行信証』 『歎異抄』　(弟子の唯円の著)	本願寺 (京都)
	時宗	一遍	踊念仏 遊行	『一遍上人語録』　(没後)	清浄光寺 (神奈川)
	日蓮宗 (法華宗)	日蓮	題目 四箇格言	『立正安国論』 『開目抄』	久遠寺 (山梨)
禅宗系	臨済宗	栄西	公案 不立文字	『興禅護国論』 『喫茶養生記』	建仁寺 (京都)
	曹洞宗	道元	只管打坐 身心脱落	『正法眼蔵』 『正法眼蔵随聞記』 (弟子の懐奘の著)	永平寺 (福井)

□鎌倉文化の建築様式

▲大仏様(天竺様)〔東大寺南大門〕

▲禅宗様(唐様)〔円覚寺舎利殿〕

▲和様〔蓮華王院本堂(三十三間堂)〕

▲折衷様(新和様)〔観心寺金堂〕

□鎌倉・室町両幕府のしくみ

＜鎌倉幕府＞

＜室町幕府＞

□室町時代の流れ

建武の新政	南北朝の動乱	明徳の乱	応永の乱
1333年	1336〜92年	1391年	1399年
後醍醐天皇による親政開始	京都の北朝と吉野の南朝が並立	足利義満，山名氏清を討伐	大内氏が敗れ，幕府の支配確立

勘合貿易	永享の乱	嘉吉の変	応仁の乱
1404〜1551年	1438〜39年	1441年	1467〜77年
明に朝貢する形で継続	関東管領上杉氏に東国の実権	赤松満祐，足利義教を暗殺	将軍の権威失墜戦国時代へ

□土一揆

> 天下の土民蜂起す。徳政と号して酒屋・土倉・寺院等を破却せし
> め雑物等 恣 に之を取り，借銭等 悉 く之を破る。管領之を成敗
> す。凡そ亡国の基，之に過ぐべからず。日本開白以来，土民蜂
> 起是れ初めなり。

『大乗院日記目録』より正長の土一揆の記録。1428年に近江の馬借の
蜂起から始まり，私徳政が行われた。管領畠山満家が出陣するなど大
規模な一揆だった。

> 近日，四辺の土民蜂起す。土一揆と号し，御徳政と称して借物
> を破り，少分を以て押して質物を請く。…侍所多勢を以て防戦
> するもなお承引せず，土民数万の間，防ぎ得ずと云々。…今土民
> 等，代始に此の沙汰は先例と称すと云々。言語道断の事なり。

『建内記』より嘉吉の土一揆の記録。将軍の代替わりの徳政を求めて
起こった。幕府は要求に屈し，正長の時には出さなかった公式の徳政
令を山城一国平均に発布した。幕府の権威は失墜し，その後も同様の
一揆がしばしば起こった。

□足軽の登場

> 此たびはじめて出で来れる足がるは超過したる悪党なり。其故は
> 洛中洛外の諸社・諸寺・五山十刹・公家・門跡の滅亡はかれらが
> 所行なり。かたきのたて籠たらん所にをきては力なし，さもな
> き所々を打ちやぶり，或は火をかけて財宝をみさぐる事は，ひと
> へにひる強盗といふべし。かかるためしは先代未聞のこと也。

『樵談治要』より足軽出現の記録。「此たび」とは応仁の乱のこと。
著者の一条兼良は都の荒廃を「ひる(昼)強盗」たる彼らのせいだと断
じている。足軽とは徒歩の雑兵をいうが，戦国時代には各大名によっ
て組織化され，長槍や鉄砲を用いて集団戦を行う主要な戦力となった。

■■■■■■■■■■■■■■■■■■■ 例題1 ■■■■■■■■■■■■■■■■■■■

次の史料A〜Dを読み，あとの問1〜問10に答えよ。

A　もろこし，我が朝に，もろもろの智者達の沙汰し申さるる観念の念にも非ず。又，学文をして念の心を悟りて申念仏にも非ず。ただ往生極楽のためには，南無阿弥陀仏と申て疑なく往生するぞと思ひとりて申外には別の子細候はず。…(中略)…念仏を信ぜん人は，たとひ一代の法を能々学すとも，一文不知の愚どんの身になして，尼入道の無智のともがらに同して，智者のふるまひをせずして，唯一向に念仏すべし。…(後略)

(『一枚起請文』)

B　「a善人なをもちて往生をとぐ，いはんや悪人をや。しかるを，世のひとつねにいはく，『悪人なを往生す，いかにいはんや善人をや』と。この条，一旦そのいはれあるににたれども，本願他力の意趣にそむけり。そのゆへは，自力作善のひとは，ひとへに他力をたのむこころかけたるあひだ，弥陀の本願にあらず。…(後略)」

C　それ往生極楽の教行は，濁世末代の目足なり。道俗貴賤，誰か帰せざる者あらん。ただしb顕密の教法は，その文，一にあらず。事理の業因，その行これ多し。利智精進の人は，いまだ難しと為さざらんも，予が如き頑魯の者，あに敢てせんや。

　　この故に，念仏の一門に依りて，いささか経論の要文を集む。これを披いてこれを修むるに，覚り易く行ひ易からん。惣べて十門あり。分ちて三巻となす。…(後略)

(『往生要集』)

D　年ニソヘ日ニソヘテハ，物ノ[　　]ヲノミ思ツヅケテ，老ノネザメヲモナグサメツツ，イトド，年モカタブキマカルママニハ，世中モヒサシクミテ侍レバ，昔ヨリウツリマカル[　　]モアハレニオボエテ，神ノ御代ハシラズ，人代トナリテ神武天皇ノ御後，百王トキコユル，スデニノコリスクナク，八十四代ニモ成ニケルナカニ，保元ノ乱イデキテノチノコトモ，マタc世継ガモノガタリト申スモノモ(「ヲイ」と傍記)カキツギタル人ナシ。…(後略)

(『愚管抄』)

125

問1　史料Aの著者が，1198年に九条兼実の要請で撰述した書物は何か，書け。

問2　京都栂尾に高山寺を開き，『摧邪輪』で史料Aの著者の所説に反論した人物は誰か，書け。

問3　史料Bの中の「善人」，「悪人」の意味を明確にしながら，下線aの内容を書け。

問4　史料Bは，著者の師の法語とその教説に反する異議への批判を編さんしたものである。この書物は何か，書け。

問5　史料Cの著者が往生極楽するために，何がもっとも重要だと説いたか，漢字2字で書け。

問6　史料Cの下線bに関して，律宗の僧侶で戒律の復興に努め，病人救済などの社会事業を行い，北山十八間戸を設立した人物は誰か，次のア～エの中から1つ選び，記号で答えよ。

　　ア　貞慶　　イ　忍性　　ウ　覚盛　　エ　叡尊

問7　史料Dでは，著者は歴史の変化を何によって説明しようとしたか，[　　]にあてはまる語句を書け。

問8　史料Dの下線cは，藤原道長を中心とする藤原氏の栄華を，対談形式で説いた歴史物語である。それは何というか，書け。

問9　史料Dはある出来事の直前に書かれたとされている。その出来事とは何か，次のア～エの中から1つ選び，記号で答えよ。

　　ア　承平・天慶の乱　　イ　平治の乱　　ウ　治承・寿永の乱

　　エ　承久の乱

問10　鎌倉仏教(新仏教)が，旧仏教と比べより広く民衆に受け入れられた理由を，比較して書け。

解答　問1　選択本願念仏集　　問2　明恵(高弁)　　問3　自分の力だけで悟りをひらくことが出来ると考えている善人ですら救ってくださるのだから，自らの内なる悪と戦いながらそれでもなお必死に救いを求めてやまない悪人を救ってくださらない筈がない。
問4　歎異抄　　問5　念仏　　問6　イ　　問7　道理
問8　大鏡　　問9　エ　　問10　すべての人が実践できるやさしい行(易行)をすすめたから。

解説　問1　史料Aの著者は法然。浄土宗の教義を説いた書。

　　　問2　明恵(高弁)は華厳宗の復興者で，鎌倉新仏教に対する理論的批判の第一人者。　問3　史料B『歎異抄』の著者は親鸞の弟子唯円。　問4　唯円はその師親鸞の教えが正しく伝えられていないのを憂えてこの本を著した。　問5　史料Cの著者は源信。浄土信仰の根拠を示した。　問6　北山十八間戸は奈良市にある現存最古の慈善救済施設で，ここで忍性はハンセン病患者を救済した。　問7　史料D『愚管抄』の著者は慈円。古今を通しての当然の筋道として時勢の推移を説明した観念。　問8　『大鏡』は『世継物語』ともよばれ，四鏡の一つ。大宅世継の翁と夏山繁樹の対話形式で書かれている。　問9　『愚管抄』は13世紀初めの成立。アは931〜941年，イは1159年，ウは1180〜1185年，エは1221年。　問10　浄土諸宗の称名念仏，日蓮宗の題目にそれが見られる。

例題2

次の文を読み，下の各問いに答えよ。

　1183年，(a)源頼朝は[　ア　]から(b)「東国」の支配権を承認され，1190年には右近衛大将に任命された。その後，[　ア　]の没後の1192年には征夷大将軍に任命され，名実ともに鎌倉幕府が成立したといわれている。源氏将軍が三代で絶えると，後鳥羽上皇は権威を取り戻す絶好の機会ととらえ，1221年，執権[　イ　]追討の命令を出し挙兵した。しかし，逆に幕府側に京都へ攻め込まれ敗北し，これにより，後鳥羽上皇は[　ウ　]へ流された。また，幕府は京都に六波羅探題を設置し朝廷の監視と京都の警備にあたらせ，武家政権は大きく伸張していった。

問1　下線部(a)について，彼が伊豆に配流されることになった事件として最も適当なものを，次の①〜④から1つ選べ。

　①　石橋山の戦い　　②　保元の乱　　③　平治の乱

　④　鹿ヶ谷事件

問2　[　ア　]にあてはまる最も適当な人物を，次の①〜④から1つ選べ。

① 白河法皇　② 後白河法皇　③ 崇徳上皇　④ 鳥羽上皇
問3　下線部(b)について，このとき支配権を承認された「東国」として最も適当なものを，次の①～④から1つ選べ。
① 東山道・東海道　② 東山道・北陸道
③ 東海道・北陸道　④ 東海道・南海道
問4　[　イ　]にあてはまる最も適当な人物を，次の①～④から1つ選べ。
① 北条時政　② 北条時宗　③ 北条泰時　④ 北条義時
問5　[　ウ　]にあてはまる最も適当な場所を，次の①～④から1つ選べ。
① 壱岐　② 隠岐　③ 讃岐　④ 佐渡

解答　問1　③　　問2　②　　問3　①　　問4　④　　問5　②

解説　問1　源氏の嫡流源義朝は敗死し，その子頼朝は捕らえられ，配流された。こののち平氏政権の時代になる。　問2　鳥羽上皇の子で，後鳥羽上皇の祖父。源頼朝に平氏を打倒させた。
問3　北陸道は木曽義仲の勢力範囲であり，南海道は平氏の支配下にあった。　問4　北条時政の子で，2代執権。　問5　後醍醐天皇も配流されている。なお，佐渡へは順徳上皇が流されている。

例題3

　1425年，室町幕府の5代将軍足利義量が嗣子を残さず死去すると，幕府は4代将軍義持の僧籍に入っていた弟たちの中から青蓮院義円をくじ引きで次の将軍に決定した。これが6代将軍足利義教である。しかし義教の将軍就任には反対者も多く，特に自ら将軍就任の意志を持ち，これに敗れた鎌倉公方足利持氏はあからさまに対立の姿勢を見せていた。義教は持氏討伐のため関東に遠征軍を送って1438年これを滅ぼした。これを永享の乱という。義教は4・5代将軍時には途絶えていた日明貿易を再開し，幕府収益の改善を図る現実的な政策も展開したが，一方で身分・男女を問わず自分の意に沿わない者を弾圧するなど恐怖政治を展開する専制君主化がはなはだしかった。その結果1441年有力守護の赤松満祐に暗殺されてしまうことになる。現役の将軍が暗殺さ

れたこの事件の結果，将軍の権威は揺らぎ，その権力は弱体化していくのである。

(1) 足利義教の時代に起きた出来事として正しいものを，次のa～dから1つ選び，記号で答えよ。

 a 猿楽能の観阿弥を見いだしてこれを保護し，猿楽能発展に寄与した。

 b 日蓮宗の日親は他宗と過激な宗論を戦わせるなどしたので，幕府に迫害された。

 c 東山に山荘を建設したが，そのなかで採用された書院造とよばれる建築様式は，その後の和風住宅の基本となった。

 d 夢窓疎石を政治顧問として重用したため，この後臨済宗は幕府の保護を受けて大いに栄えることになる。

(2) 永享の乱以後の15世紀に，鎌倉府の長官である鎌倉公方はどのような変遷をたどるか。次の2つの用語を使用して説明せよ。

「関東管領」「北条早雲」

解答 (1) b (2) 永享の乱以降，鎌倉公方は古河公方と堀越公方に分裂して弱体化し，実権は関東管領の上杉氏に移った。そして15世紀末に堀越公方は北条早雲によって滅ぼされてしまう。

解説 (1) aは足利義満，cは足利義政，dは足利尊氏の時代。日親は，日蓮が辻説法により他宗を攻撃した伝統を受けついだ。 (2) 鎌倉公方が堀越公方と古河公方に分裂したこと，その後関東管領に実権を奪われたこと，堀越公方は北条早雲に滅ぼされたことの3点がポイント。古河公方も事実上北条氏康に滅ぼされた。

例題4

次の史料を読んで，あとの各問に答えよ。

 爰に京都の聖断を聞奉るに，記録所・決断所をゝかるといへども，近臣臨時に内奏を経て非義を申行間，綸言朝に変じ暮に改りし程に，諸人の浮沈掌を返すが如し。(略)又，天下一統の掟をもて安堵の綸旨を下さるゝといへども，所帯をめさるゝ輩，恨をふくむ時分，公家に口ずさみあり。尊氏なしといふ詞を好みつかひける。

〔問1〕 この史料で示された政権によって置かれた職や職制に関する次の記述ア〜エの組合せとして適切なものは，下の1〜4のうちのどれか。

ア　政所が一般政務や財政を担当し，長官を別当といった。

イ　京都の警備を担当する機関として武者所をおいた。

ウ　東北地方の軍事・民政を担当するために，奥州探題・羽州探題が置かれた。

エ　地方には国ごとに国司と守護を置き，行政と治安維持にあたらせた。

　　1　ア・ウ　　2　ア・エ　　3　イ・ウ　　4　イ・エ

〔問2〕 この史料が成立した時代の文化に関する記述として適切なものは，次の1〜4のうちのどれか。

1　一条兼良が有職故実や古典の研究に力を入れ，『公事根源』をあらわした。

2　世阿弥が能の真髄をのべた理論書である『風姿花伝』(花伝書)を残した。

3　二条良基が『菟玖波集』を撰し，連歌の規則書として『応安新式』を制定した。

4　古今伝授が東常縁によって整えられ，宗祇によってまとめられていった。

|解答|　問1　4　　問2　3

|解説|　史料中に「記録所」「決断所(雑訴決断所のこと)」,「綸旨」とあることから，綸旨を乱発した建武の新政について述べたものであることが窺える。出典史料は1349(貞和5)年頃に成立したと考えられる梅松論である。　問1　鎌倉幕府，建武の新政，室町幕府それぞれの政治機構について問う形式で，頻出である。本問は史料で示された政権の機構を問うており，つまり建武の新政の政治機構を答えればよい。アは鎌倉幕府の，ウは室町幕府の機構を説明している。　問2　室町時代の文化についての問題で，頻出ではあるがやや難。室町時代の文化は時期的に，南北朝文化，北山文化，東山文化に分類されるため，どの文化に各人物や著作があて

はまるのかを考える必要がある。1の一条兼良は，政治意見書『樵
談治要』を将軍義尚に送ったことでも有名であり，東山文化に該
当する。2で述べられている能の大成は北山文化である。4にある
東常縁から宗祇への古今伝授は，正風連歌の確立と関係しており，
東山文化に分類される。正答は3となるが，二条良基とその著書『菟
玖波集』は，連歌の地位向上に寄与した南北朝期の文化である。

■■■■ 例題5 ■■■■

次の史料を読み，下の各問いに答えよ。

> 一，足がるといふ者，長く停止せらるべき事。
>   昔より天下の乱るることは侍れど，足がるといふことは旧記など
> にもしるさざる名目也。… 此たびはじめて出来れる足がるは超過
> したる悪党なり。其故は①洛中洛外の諸社・諸寺・②五山十刹・公家・
> 門跡の滅亡はかれらが所業也。

問1　下線部①に関連して述べた次の文X・Yの正誤の組合せとして正
　しいものを，下のア〜エの中から1つ選び，記号で答えよ。
　X　龍安寺の一休宗純に弟子入りした村田珠光は茶と禅の精神の統
　　一を主張し，侘茶を創出した。
　Y　吉田兼俱は反本地垂迹説にもとづき，神道を中心に儒学・仏教
　　を統合しようとする唯一神道を完成した。
　　ア　X　正　　Y　正　　イ　X　正　　Y　誤
　　ウ　X　誤　　Y　正　　エ　X　誤　　Y　誤
問2　下線部②に関連して，五山・十刹の制について100字以内で説明
　せよ。
問3　史料の出典を答えよ。

解答　問1　ウ　　問2　五山・十刹の制は南宋の官寺の制にならい，足
　　利義満の時代にほぼ完成した。臨済宗の寺院を保護・統制する制
　　度で，南禅寺を五山の上におき，京都五山と鎌倉五山の下に十刹
　　があった。　　問3　樵談治要

解説　問1　Xは龍安寺が誤り。一休宗純は大徳寺の住持であった。

問2　臨済宗の寺院の保護・統制を目的とした寺格ということを柱に，南禅寺を五山の上に置き，京都五山，鎌倉五山の下に十刹があったことを説明したい。この制度によって，幕府は禅宗を管理した。また，制度の概要として，南宋の官寺の制度にならったことや，足利義満の頃に制度が整ったことを補記したい。

問3　足軽の出現について記された，公家である一条兼良の著。

例題6

中世におこった飢饉について述べた文として最も適当なものを，次の1～4から1つ選べ。

1　養和の飢饉では，坂本の馬借の蜂起を契機に，畿内で徳政を要求した一揆がおこった。

2　寛喜の飢饉では，飢饉の惨状に遭遇した浄土真宗の開祖親鸞が，絶対他力を提唱した。

3　寛正の飢饉では，8代将軍足利義政の無策に対して，光明天皇がその失政を批判した。

4　正嘉の飢饉では，社会不安が増大するなかで，日親が『立正治国論』で悟りの道を説いた。

解答　2

解説　1の養和の飢饉は，1181年に発生した大飢饉。記述の後半は，1428年の正長の土一揆に関するものである。3の寛正の飢饉は，1461年の飢饉。失政を批判したのは，光明天皇ではなく後花園天皇である。4の正嘉の飢饉は，1258年以後数年間続いた全国的飢饉。『立正治国論』が成立したのは，1439年のことである。なお，正答の2の寛喜の飢饉は，1230年から1231年に発生した大飢饉である。

中高地歴（日本史）　近世

ポイント

　「近世」では，何といっても江戸時代が中心となる。幕藩体制の成立や鎖国，対外関係，諸改革の子細，文化の特色，幕末の動乱など内容は多岐にわたる。できれば，政治，経済，文化などの各々の分野についてしっかりと学習することを勧めたい。

　安土桃山時代については，時期こそ短かったものの，歴史上の意義は大きな時代だったため，出題の頻度は決して少ないものではない。土地や商業などの経済面での動き，豪華絢爛な文化面の内容などがよく問われている。

　史料問題はここでも頻出である。安土桃山時代では太閤検地や刀狩，江戸時代では幕藩体制の基礎となった各種の法令，享保・寛政・天保のいわゆる三大改革の史料，そして経世済民の各思想家の文章などはまずおさえておきたい所である。国内だけではなく，イエズス会士や朝鮮通信使の文章も設問に用いられたケースがあったので，それにも対応できるような広く深い学習が必要になるだろう。

□織豊政権の政策

> 　定　安土山下町中
> 一、当所中楽市として仰せ付けらるるの上は，諸座・諸役・諸公事等，悉く免許の事。
> 一、分国中徳政，之を行ふと雖も，当所中免除の事。
> 一、他国幷に他所の族，当所に罷越し有付候はゞ，先々より居住の者と同前，誰々の家来たりと雖も異儀あるべからず。…

　織田信長が安土山下町に出した楽市令の一部。1番目の条文では楽座のこと，2番目の条文では信長の領国で徳政が行われても当所(安土山下町)では除外することを述べている。3番目の条文は，当所(安土山下町)では誰が新しく来ても古くからの住民と待遇に差異はないことを述

べている。

> 一、仰出され候趣，国人幷に百姓共ニ合点行き候様ニ，能々
> 申し聞かすべく候。…百姓以下ニ至るまで，相届かざるニ付い
> てハ，一郷も二郷も悉くなでぎり仕るべく候。

　豊臣秀吉が**太閤検地**を行うにあたり，五奉行の一人・**浅野長政**に送った手紙の一部。検地の趣旨を国人や百姓によく説明し，納得しない者がいたら村の1つ2つを皆殺しにすべしという内容で，秀吉の検地にかける峻烈な意志が見られる。

> 一、諸国百姓，刀・脇指・弓・やり・てつはう，其外武具のたぐ
> ひ所持候事，堅く御停止候。
> 一、右取をかるべき刀・脇指，ついえにさせらるべき儀にあらず
> 候の間，今度大仏御建立の釘，かすかひに仰せ付けらるべし。

　同じく豊臣秀吉の**刀狩令**。1番目の条文が刀狩の命令部分で，2番目の条文ではその名目として，没収した武器は**方広寺**の**大仏建立**の釘などに用いられることを述べている。

□桃山文化の特色

城郭建築

▲姫路城天守閣

障壁画

▲狩野永徳「唐獅子図屏風」

茶道の大成（千利休）

▲妙喜庵待庵

□江戸幕府のしくみ

□**鎖国**　江戸幕府の初期は豊臣秀吉と同じように，キリスト教と貿易を分け，前者を禁止し後者を推進する政策をとっていたが，次第に後者も厳しく制限するようになった。鎖国令はいくつかに分けて出されたので，年代に注意したい。なお，「鎖国」の言葉は19世紀初めに志筑忠雄が洋書の翻訳で使用したのが最初。

一、異国江<ruby>奉<rt>つかわ</rt></ruby>書船の外，舟遣すの儀堅く<ruby>停止<rt>ちょうじ</rt></ruby>の事。

-- 寛永10年の鎖国令(1633)

一、異国江**日本の船**遣すの<ruby>儀<rt>つかわ</rt></ruby>，堅く停止の事。

一、異国江渡り住宅<ruby>仕<rt>つかまつ</rt></ruby>り<ruby>之<rt>これ</rt></ruby><ruby>有<rt>あ</rt></ruby>る**日本人<ruby>来<rt>きた</rt></ruby>り<ruby>候<rt>そうろう</rt></ruby>ハバ**，死罪<ruby>申<rt>もうし</rt></ruby>付くべき事。

-- 寛永12年の鎖国令(1635)

右，<ruby>茲<rt>ここ</rt></ruby>に因り，<ruby>自今<rt>じこん</rt></ruby>以後，かれうた**渡海の儀**，之を<ruby>停止<rt>ちょうじ</rt></ruby>せられ<ruby>訖<rt>おわんぬ</rt></ruby>。

---------------------------- 寛永16年の鎖国令(1639)→鎖国の完成

(参考)一、日本ハ<ruby>神国<rt>しんこく</rt></ruby>たる処，きりしたん<ruby>国<rt>こく</rt></ruby>より邪法を授け候の儀，<ruby>太<rt>はなは</rt></ruby>だ以て然るべからず<ruby>候事<rt>そうろうこと</rt></ruby>。

------------------------- 豊臣秀吉の伴天連(バテレン)追放令(1587)

□江戸時代の対外関係

□**経世論** 「経世」は「経世済民」の略で，中国の古い言葉。世を経め民
を済うという意味で，江戸時代には政治や社会の変革を主張する経世
家が多く出た。また「経世済民」は別の略によって「経済」の語源に
もなった。

> 一般に，**直耕**して，大小・上下すべて二品なきは自然なり。…真
> の仁は耕織する衆人に在り。耕さず，織らずして衣食を貪ること
> 止むれば，鰥寡孤独窮民無し。

八戸で医者を開業していた**安藤昌益**の文章。彼は封建制そのものに
疑問を感じ，武士が農民の収穫物を搾取する社会構造を批判した。そ
の上で**農本主義**の平等社会，**万人直耕の自然世**を理想としたが，著書
はあまり出回らず一般への影響力はなかった。上は『統道真伝』から
の引用，他に『**自然真営道**』という大著がある。

> 当世の俗習にて，異国船の入津ハ長崎に限りたる事にて，別の浦
> 江船を寄ル事ハ決して成らざる事ト思リ。実に太平に鼓腹する人
> ト云べし。…細カに思へば，**江戸の日本橋より唐・阿蘭陀迄境**
> **なしの水路也**。然ルを此に備へずして，長崎にのミ備ルは何ぞや。

海外事情に関心の高かった経世家・**林子平**の文章。彼は当時の沿岸

防備体制の甘さを批判し，外国の侵略を防ぐための**海防論**を展開したが，**寛政の改革**で処罰された。上は『**海国兵談**』からの引用で，前半は海防を甘く考えている平和ボケへの批判である。そして，後半は「鎖国していても日本は海を通じて世界とつながっている」ことを指摘した箇所であり，試験にもよく出てくる。林子平には他に『三国通覧図説』などの著書がある。

> 日本ハ海国ナレバ，渡海・運送・交易ハ固ヨリ国君ノ天職最第一ノ国務ナレバ，万国へ船舶ヲ遣リテ，国用ノ要用タル産物及ビ金銀ヲ抜取リテ日本ヘ入レ，国力ヲ厚クスベキハ海国具足ノ仕方ナリ。

天文学や数学にも明るかった経世家・**本多利明**の文章。彼は開国によって重商主義的な貿易を行い，経済力の強化すなわち**富国策**を行うべきだと説いた。上は『**経世秘策**』からの引用で，他に『西域物語』などがある。ちなみに，蝦夷地を探検した最上徳内は彼の弟子である。

> 生熟スルモノハ，年数ノ短長ハアレドモ，大テイソレゾレノ持マヘアリテ死枯セザルハナシ。…人ノ死シタルヲ鬼ト名ヅク。是レ亦死シタル後ハ性根ナシ，心志ナシ，コノ鬼ノ外ニ鬼ナシ。

懐徳堂にも学んだ大坂の町人・**山片蟠桃**の文章。彼は独自の**無鬼論**(無神論)を展開したが，これは徹底した合理主義に立ったがためであり，天文学では地動説，経済学では自由経済を主張している。上は『夢の代』からの引用で，文中の「鬼」とは霊魂をさす。

例題1

18世紀終わりから19世紀なかばまでの江戸幕府の外交政策について述べた次の文章を読み，あとの問いに答えよ。

18世紀終わり頃から，ロシア，イギリス，アメリカ船が日本近海に頻繁に現れるようになり，幕府は①外交政策の転換を迫られるようになった。1792年，ロシアの（　あ　）が根室に来航し②漂流民を届けたことを機に，幕府は江戸湾・蝦夷地の海防の強化を諸藩に命じ，1798

年には最上徳内，近藤重蔵に蝦夷地・千島を調査させ，翌年，東蝦夷
地を直轄地とした。1804年にはロシア使節③レザノフの来航をめぐっ
てロシアとの関係が緊張したため，幕府は1807年に松前藩と蝦夷地を
すべて直轄地とし，翌④1808年には（　い　）に樺太とその対岸を調査さ
せた。ロシアとの関係は⑤ゴローウニン事件を機にひとまず改善された
ため，幕府は1821年に蝦夷地を松前藩に還付したが，その後も各地の
沿岸に頻繁に姿を見せる⑥外国船への対応に迫られた。

1　文中の（　あ　），（　い　）に入る人物名を書け。

2　下線部①について，次の史料1を読み，問いに答えよ。

〈史料1〉

> …当時長崎に厳重に石火矢の備有て，却って安房，相模の海港に
> 其備なし。此事甚不審。細カに思へば江戸の日本橋より唐，阿蘭
> 陀迄境なしの水路也。然ルを此に備へずして長崎にのミ備ルは何
> ぞや。

(1)　史料1の著者名を書け。

(2)　史料1は何を説いているか，書け。

(3)　史料1が幕政への批判にあたるとして著者が処罰されたが，こ
の時期の幕政改革の名を書け。

3　下線部②について，漂流民の名と，彼がロシアで謁見した女帝の名
を書け。

4　下線部③について，レザノフの行動と幕府の対応，それに対するロ
シアの動きを書け。

5　下線部④について，同じ年に長崎で外国船が起こした事件の名を書
け。

6　下線部⑤について，この事件でゴローウニンの釈放に尽力した淡路
生まれの廻船業者の名を書け。

7　下線部⑥について，次の史料2の法令名と，それによって1837年に
撃退されたアメリカ商船の名を書け。

〈史料2〉

> …一体いきりすニ限らず，南蛮・西洋の儀は，御制禁邪教の国ニ候間，以来何れの浦方ニおゐても…

解答 1　あ　ラクスマン(ラックスマン)　　い　間宮林蔵
2　(1)　林子平　　(2)　海岸の防備の必要性(海防論)　　(3)　寛政の改革　　3　漂流民：大黒屋光太夫　　女帝：エカチェリーナ2世　　4　レザノフはラクスマンの持ち帰った入港許可証を持って長崎に来航したが，幕府が追い返したため，ロシア船は樺太や択捉島を攻撃した。　　5　フェートン号事件　　6　高田屋嘉兵衛　　7　法令名：異国船打払令(無二念打払令)　　商船名：モリソン号

解説 1　あ　レザノフと混同しないこと。　　い　間宮海峡を発見し，樺太が島であることを確認した。　　2　(1)　史料は『海国兵談』　(2)　列強の接近に危機感を持ち書かれた。　　(3)　寛政の改革の時期で，洒落本作家山東京伝らも処罰されている。　　3　エカチェリーナ2世は，ロシアの啓蒙専制君主。エカテリーナまたはカザリンでもよい。　　4　長崎に来航，幕府の通商拒否，択捉島などへの攻撃などを柱に論述する。　　5　イギリス船名で呼ばれている。この事件で長崎奉行松平康英が引責自殺している。　　6　択捉航路を開拓したが，ロシア側に捕らえられ，翌年解放された。　　7　外国船が接近したら有無を言わせず撃退することを内容としている。なお，モリソン号事件後，幕府の外交政策を批判した高野長英や渡辺崋山らが逮捕される蛮社の獄が起きている。

例題2

江戸時代の社会経済に関する次の文章を読んで，文中の空欄(　①　)～(　⑳　)に入る適切な語句を答えよ。

17世紀から18世紀にかけて，新田開発による耕地の拡大，深耕用の(　①　)・脱穀用の千歯扱など農具の発明・改良，品種改良や(　②　)・油粕・〆粕など金肥の使用，農書の出版による農業技術の普及などに

より，農業生産力は著しく向上した。また，四木〈（　③　）・茶・楮・桑〉や三草〈麻・（　④　）・藍〉などの商品作物の栽培が普及した。水産業では，網漁が摂津・和泉・紀伊などの上方漁民によって全国に普及し，九十九里浜では（　⑤　）網が発達した。製塩業では，中世の（　⑥　）法から潮の干満の差を利用した入浜法が発達した。鉱山は幕府・藩によって積極的に開発されていたが，1690年に住友吉左衛門が発見した民営の（　⑦　）銅山もあった。商品流通の進展とともに，交通・通信制度の整備も進んだ。陸上交通では五街道が整備され，宿駅には問屋場と大名・公家が宿泊する本陣や一般旅行者用の（　⑧　）などがつくられた。海上交通では，江戸・大坂間の南海路に（　⑨　）廻船や樽廻船が就航し，（　⑩　）は東廻り航路・西廻り航路を整備した。河川交通では（　⑪　）により天竜川・富士川などの水運が開かれた。

　産業・交通・都市の発達により，さらに商品流通が促進された。諸大名が徴収した年貢米や国産品は蔵物とよばれ，換金のために江戸や大坂に送られたが，これらの物資は，まず諸大名が設けた蔵屋敷に送られ，その出納・管理には（　⑫　）とよばれる町人があたり，（　⑬　）とよばれる町人が売却代金の保管や送金にあたった。江戸では蔵米取の旗本や御家人の代理として，幕府の米蔵から扶持米を受け取り委託販売を業とする（　⑭　）が現われた。蔵物とは別に，農村から直接問屋に入る（　⑮　）とよばれる商品も全国から三都へ流入したので商人の間に問屋・仲買・小売などの分業がすすんだ。また，商人の中には同業者で仲間を組織し，営業の独占をはかろうとする動きが現われた。幕府は金座などの特殊な業種にしか認めていなかった同業組合を，統制をしやすくするとともに，運上・（　⑯　）などの収益をあげるために，他の業種にも公認した。これを株仲間といい，大坂の（　⑰　）問屋や江戸の十組問屋などが有名である。こうして大都市で一時に大量の商品取引が行われるようになると，主要商品ごとに専門の卸売市場が設けられ，流通の円滑化がはかられた。大坂では三大市と称し，堂島の米市・天満の青物市・（　⑱　）の魚市が活況を呈した。商業の発達とともに，貨幣の流通も盛んになった。幕府は貨幣の鋳造権を独占して，三貨を発行した。金貨の単位は両・分・（　⑲　）で，1両は16（　⑲　）

だった。金貨・銭貨が計数貨幣であるのに対し，銀貨は（　⑳　）貨幣であり，1609年には金1両は銀50匁と定められていた。

解答 ①　備中鍬　②　干鰯　③　漆　④　紅花　⑤　地引 (地曳)　⑥　揚浜　⑦　別子　⑧　旅籠　⑨　菱垣 ⑩　河村瑞賢(軒)　⑪　角倉了以　⑫　蔵元　⑬　掛屋 ⑭　札差(蔵宿)　⑮　納屋物　⑯　冥加　⑰　二十四組 ⑱　雑喉場　⑲　朱　⑳　秤量

解答 ②は鰯や鰊を日干しにしたもの。④は花弁から赤色染料を採る。⑯は商工業者の営業免許税である。⑰は大坂でつくられた商品別の荷積問屋の仲間。

例題3

次の文章を読んで，(1)〜(3)の問いに答えよ。

　江戸時代，①朱子学は幕府や藩に受け入れられた。江戸幕府では，徳川家康によって（　②　）が用いられ，その子孫は代々儒者として幕府に仕えて教学を担った。阿波では，藩主蜂須賀重喜の時代に（　③　）が儒官として迎えられ朱子学を講義した。この人物は，後に幕府に召されて寛政の改革に参画し「寛政の三博士」の一員として知られることになる。また，各藩では藩士子弟教育のために藩学が設立され，農村部には藩士や庶民を対象として④郷学がつくられた。

(1) 下線部①について，その理由を説明せよ。

(2) （　②　），（　③　）にあてはまる人物名をそれぞれ漢字で答えよ。

(3) 下線部④について，岡山藩主池田光政により設立された郷学の名称を漢字で答えよ。

解答 (1)　幕府や藩による支配を正当化する必要から，君臣・父子の別をわきまえ，上下の秩序を重んじる学問であった朱子学が受け入れられた。　(2) ②　林羅山　③　柴野栗山　(3)　閑谷学校

解説 (1)　儒学には，他に中国から伝わった陽明学や日本で生まれた古学などがあったが，幕府は寛政の改革の際に，昌平坂学問所では朱子学のみを講じることとし(寛政異学の禁)，朱子学優位の風潮

が広まっていった。 (2) ② 林羅山は林家の祖。藤原惺窩に師事した。 ③ 柴野栗山は讃岐の人で，江戸で林復軒に学び，徳島藩に仕えた後，幕府に召されて，昌平黌の教官となり，古賀精里・尾藤二洲とともに寛政の三博士の一人に数えられる。寛政異学の禁の立案者の一人でもあった。 (3) 閑谷学校は学校領が設定され，学田が作られるなど独自の財源を持ち，他領の人々へも門戸を開いていた。講堂が国宝に指定されたほか，24棟が重要文化財に指定されている。

例題4

近世の我が国の農民に関する次の各問いに答えよ。

問1 18世紀における農村の変化について，次の三つの語句を全てあげて説明せよ。なお，三つの語句には下線を引くこと

> 地主　　村方騒動　　商品経済

問2 次の史料はある書物の一部である。この書物の著者の主張を「武士」という語句を用いて簡潔に説明せよ。

> ……各耕シテ子ヲ育テ，子壮ニナリ，能ク耕シテ親ヲ養ヒ子ヲ育テ，一人之ヲ為レバ万万人之為テ，貪リ取ル者無レバ貪ラルル者モ無ク，転定モ人倫モ別ツコト無ク，転定生ズレバ，人倫耕シ，此ノ外一点私事無シ。是レ自然ノ世ノ有様ナリ。
>
> (『自然真営道』)

解答 問1 農村では，<u>商品経済</u>が浸透するとともに，農業経営に失敗して土地を失う農民と，土地を集積して<u>地主</u>経営を行う有力農民とに階層分化が進んだ。その結果，両者の対立が深まり，村役人の不正を追及し，村の公正な運営を求める<u>村方騒動</u>が各地でみられるようになった。 問2 武士が農民を搾取する社会や身分制度を批判した。

解説 問1 18世紀の農村は，経済の変化の影響を受け，従来の本百姓を中心とした形態から異なるものへ変質していった。具体的には，

商品経済が浸透した農村で，農業経営に失敗した農民と，その土地を集め地主経営を行う豪農とに階層分化が進んだことを記すとよい。また指定語句から考え，小百姓・小作人と豪農との間に対立が生まれ，村役人の不正の追及や公正な村の運営を求める村方騒動が各地で頻発したことまで指摘するようにしたい。

問2　『自然真営道』の著者である安藤昌益は，史料にも記されているように，身分の上下・男女の別のない社会，誰もが自ら耕作する社会などを理想とした。つまり「武士」が農民を搾取する社会を，安藤昌益は批判していたということを記せばよい。

例題5

次の各問いに答えよ。

問1　寛政の改革について述べた文として適当なものを，A～Dから1つ選び，記号で答えよ。

A　諸大名に，石高1万石につき100石の米穀を蓄えさせる囲米を命じた。

B　町入用節約分の7割を積み立てさせる七分積金を命じた。

C　旗本・御家人の救済を図るため，棄捐令を出して借上の債権を放棄させた。

D　全国の藩校において，朱子学以外の儒学を禁じる寛政異学の禁を発した。

問2　林子平の著書『三国通覧図説』の「三国」として適当でないものを，A～Dから1つ選び，記号で答えよ。

A　朝鮮　　B　琉球　　C　蝦夷地　　D　清

解答　問1　B　　問2　D

解説　問1　A　囲米は石高1万石につき，50石の備蓄を命じた。
C　借上は鎌倉～南北朝時代の高利貸し。正しくは札差。
D　寛政異学の禁で朱子学以外の学問を禁じたのは，湯島聖堂学問所での講義である。　問2　『三国通覧図説』では，日本を中心に朝鮮・琉球・蝦夷3国を図で示し解説している。

例題6

次の作品の作者について説明した文として最も適当なものを，下の1〜4から1つ選べ。

1　多色刷版画の錦絵を完成させ，その技法で美人大首絵や役者絵，相撲絵を描いた。
2　画俳一致を主張した俳人で，明や清の影響を受け南宗画(文人画)を大成した。
3　西洋画法を学ぶとともに，エレキテルや寒暖計を製作した物理学者でもあった。
4　狩野派の画法を学び，さらに西洋や中国の遠近法を習得して客観的な写生画を創造した。

解答　4

解説　図の作品は，円山応挙作の国宝「雪松図屛風」である。応挙は18世紀に活躍した円山派の祖で，洋画の遠近法を取り入れ新しい画法を創造した。円山派は写生を重んじ，立体感のある作品を残した。1の多色刷りの浮世絵版画である錦絵は，鈴木春信が始めた。勝川春章らが完成させた「大首絵」の手法は，寛政期に喜多川歌麿，東洲斎写楽によって最高期を迎えた。歌麿は美人画，写楽は役者絵の傑作を残した。2は与謝蕪村についての説明である。蕪村は18世紀に活躍した俳人・画家である。3はエレキテルの記述ですぐに判断できるが，平賀源内についての説明である。

中高地歴（日本史） 近代・現代

ポイント

　「近代・現代」は時代を大まかに分けると，明治，大正，昭和の戦前と戦後（平成・令和含む）になるが，概ね偏りのない出題となっている。内容的には政治，外交，経済，文化など多岐に及び，また幾つかの時代にまたがる設問も見られ，試験問題の形式は様々である。

　史料問題の頻度も変わらず多いが，「近代・現代」の傾向として外交文書を出典とするものが多い。それらは例えば，日清・日露戦争の講和条約や韓国併合に関する各協定，ヴェルサイユ体制下での各軍縮約，第二次世界大戦の各種の会談・宣言，戦後の対外条約などであり，史料集などでチェックしておきたい所である。他には，文明開化期の思想家や近代の政治家の文章なども用いられており，こちらの方にも注意を払っておくべきだろう。

　用語集などを見てもらえば分かるだろうが，「近代・現代」ではそれまでの日本史と比べて習う事項の数が急増する。現場の教師にとっては限られた時間数の中でいかに効率よく教えるかが悩みの種になっているそうだが，教員採用試験を受験しようとする者にとっても他人事ではない。それぞれの事項がどのような背景で生じたのかをまず自分が理解し，かつ他の事項と関連性はないのか，同時期には何が起こっていたのかもおさえ，整然と生徒に説明ができるようにしたい。そのような出題もなされているので要注意である。

□明治維新

政治制度	…太政官制 (1868)→内閣制度 (1885)→大日本帝国憲法発布 (1889)
土地制度	…版籍奉還 (1869)→廃藩置県 (1871)→地租改正 (1873)
軍事制度	…徴兵告諭 (1872)→徴兵令 (1873)→軍人勅諭 (1882)
身分制度	…四民平等 (1869)→秩禄処分 (1876)→華族令 (1884)
教育制度	…学制 (1872)→教育令 (1879)→学校令 (1886)→教育勅語 (1890)
殖産興業	…郵便制度・新貨条例 (1871)→国立銀行条例・富岡製糸場開業・鉄道開業 (1872)→内務省設置 (1873)→第 1 回内国勧業博覧会 (1877)

□明治の外交

	主な事項	条約改正関係
1869	外務省設置	
1871	日清修好条規	岩倉使節団出発(〜73)
	琉球漁民殺害事件	
1873	征韓論争	
1874	台湾出兵	
1875	樺太・千島交換条約	
	江華島事件	
1876	日朝修好条規	
	小笠原領有宣言	
1879	琉球処分	
1882	壬午軍乱	
1883		鹿鳴館建設(欧化政策の一端)
1884	甲申事変	
1885	天津条約	
1886		ノルマントン号事件
1889		大隈外相襲撃事件
1891		大津事件
1894	甲午農民戦争(東学党の乱)	日英通商航海条約
	日清戦争(〜95)	(領事裁判権撤廃・関税自主権
		の一部回復)
1895	下関条約	
	三国干渉	
1900	北清事変	
1901	北京議定書	
1902	日英同盟	
1904	日露戦争(〜05)	
1905	ポーツマス条約	
	桂・タフト協定	
1910	韓国併合	
1911		日米通商航海条約改正
		(関税自主権回復)

□**韓国併合**　日露戦争で朝鮮の指導権を確立した日本は一気に韓国併合を行ったのではなく，日韓議定書(1904年)から3次に及ぶ日韓協約を経て，1910年の韓国併合条約というように段階を踏んで進めた。それぞれの細かい差異まで問われることがあるので要注意。なお，下関条約の後に朝鮮は清から独立して大韓帝国と改称した。そのため，「朝鮮併合」と答えたりすると間違いとなる。

---

① 第四条　第三国ノ侵害ニ依リ若ハ内乱ノ為，大韓帝国ノ皇室ノ安寧或ハ領土ノ保全ニ危険アル場合ハ大日本帝国政府ハ速ニ臨機必要ノ措置ヲ取ルヘシ。…

② 一　韓国政府ハ日本政府ノ推薦スル日本人一名ヲ**財務顧問**トシテ韓国政府に傭聘シ，…
　 一　韓国政府ハ日本政府ノ推薦スル外国人一名ヲ**外交顧問**トシテ韓国政府に傭聘シ，…

③ 第一条　日本国政府ハ，**在東京外務省ニ依リ今後韓国ノ外国ニ対スル関係及事務ヲ監理指揮スヘク**，…
　 第三条　日本国政府ハ，其代表者トシテ韓国皇帝陛下ノ闕下ニ一名ノ**統監**(レヂデントゼネラル)ヲ置ク，統監ハ専ラ外交ニ関スル事項ヲ管理スル為メ京城ニ駐在シ親シク韓国皇帝陛下ニ内謁スルノ権利ヲ有ス。

④ 第二条　韓国政府ノ法令ノ制定及重要ナル行政上ノ処分ハ予メ**統監ノ承認**ヲ経ルコト。

⑤ 第一条　韓国皇帝陛下ハ韓国全部ニ関スル**一切ノ統治権**ヲ完全且永久ニ日本国皇帝陛下ニ譲与ス。

---

①は日韓議定書(1904.2)で，日露戦争勃発を背景に韓国での軍事行動を認めた内容。②は第一次日韓協約(1904.8)で，日本政府推薦の財政・外交顧問を置く顧問政治を定めた内容。③は第二次日韓協約(1905)で，韓国の外交権を接収して保護国化した内容で，**統監府**が京城(漢城)に置かれた。④は第三次日韓協約(1907)で，**ハーグ密使事件**を契機に締結され，日本が韓国の内政権を掌握した内容。⑤は**韓国併合条約**(1910)で，その前年に併合反対派の**伊藤博文**が暗殺されている。

□**大正デモクラシー**　大正期には自由主義・民主主義的風潮が高揚し，社会・労働運動や教育運動など各方面で成果が見られた。政治面でも2度の護憲運動や普選運動が起こったが，その裏付けとして新しい政治思想の鼓吹があったことが挙げられる。

> 我々が視て以て憲政の根柢（こんてい）と為すところのものは，政治上一般民衆を重んじ，其間（その）に貴賤上下の別を立てず，而かも国体の君主制たると共和制たるとを問はず，普（あまね）く通用する所の主義たるが故に，**民本主義**といふ比較的新しい用語が一番適当であるかと思ふ。

「民本主義」を提唱した**吉野作造**の文章。彼は政策の決定を一般民衆の意向によるべきだと主張し，その具体的な目標として**政党内閣制**と**普通選挙**の実現を掲げた。前者は第二次護憲運動後の「憲政の常道」，後者は1925年に制定され，それぞれ成果を収めた。なお，民本主義も民主主義も“democracy”の訳語だが，主権在君の明治憲法下にあって主権在民の民主主義と一線を画するために，民本主義の方を用いたと考えられている。

> 所謂（いわゆる）**機関説**ト申シマスルノハ，国家ソレ自身ヲ一ツノ生命アリ，ソレ自身ニ目的ヲ有スル恒久的ノ国体，即チ法律学上ノ言葉ヲ以テ申セバ，**一ツノ法人**ト観念イタシマシテ，天皇ハ此（この）法人タル国家ノ元首タル地位ニ在（まし）マシ，国家ヲ代表シテ国家ノ一切ノ権利ヲ総攬（そうらん）シ給（たま）ヒ，天皇ガ憲法ニ従ッテ行ハセラレマスル行為ガ，即チ国家ノ行為タル効力ヲ生ズルト云フコトヲ言ヒ現（あら）ハスモノデアリマス。

「天皇機関説」は法人としての国家が主権の主体で，君主(天皇)はその国家の最高機関とする学説。東大の学者などが唱え，**美濃部達吉**は『憲法撮要』などの著書で論述した。昭和に入ると軍部から危険思想として攻撃されるようになり，美濃部自身(当時は貴族院議員)が釈明せざるを得なくなった。上の文章はその演説の一部である。それでも攻撃は止まず，時の岡田啓介内閣は**国体明徴声明**を発して天皇機関説を禁止するに至った。

□第二次世界大戦後の主権回復と外交

	事　項	内　閣
1951	サンフランシスコ平和条約	第3次吉田茂内閣
	日米安全保障条約	〃
1954	MSA(日米相互防衛援助)協定	第5次吉田茂内閣
1956	日ソ共同宣言	第3次鳩山一郎内閣
	国際連合加盟	
1960	日米新安保条約	第2次岸信介内閣
1965	日韓基本条約	第1次佐藤栄作内閣
1968	小笠原諸島復帰	第2次佐藤栄作内閣
1972	沖縄復帰	第3次佐藤栄作内閣
	日中共同声明	第1次田中角栄内閣
1978	日中平和友好条約	福田赳夫内閣
1985	プラザ合意	第2次中曽根康弘内閣
1992	PKO(国連平和維持活動)協力法成立	宮沢喜一内閣
2002	日朝首脳会談	第1次小泉純一郎内閣

■■■■■■■■■■ 例題1 ■■■■■■■■■■

次のA～Eの史料を読み，下の各問いに答えよ。

A

　余かつて桐生・(a)の機業地に遊び，聞いて極楽，観て地獄，職工自身がしかく口にせると同じく余もまたその境遇の甚だしきを見てこれを案外なりとせり。しかも(a)・桐生を辞して前橋に至り，製糸職工に接し更に織物職工より甚だしきに驚けるなり。労働時間の如き，忙しき時は朝床を出でて直に業に服し，夜業十二時に及ぶこと稀ならず。食物はワリ麦六分に米四分，寝室は豚小屋に類して醜陋見るべからず。　　　　　　　　　　（『日本之下層社会』による）

問1　史料Aの作者を，次のア～エの中から1つ選び，記号で答えよ。

　　ア　西川光二郎　　　イ　横山源之助　　　ウ　細井和喜蔵

　　エ　黒岩涙香

問2　空欄(a)にあてはまる地名は何か，答えよ。

問3　この書物は1899(明治32)年に刊行されている。この書物の刊行以

前に起きた出来事を，次のア～エの中から1つ選び，記号で答えよ。

ア　綿織物業の分野では，豊田佐吉が日本最初の木製動力織機を発明し，大量生産への道が開かれた。

イ　安部磯雄・片山潜・幸徳秋水らによって，日本で最初の社会主義政党である社会民主党が結成された。

ウ　憲政党は，政党結成をめざしていた伊藤博文に接近し，解党して伊藤派の官僚とともに立憲政友会を結成した。

エ　政府は軍事・経済上の必要から鉄道国有法を公布し，主要幹線の民営鉄道17社を買収して国有とした。

B

元始，女性は実に（　b　）であつた。真正の人であつた。今，女性は月である。他に依つて生き，他の光によつて輝く，病人のやうな蒼白い顔の月である。…(中略)…私共は隠されて仕舞つた我が（　b　）を今や取戻さねばならぬ。　　　　　　　　　　　　　（『青鞜』創刊号による）

問4　空欄（　b　）にあてはまる語句は何か，答えよ。

問5　青鞜社は平塚らいてうを中心とした若い女性たちにより結成された文学団体である。平塚とともに青鞜社で活動した人物を，次のア～エの中から1つ選び，記号で答えよ。

ア　景山(福田)英子　　イ　山川菊栄　　ウ　奥むめお

エ　伊藤野枝

問6　『青鞜』は1916年に財政難のため52号で廃刊となったが，平塚と市川房枝らは1920年に新婦人協会を結成し，女性の政治活動を禁止した□□□□□第5条の改正運動をすすめた。空欄に入る漢字5文字は何か，答えよ。

C

漸次に選挙権を拡張する事は何等異議なき処にして，又他年国情こゝに至れば，所謂普通選挙も左まで憂ふべきにも非らざれども，階級制度打破と云ふが如き，現在の社会組織に向て打撃を試んとする趣旨より（　c　）資格を撤廃すと云ふが如きは，実に危険極る次第にて，…(以下略)　　　　　　　　　　　　　　　　　　　　　（『原敬日記』による）

問7　空欄（　c　）にあてはまる語句は何か，答えよ。

問8　原敬内閣の時以外に起きた出来事を，次のア～エの中から1つ選び，記号で答えよ。

ア　国際平和維持の機関として国際連盟が発足し，日本はその常任理事国の1つとなった。

イ　株式市場の暴落を口火に戦後恐慌が発生し，綿糸・生糸の相場は半値以下に暴落した。

ウ　大学令が制定されて，総合大学の帝国大学のほかに，単科大学や公立・私立の大学が認められた。

エ　堺利彦・山川均らによって，日本共産党がコミンテルンの支部として非合法のうちに結成された。

問9　史料Cに見られるように，原内閣の時には普通選挙法は制定されなかった。普通選挙法が制定された時の内閣を，次のア～エの中から1つ選び，記号で答えよ。

ア　第1次若槻礼次郎内閣　　イ　加藤高明内閣

ウ　高橋是清内閣　　　　　　エ　第2次山本権兵衛内閣

D

第1条　両締約国ハ両国間ニ平和及友好ノ関係ヲ維持シ且相互ニ他方締約国ノ領土ノ保全及不可侵ヲ尊重スヘキコトヲ約ス

第2条　締約国ノ一方カ一又ハ二以上ノ第三国ヨリノ軍事行動ノ対象ト為ル場合ニハ他方締約国ハ該紛争ノ全期間中中立ヲ守ルヘシ

（『日本外交年表竝主要文書』による）

問10　史料Dは，「日ソ中立条約」の一部である。モスクワでこの条約に調印した外務大臣を，次のア～エの中から1つ選び，記号で答えよ。

ア　幣原喜重郎　　イ　広田弘毅　　ウ　加藤友三郎

エ　松岡洋右

問11　この条約が調印された1941(昭和16)年に起きた出来事を，次のア～エの中から1つ選び，記号で答えよ。

ア　政府は，援蔣ルートの遮断と南方進出の足がかりとして，北部仏印(フランス領インドシナ)進駐を開始した。

イ　国家総動員法第4条に基づき国民徴用令が公布され，一般国民が軍需産業に動員されるようになった。

ウ　野村吉三郎駐米大使とハル国務長官との間で日米交渉がおこなわれたが，ハル＝ノートの提示で交渉は決裂した。

エ　津田左右吉の日本古代史の実証的研究が，皇室の尊厳を傷つけるものとして，彼の著書が発禁となった。

問12　ソ連が，この条約を無視して日本に宣戦布告したのは西暦何年のことか，答えよ。

E

1　日本国とソヴィエト社会主義共和国連邦との間の戦争状態は，この宣言が効力を生ずる日に終了し，両国の間に平和及び友好善隣関係が回復される。

4　ソヴィエト社会主義共和国連邦は，（　d　）への加入に関する日本国の申請を支持するものとする。

9　日本国及びソヴィエト社会主義共和国連邦は，両国間に正常な外交関係が回復された後，平和条約の締結に関する交渉を継続することに同意する。

　　ソヴィエト社会主義共和国連邦は，日本国の要望にこたえかつ日本国の利益を考慮して，（　e　）及び（　f　）を日本国に引き渡すことに同意する。ただし，これらの諸島は，日本国とソヴィエト社会主義共和国連邦との間の平和条約が締結された後に現実に引き渡されるものとする。　　　　　　（『日本外交主要文書・年表』による）

問13　史料Eは，「日ソ共同宣言」の一部である。空欄（　d　）にあてはまる語句は何か，答えよ。

問14　空欄（　e　）・（　f　）にあてはまる語句の組合せとして正しいものを，次のア～エの中から1つ選び，記号で答えよ。

ア　e　国後島　　　f　択捉島

イ　e　択捉島　　　f　歯舞群島

ウ　e　色丹島　　　f　国後島

エ　e　歯舞群島　　f　色丹島

問15　モスクワを訪問してこの宣言に調印した内閣総理大臣を，次のア～エの中から1つ選び，記号で答えよ。

ア　吉田茂　　イ　岸信介　　ウ　鳩山一郎　　エ　片山哲

解答 問1 イ 問2 足利 問3 ア 問4 太陽 問5 エ
問6 治安警察法 問7 納税 問8 エ 問9 イ
問10 エ 問11 ウ 問12 1945年 問13 国際連合
問14 エ 問15 ウ

解説 問1 アは社会主義者で，『労働世界』・『平民新聞』を発行。ウは『女工哀史』の著者。エは『万朝報』社主。 問2 足利は栃木県で桐生は群馬県。絹織物で有名。 問3 ア 1896年に発明。イ 1901年に結成。 ウ 1900年に結成。 エ 1906年に制定。
問4 原始・古代には，女性は社会生活の中心であったという意味。 問5 アは自由民権家，イは女性運動家で，赤瀾会を結成，ウは雑誌『婦人運動』を主宰。 問6 1900年，第二次山県有朋内閣が制定した。 問7 選挙権の有資格者の基準であった。
問8 1922年，加藤友三郎内閣の時に非合法で結成された。
問9 1925年，護憲三派内閣の時。 問10 国際連盟脱退通告の時の日本代表であり，三国同盟も締結した。 問11 ア 1940年に進駐。 イ 1939年に公布。 エ 1940年の出来事。
問12 原爆投下とソ連参戦が，日本降伏の直接原因となった。
問13 国際連盟としないこと。 問14 千島列島には属さない島々。 問15 第5次吉田茂内閣の後の首相。55年体制成立時の首相でもある。

次の年表を見て，問1～問3に答えよ。

年表

西　暦	主　な　で　き　ご　と
1871 a ⇕	政府は⑦廃藩置県を断行し，府知事・県令が地方行政にあたった。
1881 b ⇕	⑦明治十四年の政変によって，薩長藩閥の政権が確立した。
1889 c ⇕	大日本帝国憲法が発布された。
1900 d ⇕	伊藤博文を総裁として，立憲政友会が結成された。
1913 e ⇕	第一次護憲運動により，桂太郎内閣が倒された。
1925 f ⇕	加藤高明内閣は⑦普通選挙法を成立させ，協調外交を展開した。
1935 g ⇕	岡田啓介内閣は国体明徴声明を出し，天皇機関説を否認した。
1949 h ⇕	経済安定九原則の実行のため，⑪ドッジとシャウプが来日した。
1955	日本民主党と自由党が合流して新たな政党が結成され，⑰55年体制とよばれる政治体制が始まった。

問1　年表について，(1)～(6)に答えよ。

(1)　下線部⑦について，この政策の目的を簡潔に書け。

(2)　下線部⑦の際に出された「国会開設の勅諭」の内容を簡潔に書け。

(3)　下線部⑦について，1925年に成立した普通選挙法に関して述べた文として誤っているものを，ア～エから選べ。

　ア　25歳以上の男子に選挙権を与え，30歳以上の男子に被選挙権を与えた。

　イ　選挙人は全人口の20パーセントを超えた。

　ウ　選挙人はそれまでの約4倍に増加した。

　エ　選挙人の納税に関する条件を，「直接国税納入額10円以上」から「制限なし」とした。

(4)　下線部⑪は，1ドル＝360円の単一為替レートを設定した。単一為替レートを設定した理由を簡潔に説明せよ。

(5) 下線部㋔の55年体制下において成立した内閣を述べた文として
正しいものを，ア〜エから選べ。

ア　田中角栄内閣は，日韓基本条約を結び，日韓間の1910年以前
の諸条約の失効を確認し，韓国との国交が樹立された。

イ　鳩山一郎内閣の下で，日米相互協力及び安全保障条約が調印
され，アメリカの日本防衛義務が明文化された。

ウ　池田勇人内閣は，「寛容と忍耐」を唱えて革新勢力との対立を
さけ，「所得倍増」をスローガンに経済政策を展開した。

エ　吉田茂内閣の下で，日ソ共同宣言が調印され，日本の国連加
盟をソ連が支持したため，日本の国連加盟が実現した。

(6) 次のア〜ウは，それぞれ年表のa〜hのどの時期にあてはまるか，
記号で答えよ。

ア　ロシアでは，首都のペテルブルクで労働者の大規模なストラ
イキが起こり，駐屯する兵士もそれを支持したため，皇帝ニコ
ライ2世は退位した。

イ　イギリスによる海上封鎖に対抗して，ドイツは中立国の商船
をも攻撃する無制限潜水艦作戦を開始した。

ウ　清朝が幹線鉄道の国有化令を出すと革命派が武装蜂起して，
14省が清朝からの独立を宣言し，翌年，南京で孫文を臨時大総
統とする中華民国が樹立された。

問2　年表に関連した事項をまとめたカードA〜Fについて，(1)，(2)
に答えよ。

〈カードA〉
○文官任用令を改正した（　①　）内閣は官僚に対する政党の影響力拡大に努めたが，シーメンス事件で退陣した。

〈カードB〉
○満州では，関東都督府が租借地を管理し，半官半民の（　②　）が，長春・旅順間の鉄道を経営した。

〈カードC〉
○外務大臣（　③　）は条約改正に努力したが，極端な欧化政策と，外国人裁判官採用を批判され，辞職した。

〈カードD〉
○下関条約調印後，満州進出をねらうロシアはドイツ，フランスともに（　④　）半島の返還を日本に勧告した。

〈カードE〉
○（　⑤　）を中心にして薩摩の不平士族らが起こした西南戦争は，規模が大きく，政府は鎮圧に7か月を要した。

〈カードF〉
○首相（　⑥　）は，盧溝橋事件後，不拡大方針を声明したが，華北への派兵を認め，戦線を拡大した。

(1)　（　①　）～（　⑥　）にあてはまる語句や人物の名を書け。

(2)　カードA～Fのできごとは，それぞれ年表のa～hのどの時期
にあてはまるか，記号で答えよ。

問3　次の写真，風刺画について，(1)，(2)に答えよ。

写真

説明
○この人物は，浜口内閣の蔵相と
して，一時的な不況を覚悟して，
産業界の合理化を進め，日本経
済の国際的競争力を育成しよう
と，金解禁を断行した。

風刺画

説明
○この風刺画は，料亭でろうそく
がわりに百円札を燃やす「成
金」を風刺している。当時は，
海運業，造船業が著しく伸び，
いわゆる船成金が続出した。

(1)　写真の人物の名を書け。また，この人物が行った金解禁は，年
表のa～hのどの時期にあてはまるか，記号で答えよ。

(2)　風刺画に描かれている内容は，年表のa～hのどの時期にあて
はまるか，記号で答えよ。

解答　問1　(1)　中央集権化するため　(2)　10年後には国会を開設す
る。　(3)　エ　(4)　日本経済を国際経済と結びつけ，輸出の
増加を図った。　(5)　ウ　(6)　ア　e　イ　e　ウ　d
問2　(1)　①　山本権兵衛　②　南満洲鉄道株式会社
③　井上馨　④　遼東　⑤　西郷隆盛　⑥　近衛文麿
(2)　A　e　B　d　C　b　D　c　E　a　F　g
問3　(1)　名：井上準之助　記号：f　(2)　e

解説　問1　(1)　旧領主である知藩事を東京に集め，中央政府から県令・

府知事を派遣した。　　(2)　開拓使官有物払い下げ事件や政府内で大隈重信の国会早期開設論があって自由民権運動が高まり，危機感を持った政府は大隈を罷免し，国会開設の勅諭を出した。

(3)　1919年，原敬内閣のときに「直接国税3円以上」と改正されている。　　(4)　経済安定九原則には，インフレ抑制・円の価値の安定・輸出増進などが掲げられている。　　(5)　ア　日韓基本条約は佐藤栄作内閣が調印した。　　イ　日米安保条約を最初に調印したのは吉田茂内閣。1960年には岸信介内閣が新安保条約を結んでいる。　　エ　日ソ共同宣言は鳩山一郎内閣の時に調印。

(6)　ア　1917年のロシア革命中。　　イ　1917年の第一次世界大戦中。　　ウ　1911～12年の辛亥革命。　　問2　(1)　ほとんど基本問題，全問正解が望ましい。　　(2)　A　1914年　　B　1906年　　C　1887年　　D　1895年　　E　1877年　　F　1937年　　問3　(1)　のちに血盟団事件で暗殺されている。金解禁は1930年。金融恐慌以後不況が続いている時期。　　(2)　第一次世界大戦中の好景気のころ。

━━━━━━━━ **例題3** ━━━━━━━━

次のグラフは，日本の産業における生産額に関するものである。1914年から1919年にかけての工業生産額の変化の要因について150字以内で述べよ。その際，あとの語句を必ず使用し，解答文中で用いた語句には下線をつけて明示すること。

グラフ

グラフの出典は『新詳日本史』（浜島書店）

> アジア市場　　ドイツ　　米国

解答 この期間の工業生産額の大幅な増加は，重化学工業においては，<u>ドイツ</u>からの輸入が途絶えたことによる化学工業の勃興や，世界的な船舶の不足による造船業の活況を要因としている。軽工業においては，大戦で好景気となった<u>米国</u>向けの生糸やヨーロッパ諸国が撤退した<u>アジア市場</u>への綿織物の輸出の増加を要因としている。(147字)

解説 第一次世界大戦が始まった1914年と終戦翌年の1919年の日本の産業生産額統計を比較すると，生産総額が約4倍にも大きく増えていること，工業の割合が50％を超え，特に重化学工業の伸びが著しいことなどがわかる。重化学工業が大幅に伸びたのはドイツに依存していた肥料・薬品などの輸入が途絶えたために化学工業が勃興したこと，船舶が戦場のヨーロッパをはじめ世界的に不足したため，造船業が活況を呈したことがあげられる。また，軽工業では大戦景気に沸くアメリカ向けの生糸の輸出や，ヨーロッパからの輸入がほとんどなくなったアジア市場への綿織物の輸出が増加したことが考えられる。

━━━━━━━━━━ **例題4** ━━━━━━━━━━

ポツダム宣言にもとづいて連合国の占領下におかれた日本は，GHQ(連合国軍最高司令官総司令部)の指示を受け，経済の民主化を進めた。その一環として行われた第二次農地改革について，改革の実施にあたって制定された法律と改革の内容，及び成果について，120字以内で述べよ。その際，次の語句を必ず使用し，解答文中で用いた語句には下線をつけて明示すること。

> 小作人　　寄生地主制

解答 自作農創設特別措置法を制定し，不在地主の全貸付地，在村地主の貸付地のうち一定面積をこえる分を国が強制的に買い上げ，<u>小作人</u>に優先的に安く払い下げた。その結果，小作地が大幅に減少

する一方で自作農が広範に創設され，寄生地主制が解体された。
(116字)

解 説　政府は，1946年に行った第一次農地改革ではGHQ(連合国軍最高司令官総司令部)の同意を得られなかったため，GHQの勧告案に基づいて同年10月に自作農創設特別措置法を制定し，翌1947年から1950年にかけて第二次農地改革を実施した。この改革では在村地主の保有限度を1町歩(北海道のみ4町歩)に制限した上で，これを超える分は国が強制的に買い上げて小作人に優先的に安く払い下げるという方法で行われた。これにより小作地は1割程度に減少して大量の自作農が創出され，農村の封建的な体質の根幹を支えていた，不在地主による寄生地主制は解体された。

―――――――――――――――――― 例題5 ――――――――――――――――――

次の文を読んで，下の各問いに答えよ。

　教育制度の自由主義改革を実施するべく，1945年10月にGHQは，教科書の不適切な記述の削除と軍国主義的な教員の追放を指示し，つづいて修身・日本歴史・地理の授業を一時禁止した。ついでアメリカの教育使節団の勧告により，1947年，教育の機会均等や男女共学の原則をうたった(①)が制定された。また，大学も増設されて大衆化し，女子学生も増加した。

　一連の占領改革によって，思想や言論に対する国家の抑圧が取り除かれ，従来の価値観・権威は大きく否定された。人文・社会科学各分野の研究に新しい分野が開かれ，西欧近代との比較により日本の後進性を批判する(②)の政治学，大塚久雄の経済史学などが学生・知識人に大きな影響をおよぼした。また，1949年の(③)金堂壁画の焼損をきっかけとして，伝統的価値のある文化財を保護するために，翌年文化財保護法が制定された。さらに，伝統ある文化財を保護し，文化を復興するために，1968年には(④)が設置された。

(1)　(①)に入る語として適当なものを，次のA〜Dから1つ選び，記号で答えよ。

　A　教育基本法　　B　教育令　　C　学校令　　D　学校教育法

159

(2) (②)に入る人物として適当なものを，次のA～Dから1つ選び，
記号で答えよ。

 A 大岡昇平 B 野間宏 C 丸山真男 D 川島武宜

(3) (③)に入る語として適当なものを，次のA～Dから1つ選び，
記号で答えよ。

 A 法隆寺 B 東大寺 C 興福寺 D 薬師寺

(4) (④)に入る語として適当なものを，次のA～Dから1つ選び，
記号で答えよ。

 A 科学技術庁 B 環境庁 C 総務庁 D 文化庁

解答 (1) A (2) C (3) A (4) D

解説 (1) 義務教育が実質6年から，中学校までの9年間に延長された。
なお，Bは1879年，Cは1886年に出された。Dは教育基本法と同
時に出され，六・三・三・四制など学校制度の基本を定めた。

(2) 政治学者で東京大学教授。『日本政治思想史研究』『現代政
治の思想と行動』などで，戦前から戦後に至るまでの日本の国家
体制などを批判的に分析した。なお，Aは『俘虜記』，Bは『真空
地帯』などで知られる小説家，Dは法社会学者・民法学者で東京
大学教授である。 (3) 白鳳文化の貴重な壁画12面が焼損した。

(4) 文部省の外局として文化財保護委員会が設置され，1968年
に同委員会と文化局(文部省の内部部局)を統合して発足した。初
代長官は作家の今日出海。2001年の中央省庁再編により文部科
学省の外局となり，現在に至っている。

第 3 章

中高地歴
（世界史）

中高地歴(世界史) 近代までのアジア

ポイント

　日本史と世界史を合わせた中学校の歴史では日本史の比重が大きいのに対して，高等学校の世界史は独立した専門科目として扱われ，かつ内容がより広くより深いものとなっている。これに加えて，教員を採用する試験であるため，教職教養，特に学習指導要領に関する出題が多い。これらのことを踏まえて，学習をしっかりと進められたい。

　まず，世界史について概観すると，日本史のような史料問題は少ない。その代わりに地図や画像を用いた問題が多い。また，交易，制度，技術などのあるテーマにスポットを当てた設問も見受けられる。これらは目先が変わっていて戸惑うこともあろうが，基本的な学習を確実に行っておけば対応できるものなので，基礎・基本を確実に身につけておきたい。

　「近代までのアジア」を地域別に見ると，中国が頻出である。ただひと口に中国といっても，中国本土のみならず周辺民族との関係やいわゆる征服王朝も含まれるので，北方遊牧民族や内陸アジア・東南アジアの歴史とも関連付けて学習しておきたい。

　次いで，イスラーム諸国の興亡が多い。アラビア半島に起こったイスラーム教は西アジアから北アフリカ，または中央アジアや南アジア，東南アジアに拡大したので，それだけ範囲は広くなるが，まずは開祖ムハンマドと教義，それから正統カリフ時代〜アッバース朝，及び各地のイスラーム諸王朝などというように系統立てて学習を進めたい。また，イスラーム文化の学習も必要である。固有の学問と外来の学問の相違点，各地域で栄えたイスラーム文化のそれぞれの特色などを学んでおきたい。

　その次に多いのは南アジアである。これはインド史が中心となるが，古代，イスラーム化〜ムガル帝国，イギリスの植民地化と民族

運動，独立後の動き，の4点が主な内容となっている。

また，アジア全体を対象とした設問もよく見られる。モンゴル帝国による東西の一体化や欧米列強の侵略，近代の民族活動などが主題となっているが，地域だけに目を向けるのではなく，横断的に歴史を見る力も養っておきたい。

最後に，地図を用いた設問が多いので，それぞれの王朝や首都の位置などを確認しておくことも怠らないようにしておきたい。

□四大文明

文　明	成立年代	河　川	民　族	特　徴
メソポタミア	BC3500年ごろ・3000年ごろ	ティグリス・ユーフラテス川	シュメール人・アッカド人・アムル人など	太陰暦・六十進法・楔形文字
エジプト	やや遅れて	ナイル川	エジプト人	太陽暦・十進法・ヒエログリフ
インダス	BC2500年ごろ	インダス川	モエンジョ=ダーロ	計画都市・インダス文字・印章
中　国	BC1500年ごろ	黄河	原中国人	仰韶文化(彩陶)・竜山文化(黒陶)・甲骨文字(殷)

□**春秋五覇**　中国の春秋時代に「尊王攘夷」をスローガンに諸侯を指導

した有力者を覇者という。斉の桓公・晋の文公・楚の荘王・呉王の闔閭・越王の勾践が代表的な5人の覇者とされるが，異説もある。

□**諸子百家**　春秋時代の末期から戦国時代にかけ，中国では実力主義の風潮が盛んとなり，様々な思想が噴出した。諸学派と書物の総称。

学派	人物	内容
儒家	孔子	儒家の祖。魯の出身。「仁」や「礼」を重視し，「修身・斉家・治国・平天下」を説く。儒家では『論語』『春秋』『書経』などを重視。
	孟子	**性善説**…人の本性は善とする説。**易姓革命**…為政者が不徳ならば天命を失い，王朝の交替もやむを得ないとする説。
	荀子	**性悪説**…人の本性は悪とする説。だから「礼」による規制が必要とした。
墨家	墨子	墨家の祖。**兼愛**(無差別愛)・非攻(侵略否定)・尚賢(能力主義)などを説く。
道家	老子	道家の祖。孔子と同時期の人物とされる。**無為自然**を説く。
	荘子	万物斉同や逍遙遊などを説き，精神の自由の獲得を説く。
法家	商鞅	秦の孝公に仕えた政治家。**法治主義**に基づく改革を行って秦を強くしたが，その厳格さが憎まれて孝公の死後に処刑された。
	韓非	韓の公子。荀子に学び，師の教えを取り入れて法家思想を大成した。同門の李斯の陰謀のために自殺したと伝わる。
	李斯	秦王政(始皇帝)に仕えた政治家。丞相として法家思想に基づく政治を行い天下統一に貢献。始皇帝の死後に刑死。
兵家	孫子	春秋呉の孫武と戦国斉の孫臏の2人がいる。勝敗の機微を説くが，戦争はむしろ避けて，政略に意を用いるべきだとした。
	呉子	兵法家として各国に仕え功を立てた呉起のこととされる。
縦横家	蘇秦	**合従策**…強大化する秦に対抗するために他の6国が同盟する外交政策。蘇秦の遊説活動により一時的に成功。
	張儀	**連衡策**…秦が他国の共闘を防ぐため，それぞれ1対1の同盟関係に持ち込む外交政策。張儀は秦の宰相となってこれを実現させ，蘇秦の合従策を破った。
陰陽家	鄒衍	**陰陽五行説**を大成。後世の中国人の思考方法に大きな影響を及ぼし，また日本にも伝わった。
名家	公孫竜	名(名称)と実(本質)の関係を論ずる論理学の一派。次第に詭弁に陥った。

□**イスラーム教**　預言者ムハンマドにより創始。唯一神アッラーと聖典
『コーラン』を奉じ，六信五行を守り，メッカを聖地とする宗教。

□**ムスリム**　「神に帰依する者」の意で，イスラーム教の信徒の呼称。

□**カリフ**　「神の使徒(ムハンマド)の代理人」の意で，ムハンマド亡き後
のイスラーム世界の指導者の呼称。

□**正統カリフ**　ムハンマドの没後，信徒から選ばれたアブー＝バクル，
ウマル，ウスマーン，アリーの4人のカリフを指す。時代的には632年
から661年までをいい，ササン朝などを破って勢力を拡大した。

□**ウマイヤ朝**　アリーの暗殺後，シリア総督のムアーウィヤが創始した
王朝。661〜750年。都は**ダマスクス**。カリフはウマイヤ家が世襲。ア
ラブ人を優遇。西ゴート王国を滅ぼしてイベリア半島を征服したが，
トゥール＝ポワティエ間の戦い(732)でフランク王国に敗れる。

□**アッバース朝**　アブー＝アルアッバースが創始した王朝。750〜1258
年。2代マンスールが新都バグダードを建設。5代ハールーン＝アッラ
シードが全盛期。ムスリムのアラブ・非アラブの不平等を解消。**タラ
ス河畔の戦い**(751)で唐軍を破り，**製紙法が西伝**。

□**後ウマイヤ朝**　ウマイヤ家の一族がイベリア半島に建国。756〜1031
年。アッバース朝に対抗しカリフを自称(西カリフ国)。都はコルドバ。

□**シーア派**　アリーの子孫を指導者(イマーム)と仰ぐイスラーム教の一
派。現在はイランやイラクに多い。イスラーム教全体では1割ほど。
シーア派以外の多数派を**スンナ(スンニ)派**という。

□**ファーティマ朝**　エジプトを支配したシーア派の王朝。909〜1171年。
アッバース朝に対抗してカリフを自称(中カリフ国)。カイロを建設し
て遷都。カイロ・バグダード・コルドバはイスラーム文化の中心地。

□**ブワイフ朝**　イランを支配したシーア派の軍事政権。932〜1055年。
946年にバグダードに入城し，アッバース朝から政治の実権を奪う。

□**セルジューク朝**　西アジア一帯を支配したスンナ派のトルコ系王朝。
建国者はトゥグリル＝ベク。1038〜1194年。ブワイフ朝を倒した功に
より，アッバース朝から**スルタン**の称号を授かる。

□**スルタン**　イスラーム世界の世俗君主の称号。宗教の最高権威のカリ
フに対し，政治権力の最高実力者と位置づけられる。

□モンゴルのユーラシア支配

国名 (興亡年)	建国者	領域 (首都)	宗教	滅亡
モンゴル帝国 (1206〜71)	チンギス= ハン	ユーラシア (カラコルム)		元と4ハン国に 分裂

国名 (興亡年)	建国者	領域 (首都)	宗教	滅亡
元 (1271〜1368)	フビライ (世祖)	中国 (大都)	上層部は チベット仏教	紅巾の乱
チャガタイ=ハン国 (1227〜14c)	チャガタイ	中央アジア (アルマリク)	イスラーム教	東西分裂。西はティ ムールに奪われた
キプチャク=ハン国 (1243〜1502)	バトゥ	南ロシア (サライ)	イスラーム教	モスクワ大公 国の独立
イル=ハン国 (1258〜1353)	フラグ	西アジア (タブリーズ)	イスラーム教	ティムール朝の 征服

□インドの植民地化

17c	英仏の進出開始
1757	ブラッシーの戦い →仏勢力を駆逐
1764	ブクサールの戦い →ベンガル支配
1767	マイソール戦争(〜99) →南インド支配
1775	マラータ戦争(〜1818) →デカン高原支配
1845 1848	シク戦争(〜46／〜49) →パンジャブ地方支配
1857	インド大反乱 (シパーヒー(セポイ)の反乱)
1858	ムガル帝国滅亡 東インド会社解散 →本国が直接統治
1877	英領インド帝国成立

□ 1765年のイギリスの支配地域　　▲ イギリスの通商基地
■ 18世紀末のムガル帝国領域　　■ フランスの通商基地

━━━━━━━━━ **例題1** ━━━━━━━━━

次の①〜⑤のうちから，(ア)が誤りで(イ)が正しいものを1つ選べ。

① (ア) イブン＝ルシュドは，アリストテレス哲学の注釈で中世ヨーロッパに名を知られていた。

(イ) イスラーム哲学を完成したイブン＝シーナーは，『医学典範』でギリシア・アラビア医学も集大成した。

② (ア) ファーティマ朝時代，カイロに建てられたアズハル学院は，のちにイスラーム正統派神学の中心となった。

(イ) スンナ派のセルジューク朝では，宰相ニザーム＝アルムルクにより学術の振興がはかられた。

③ (ア) イル＝ハン国の宰相ラシード＝ア(ウ)ッディーンが著した『集史』は，モンゴル史の重要史料として知られる。

(イ) 14世紀に登場したイブン＝ハルドゥーンは，『世界史序説』を著し，都市と地方(遊牧民)との関連をもとに歴史の法則を考察した。

④ (ア) ウマル＝ハイヤームの『ルバイヤート』は，ペルシア語の代表的な詩として世界的に著名である。

(イ) インド・イランなどの説話も融合された，『千夜一夜物語』は，アラビア語文学の傑作である。

⑤ (ア) モロッコ人イブン＝バットゥータは，『世界の記述』を著した。

(イ) イブン＝バットゥータは，インドや中国をおとずれたが，ちょうどそれは元が中国を支配している時代であった。

解答 ⑤

解説 ⑤の(ア)の『世界の記述』はマルコ＝ポーロ。イブン＝バットゥータは『三大陸周遊記』。

━━━━━━━━━ **例題2** ━━━━━━━━━

東アジア，東南アジアの歴史について，次の(1)〜(4)に答えよ。

(1) 前漢の武帝の行ったこととして正しいものを，次のA〜Dより1つ選び，記号で答えよ。

A　赤眉の乱に乗じて挙兵し，農民や豪族とともに王莽を敗死させ，新を滅ぼした。

B　郡県制をしいて中央集権体制を確立し，文字・度量衡・貨幣などを統一した。

C　豪族の土地所有を制限し，自作農に土地を確保させる占田・課田法を発布した。

D　塩や鉄，酒を国家の専売品とし，物資の流通の調整と物価の安定を名目とした均輸・平準法を実施した。

(2) 唐の太宗(李世民)の治世を元号にちなみ何というか答えよ。

(3) 日本と東アジア諸国で起こったできごとのうち，同じ世紀に起こったできごとの組合せとして正しいものを，次のA～Dより1つ選び，記号で答えよ。

A　中大兄皇子らが蘇我氏を滅ぼす　――　隋が中国を統一する

B　菅原道真が遣唐使派遣の中止を建議する　――　李成桂が，高麗を倒して朝鮮(李朝)を建てた

C　白河天皇は上皇となり，院政を開始した　――　王安石が新法を行う

D　源頼朝が征夷大将軍に任ぜられる　――　テムジンがチンギス＝ハンの称号を得た

(4) 図は，8～9世紀ごろジャワ島中部で建立された仏教遺跡である。遺跡名を答えよ。

図

解答 (1)　D　　(2)　貞観の治　　(3)　C　　(4)　ボロブドゥール遺跡

解説 (1)　A　後漢の光武帝　B　秦の始皇帝　C　西晋の武帝
(2)　官制は整備され，国力は充実した。

■■■■■■ 例題3 ■■■■■■

次の文は，世界史の教材研究にあたってのA先生とB先生の会話である。この会話文を読んで，あとの(1)～(7)の問いに答えよ。

A先生：最近ますます生徒の世界地理に関する基礎知識が薄くなっているねえ。この現状を踏まえて，高校生に世界史を教える必要があると思うんだが。

B先生：そうですね。私は各章の冒頭では必ずその地域の地理的な必須事項を概説しています。一般的な地理知識ばかりでなく，例えば，黄河・長江の流域で発生した中国古代文明については，農耕での雑穀と水稲との違いが，《　a　》のラインで区分される気候風土に因るということを話しました。

A先生：それは中国史の特徴である南北朝の分裂を理解する上で，非常に分かりやすいね。①中国史では「南北朝時代」といえば，4世紀から隋の統一までのものが最も一般的だけど，見方を変えれば戦国時代の（　b　）と他の六国との関係や，紹興の和議で国境が決まった南宋と（　c　）との関係も南北朝時代だとも言えるよ。

A先生：さてもう一つ，中学校では日本史中心で歴史を学んできているから，②世界史の学習では時代感覚のズレを日本史で修正するという方法も意外と有効だよ。中国史では紀元前から王朝が存在しているため，だいたい元ぐらいまで学習を進めてくると生徒はよく時代錯誤を起こすんだ。

B先生：そうですね，後の③明清時代が長く続いているため，余計に錯覚してしまうようです。授業では「元寇」を用いて日本の（　d　）時代が元と対応すると説明したら，ほとんどの生徒が「何やまだそんな時代なんか」という顔をしたのを覚えています。

A先生：最近は東アジア地域の一部として，日本史の事柄を見直す視点も重要になってきている。特に近現代史では，アジアの近代化の動きに与えた日本の影響を教えることは，生徒の視野の拡大を促し，自国を客観的にとらえる姿勢につながるんじゃないだろうか。例えば，日清戦争は清朝に（　e　）運動の不十分さを知らしめたばかりでなく，全世界に清朝の弱体化を証明することとなった。また，日露

戦争では西欧列強の一国であるロシア帝国に，アジアの日本が勝利
したということで，ロシアの南下政策にさらされていたトルコばか
りでなく，フランスから植民地侵略を受けていたベトナムでもファ
ン＝ボイ＝チャウが（　f　）運動を唱えているからね。

B先生：アジアの中の日本という視点は，現在の私たちの立場を再考
する意味からも大切ですね。

(1) 文中の《　a　》にあてはまる事柄として，適切なものを(ア)〜(エ)
から選び，記号で答えよ。

　　(ア)　淮河—秦嶺山脈　　　　(イ)　渭水—太行山脈

　　(ウ)　松花江—大興安嶺　　　(エ)　珠江—南嶺山脈

(2) 文中の（　b　）〜（　f　）にあてはまる語句を正しい漢字で答えよ。
ただし，b，cには漢字1字(国名)で，d〜fには漢字2字で答えよ。

(3) 下線部①について，この時代の北朝に該当しない事項を，(ア)〜
(エ)から1つ選び，記号で答えよ。

　　(ア)　均田制の実施　　　(イ)　黄巾の乱　　　(ウ)　道教の成立

　　(エ)　鳩摩羅什の渡来

(4) 唐の滅亡から約50年ほどの間も，華北に5つの王朝が次々に建て
られ，長江流域とは異なった動きを見せている。この間，北宋の歴
史に大きな影響を与えることになるある地域が異民族の支配下に
入った。その地域を何というか，漢字5字で答えよ。

(5) 下線部②について，高校の授業で用いる場合に適切であると考え
られる日中関係史上の事例を1つ取り上げ，解答例のように授業での
説明ポイントを簡潔に答えよ。

　　解答例：弥生時代の卑弥呼が受けた親魏倭王の金印にある国名は，
　　　　　　三国時代の魏のことである。

　　注)　日本史の事項と対応させる中国史の事項には，それぞれ王朝名
　　　　または時代名を記せ。

(6) 下線部③について，明末〜清前期はスペイン・ポルトガルのアジ
ア進出期である。そこでは中国宮廷でのイエズス会宣教師団の活躍
が大きな鍵を握っていた。当時の宣教師としてあてはまらない人物
を(ア)〜(オ)から1つ選び，記号で答えよ。

(ア)　フェルビースト　　　(イ)　マテオ＝リッチ

(ウ)　アダム＝シャール　　(エ)　プラノ＝カルピニ

(オ)　カスティリオーネ

(7)　19世紀以降のアジア諸国の近代化(＝西欧化)では，専制君主制を改革して西欧的な政治体制の確立を目指した。各国では新しい政治の柱として，何がつくられていったか。漢字2字で答えよ。

解答　(1)　(ア)　　(2)　b　楚　　c　金　　d　鎌倉　　e　洋務
f　東遊　(3)　(イ)　　(4)　燕雲十六州　　(5)　室町時代の足利義満が始めた日明貿易は，靖難の変によって即位したばかりの明の永楽帝との間に行われた。　　(6)　(エ)　　(7)　憲法

解説　(1)　淮河―秦嶺山脈のラインで北は畑作地域，南は米作地域に大別される。　(2)　b　楚は戦国の七雄の一つ。　c　金は南宋を圧迫した。　(3)　(ア)　均田制は北魏の孝文帝がはじめた。
(イ)　黄巾の乱は184年張角が起こしたもの。後漢末。　(ウ)　道教は，北魏の寇謙之が，古くからの神仙思想に道家の説を入れて，新天師道をはじめ，国家宗教として教団の形成に努めたもの。中国人一般の要求に合っていたので，長く民衆に信仰された。
(エ)　鳩摩羅什は西域からやってきて，華北での仏教の布教や仏典の翻訳に活躍した。　(4)　遼(契丹)は五代の後晋の建国を助けた代償として河北・山西の北部(燕雲十六州)を領土に加え，宋が中国統一の余勢をかって奪回を企てた時も，これを撃退した。
(6)　プラノ＝カルピニは元代にローマ教皇が遣わした使節である。

例題4

東南アジアの諸王朝について，次の(1)～(8)の問いに答えよ。

(1)　現在の中国における広東・広西からベトナム北部を支配した南越を滅ぼした皇帝として適当なものを，A～Dから1つ選び，記号で答えよ。
A　始皇帝　　B　高祖(劉邦)　　C　武帝　　D　光武帝

(2)　ベトナム中部にあったチャンパーは，海上交易で栄え，中国とも通交した。次のうち，この国の中国名として適当でないものを，A

171

～Dから1つ選び，記号で答えよ。

A 林邑　　B 環王　　C 占城　　D 大越

(3) 7世紀頃，扶南に代わりメコン川流域を領有したカンボジアの主な民族として適当なものをA～Dから1つ選び，記号で答えよ。

A ピュー　　B モン　　C クメール　　D トーアン

(4) (3)の王国の最盛期に在位したジャヤヴァルマン7世は，仏教を篤く信仰したが，この王が造営した王都遺跡として適当なものを，A～Dから1つ選び，記号で答えよ。

A アンコール＝ワット　　B アンコール＝トム

C ボロブドゥール　　　　D プランバナン

(5) マラッカ海峡の航路をおさえて隆盛し，7世紀に中国の僧義浄が滞在した王国として適当なものを，A～Dから1つ選び，記号で答えよ。

A シュリーヴィジャヤ王国　　B アチェ王国

C マタラム王国　　　　　　　D アクスム王国

(6) ミャンマー最初の統一王朝で，上座部仏教を取り入れて栄えたが，のちに元の侵入によって滅んだ王朝として適当なものを，A～Dから1つ選び，記号で答えよ。

A パガン朝　　B ペグー朝　　C アユタヤ朝

D トゥングー朝

(7) 13世紀後半，ベトナムはモンゴル軍を撃退して独立を保ったが，このときの王朝として適当なものを，A～Dから1つ選び，記号で答えよ。

A 李朝　　B 陳朝　　C 黎朝　　D 阮朝

(8) 13世紀末から16世紀にかけて，ジャワ島中東部で成立したマジャパヒト王国の主要な宗教として適当なものを，A～Dから1つ選び，記号で答えよ。

A ヒンドゥー教　　B ゾロアスター教　　C マニ教

D イスラーム教

解答　(1) C　(2) D　(3) C　(4) B　(5) A　(6) A

(7) B　(8) A

解説　(1) Aの始皇帝が滅ぼしたベトナム北部の国家は，百越である。

Bの高祖(劉邦)は，南越を冊封している。Dの光武帝が即位した，25年より130年以上前の前111年に南越は滅亡している。

(2)　Dの大越は，チャンパーではなくベトナム北部の国家の国号。大越は，李朝第3代皇帝の聖宗によって採用された国号。チャンパーは，中国では林邑，8世紀半ば以降は環王と呼ばれ，その後，占城と呼ばれた。　(3)　Aのピューは，ミャンマーのイラワディ川流域の民族である。Bのモンは，ミャンマーのイラワディ川流域やタイのチャオプラヤ川下流域の民族である。Dのトーアンは，ミャンマー北部から中国南部の民族である。　(4)　Aのアンコール＝ワットは，寺院遺跡である。カンボジアのアンコール朝のスールヤヴァルマン2世によって造営された。Cのボロブドゥールは，アンコール朝ではなくジャワ島中部にシャイレーンドラ朝が造営した大乗仏教遺跡。Dのプランバナンは，ジャワ島中部にマタラム朝が造営したヒンドゥー教寺院である。　(5)　Bのアチェ王国は，15世紀末に成立した，スマトラ島北部のイスラーム国家。Cのマタラム王国は，16世紀末に成立した，ジャワ島東部のイスラーム国家。Dのアクスム王国は，エチオピアに存在した国家である。　(6)　Bのペグー朝は，16世紀にトゥングー朝に滅ぼされた。Cのアユタヤ朝は，タイの王朝。Dのトゥングー朝は，ミャンマー最初ではなく二番目の統一王朝であるので誤り。　(7)　Aの李朝は，13世紀前半に滅亡した王朝。Cの黎朝は，15世紀前半に成立した王朝。Dの阮朝は，19世紀初頭に成立した王朝である。　(8)　マジャパヒト王国は，東南アジア最後のヒンドゥー教国家である。

中高地歴（世界史） 近代までの欧米

ポイント

　「近代までの欧米」では，古代ギリシア・ローマ，近代ヨーロッパと海外進出，及びキリスト教関連の設問が頻出といえる。古代ギリシア・ローマは政治の変遷や文化，近代ヨーロッパは度々行われた国際戦争や条約の内容，封建制度から中央集権体制，絶対主義そして市民社会への流れをしっかりつかむことが肝心だろう。海外進出については，大航海時代の事項やイギリスの植民地形成の過程がよく問われている。キリスト教関連では，初期の成立〜迫害〜公認という流れ，宗教会議などによる教義の確定，教皇権の伸張と絶頂，及び宗教改革が問われる。キリスト教史という場合，いわゆる新旧両教を中心に捉えがちだが，ギリシア正教についても取り上げられることがあるので注意しておきたい。

　また，各国史としての出題もしばしば見受けられたが，イギリス，フランス，ドイツなど西欧の主要国と，アメリカ合衆国が個別によく取り上げられているので，こちらも留意しておきたい。

　設問形式として人名を答えさせるものもあるが，ヨーロッパの歴史上の人物にはかなり似通った名前が多い。国王などは誰々の何世までしっかり解答できるようはっきりと区別をつけて認識しておきたい。

□共和政ローマの内政の推移

年代	事項	内容
前494	護民官設置	聖山事件の後，平民保護のために設置。
前5c	平民会設置	貴族に対抗するために置かれ，立法に参与。
前451	十二表法	最初の成文法。従来の慣習法を明文化。
前367	リキニウス＝セクスティウス法	・2名のコンスル(執政官)のうち1名を平民から選出。 ・公有地の占有を制限。
前287	ホルテンシウス法	・平民会の決議は元老院の承認がなくても法律となる。 ・平民の法的平等化の達成

前133	グラックス兄弟の改革	大土地所有の制限などのためにリキニウス法復活を目指すが失敗　→ "内乱の１世紀" へ

□帝政ローマの推移

元首政	アウグストゥス帝	前27〜後14	帝政開始・**元首政**・元老院尊重・トイトブルクの戦い
	五賢帝時代	96〜180	版図最大(トラヤヌス帝)　・辺境防衛(ハドリアヌス帝)　・哲人皇帝(マルクス=アウレリウス=アントニヌス帝)・大秦王安敦(〃)
	カラカラ帝	211〜217	**市民権拡大**・カラカラ浴場
専制君主政	軍人皇帝時代	235〜284	この間に26人の皇帝擁立・帝国混乱
	ディオクレティアヌス帝	284〜305	**専制君主政・四分統治**・元老院無視・皇帝崇拝
	コンスタンティヌス帝	306〜337	**ミラノ勅令・ニケーア公会議**・コンスタンティノープル遷都
	テオドシウス帝	379〜395	**キリスト教の国教化**・帝国の東西分割

□初期キリスト教の展開

□中世の東西ヨーロッパ

西ヨーロッパ世界		東ローマ(ビザンツ)帝国
聖俗の権力主体が分裂	政治	皇帝が聖俗両権を掌握(皇帝教皇主義)
(契約的・双務的)封建制度	社会	官僚制(中央)・軍管区(テマ)制(地方)
荘園制・自給自足経済 貨幣経済浸透で商工業が復活	経済	屯田兵制・プロノイア制 東西貿易の要衝として商工業盛ん
ローマ文化とゲルマン文化が融合	文化	ギリシア文化の尊重
ラテン語	共通語	ギリシア語
ローマ=カトリック教会	宗教	ギリシア正教
イスラーム・ビザンツから文化吸収 十字軍による人と物の移動	意義	東方勢力に対する西欧の防波堤 ギリシア文化の保護と西欧への伝播

□大航海時代

176

エンリケ航海王子	15c前半	アフリカ西岸の探検を奨励
バルトロメウ＝ディアス	1488	**喜望峰**到達
コロンブス	1492	大西洋を渡って**西インド諸島**に到達
カボット父子	1497・98	北アメリカ沿岸を探検
ヴァスコ＝ダ＝ガマ	1498	インドの**カリカット**に到達
カブラル	1500	ブラジルに漂着
アメリゴ＝ヴェスプッチ	1501	コロンブスが到達したのはアジアではない"新大陸"と確認
ヴァルトゼーミューラー	1507	新大陸を**アメリカ**と命名
バルボア	1513	パナマ地峡を横断し**太平洋**を発見
マゼラン船隊	1519〜22	世界周航を行って地球の球形を実証

□宗教改革

イタリア	ドイツ	フランス・スイス	イギリス
16c初 **贖宥状販売** 1521 教皇**レオ10**世, ルターを破門	1517 **95カ条の論題** 1521 ヴォルムス帝国議会 1524 ドイツ農民戦争(〜25) 1529 ルター派再禁止 1530 シュマルカルデン同盟	1523 **ツヴィングリの宗教改革**(チューリヒ) 1531 ツヴィングリ戦死	1521 **ヘンリ8世**, ルターを批判 1527 ヘンリ8世の**王妃離婚問題**
1534 **イエズス会創設**(パリ) 1545 **トリエント公会議**(〜63)	1546 シュマルカルデン戦争 1555 **アウクスブルクの宗教和議**	1541 **カルヴァンの宗教改革**(ジュネーヴ) 1562 **ユグノー戦争**(〜98) 1598 **ナントの勅令**	1534 **首長法** 1536 修道院解散 1549 一般祈禱書 1555 メアリ1世の旧教復帰 1559 統一法(エリザベス1世)

旧教支配

ルター派優勢

旧教優勢

英国国教会支配

□近代ヨーロッパの美術

◎ルネサンス（14～16ｃ）

▲レオナルド＝ダ＝ヴィンチ
「モナ・リザ」

◎ロココ様式（18ｃ後半）

▲ワトー「シテール島への巡礼」

◎ロマン主義（19ｃ前半）

▲ドラクロワ「民衆を導く自由の女神」

◎バロック様式（16ｃ後半～18ｃ初）

▲レンブラント「夜警」

◎古典主義（18ｃ末～19ｃ初）

▲ダヴィッド「ナポレオンの戴冠式」

◎自然主義（19ｃ後半）

▲ミレー「晩鐘」

◎写実主義（19c後半）

▲クールベ「オルナンの埋葬」

◎印象派（19c後半〜20c初）

▲モネ「印象・日の出」

例題1

次のA〜Cの文は，世界史の主題学習として多く扱われる「暦」「情報」「綿」に関するものである。これらの文を読んで，あとの(1)〜(7)の問いに答えよ。

A　現在，世界で最も多く使われている暦はグレゴリウス暦である。古代エジプトの太陽暦が(ア)古代ローマに伝えられて整備され，さらに16世紀にローマ教皇グレゴリウス13世によって改革されたものである。この暦は，ヨーロッパ諸国やその植民地では18世紀頃までには広く使用されるようになり，アジア諸国では19〜20世紀にかけて日本，韓国，そして中国でそれぞれ採用された。一方，イスラーム世界では月が神聖なシンボルとされ，太陰暦が守られている。このイスラーム世界の暦はムハンマドが迫害を逃れるためにメッカからメディナへ移住した年を起源とすることから（　イ　）暦と呼ばれている。

B　情報を伝達する最も一般的な手段は言語である。人類は北京原人の頃にはことばを話していたと考えられているが，限られた時間と空間だけの情報伝達であった。やがて，(ウ)人類は時間と空間を越えた情報伝達の手段として文字を考案した。以来，今日まで人類は文字を情報伝達の基本としている。しかし，（　エ　）の活版印刷術発明によって広域への情報伝達は大きく変革をとげたものの，情報伝達の手段としての文字の場合，その速さには限界があった。そこで，(オ)人類は19世紀には新しい交通手段・通信技術を開発し，さらに20

世紀にはマスメディアを発展させ，情報伝達の高速化を図ってきた。

C　綿はインドが原産地といわれ，綿布は古くからインドの主要輸出品であった。16世紀にヨーロッパにもたらされたインド綿布は珍重された。17〜18世紀のイギリスでは，キャラコの名で呼ばれたインド産綿布が爆発的な人気を集め，国策会社であった東インド会社はインド産綿布を大量に確保するためにインド支配に力を注いだ。しかし，18世紀後半に_(カ)産業革命がイギリスではじまると，機械生産による安価な綿布が大量に生産されるようになった。この結果，イギリス産綿布は逆にアジアに向かって大量に輸出されるようになり，_(キ)この逆流現象は19世紀のアジアを大きく変えていった。

(1)　下線部(ア)において，エジプトの太陽暦をもとにユリウス暦を制定した統治者の名前を答えよ。

(2)　空欄(　イ　)に，あてはまる適切な語句を答えよ。

(3)　下線部(ウ)に関して，フランスのシャンポリオンが古代エジプト文字である神聖文字(ヒエログリフ)解読の手がかりとしたロゼッタ＝ストーンの特色を簡潔に説明せよ。

(4)　空欄(　エ　)に，活版印刷術の発明者の名前を答えよ。

(5)　下線部(オ)に関する組合せとして誤っているものを，次のa〜dから1つ選び，記号で答えよ。

　a　スティーヴンソン(英)―蒸気機関車試運転

　b　モールス(米)―電話機発明

　c　ダイムラー(独)―ガソリン自動車開発

　d　マルコーニ(伊)―無線電信発明

(6)　下線部(カ)に関する発明品を時代順に正しく配列しているものを，次のa〜cから1つ選び，記号で答えよ。

　a　アークライトの水力紡績機　→　クロンプトンのミュール紡績機　→　ハーグリーヴズの多軸紡績機

　b　クロンプトンのミュール紡績機　→　ハーグリーヴズの多軸紡績機　→　アークライトの水力紡績機

　c　ハーグリーヴズの多軸紡績機　→　アークライトの水力紡績機　→　クロンプトンのミュール紡績機

(7) 下線部(キ)に関して，「19世紀のイギリスとインド」という授業の導入部で，19世紀前半におけるイギリス・インドの関係を経済的観点から説明したいと考えた。次のグラフを読み取った上で，両国の経済的な立場がどう変化していくのかを生徒に分かるように説明せよ。

松井透『世界市場の形成』より

解答 (1) カエサル　(2) ヒジュラ　(3) 同一内容の文が神聖文字(ヒエログリフ)，民用文字(デモティック)，ギリシア文字の3種類で刻まれている。　(4) グーテンベルク　(5) b

(6) c　(7) インドが世界に誇っていた綿布生産はイギリスの機械製綿布の流入により圧倒され，1820年前後には輸出入が逆転した。以降，インドは一次産品の輸出国・製品の輸入国に転落し，イギリスの植民地として経済的に従属した関係を強いられた。

解説 (1) ユリウス暦は紀元前46年にエジプトの太陽暦を導入して制定された。1582年にグレゴリウス13世が改定してグレゴリウス暦となった。　(2) ヒジュラとは，622年，イスラームの開祖ムハンマドと信者が，メッカからメディナ(ヤスリブ)へ遷住したことをいう。「聖遷」ともいう。この年をイスラーム暦(ヒジュラ暦)の元年と定めた。　(3) ロゼッタ石は1799年ナポレオンのエジプト遠征の際に，ナイル川のデルタ地方のロゼッタで一将校が発見した。3様の文字で刻まれていることを述べればよい。　(4) グーテンベルクはドイツ人である。1450年頃に発明した。　(5) モールスは電信機を発明し，モールス信号を考案した。電話機の発明はベルである。　(6) ハーグリーヴズの多軸紡績機の発明は1764年頃，

181

アークライトの水力紡績機の発明は1769年，クロンプトンの
ミュール紡績機の発明は1779年である。　(7)　イギリスで始まっ
た産業革命は18世紀後半のことである。これから約1世紀に渡っ
て技術革新や社会・経済上の変革があったのと時期を同じくして
いることに着目すればよい。

━━━━━━━━ 例題2 ━━━━━━━━

次は，アテネの民主政治の発展について説明するために作成した略年
表と資料の一部である。略年表中の(　a　)，(　b　)に入る適切な人名
を下の語群の中から選び，記号で答えよ。また，下の(1)～(6)について，
それぞれの問いに答えよ。

年代	出来事
前8世紀 前7世紀 前594年 前561年 前508年 前500～前449年 前443～前429年	(1)ポリスが形成される 　(　a　)の成文法 (2)ソロンの改革 　(　b　)の独裁 (3)クレイステネスの改革 (4)ペルシア戦争 (5)ペリクレス時代

資料1
これは，僭主の出
現を予防するため
の制度で使われた
ものです。人びと
は，僭主になりそ
うな人物の名前を
これに刻んで投票
したそうです。…

資料2

語群　A　タレース　　　B　ホルテンシウス　　　C　ドラコン
　　　D　リキニウス　　　E　ペイシストラトス

(1)　下線部(1)に関して，アテネとならぶポリスである農業国スパルタ
　　で農耕に強制的に従事させられた隷属農民を何というか，答えよ。

(2)　下線部(2)について，この改革の内容を，簡潔に説明せよ。

(3)　下線部(3)について，次のア，イの各問いに答えよ。

　ア　この改革では，部族制を4部族制から10部族制に改めた。その

目的について，部族制の性格の変化にふれながら簡潔に説明せよ。

イ　この改革について説明するために，資料1を作成した。資料1中の下線部の制度を何というか，答えよ。

(4) 下線部(4)に関して，次のア〜エの各問いに答えよ。

ア　この戦争が始まったときのペルシアの王は誰か，答えよ。

イ　前490年にアテネ軍がペルシア軍を退けた戦いが行われた場所を，次の地図中の①〜⑥から選び，記号で答えよ。

地図

ウ　この戦争の後，ペルシア軍の再来にそなえ，アテネを中心に結成された軍事同盟の本部が置かれた場所を，地図中の①〜⑥から選び，記号で答えよ。

エ　この戦争を物語風につづった『歴史』の著者は誰か，答えよ。

(5) 下線部(5)の時代について，次のア，イの各問いに答えよ。

ア　この時代にアテネで活躍した，弁論術や修辞法を教えた職業教師を何というか，答えよ。

イ　前432年頃，ペリクレスの命により再建されたドーリア式建築の代表とされる神殿は何か，答えよ。

(6) アテネの民主政治の発展について，生徒に説明するために，資料2を作成したい。資料中の点線の枠に入る説明文を，次の三つの語句を使って作成せよ。

[　重装歩兵　　国防の主力　　武具　]

解答 a　C　　b　E　　(1)　ヘイロータイ(ヘロット)　　(2)　債務を
帳消しにし，債務奴隷を禁止し，財産に応じた参政権と兵役の義
務を定めた。　　(3)　ア　血縁的な部族制を解体し，地縁的部族
制に改編して行政・軍事の単位とした。　　イ　陶片追放(オス
トラシズム)　　(4)　ア　ダレイオス１世　　イ　③　　ウ　④
エ　ヘロドトス　　(5)　ア　ソフィスト　　イ　パルテノン神殿
(6)　商工業の発達に伴い武具を自弁で装備した平民層の重装歩兵
が国防の主力となったため，平民層の政治的発言力が強まり，貴
族政から民主政へと移行していった。

解説 a　ドラコンはアテネの立法者。　b　ペイシストラトスは貴族出
身の政治家で，平民層の支持を得て貴族層を抑え僭主政を敷いた
が，その子供のヒッピアスがスパルタの後援を得たクレイステネ
スにより追放され，僭主政は打倒された。　　(1)　ヘイロータイは
ドーリア人がラコニアに南下した際に征服された人々の子孫で
あった。　　(2)　ソロンの改革の骨子は，財産政治と債務問題の解
決(重荷降ろし)。財産政治は妥協的な性格のため，貴族・平民双
方に不評で両者の対立を解消できなかった。　　(3)　イ　追放期間
は10年で，その後は帰国することができた。デマゴーゴスに悪用
されたため，前５世紀末に中止された。　　(4)　ア　ペルシア戦争
が始まった時の王はアケメネス朝のダレイオス１世。　イ　③はマ
ラトンの戦いの戦場を指している。　　ウ　④はデロス同盟の本部
が置かれたデロス島である。　　エ　ヘロドトスは"歴史の父"と
呼ばれる。　　(5)　ア　有名な「人間は万物の尺度である」とはソ
フィストの代表プロタゴラスの言葉である。　　(6)　国防の主力が
貴族層の騎兵から，商工業の発達に伴い成長した富裕な平民層の
重装歩兵へと移ったことで，平民層の発言力が強まり，更にペル
シア戦争で無産市民が三段櫂船の漕ぎ手として活躍したことで，
彼らの発言力が増大して，ペリクレスの時代に民主政治が完成し
た。

■■■■■■■■■■ 例題3 ■■■■■■■■■■

南北アメリカ大陸史に関連して，次の問いに答えよ。

〔問〕次のア～エの写真と関係の深い中南米各地の古代文明の組合せとして適切なものは，下の1～4のうちのどれか。

　　ア　　　　　　　イ　　　　　　　ウ　　　　　　　エ

1　ア－アステカ文明　　　　　イ－オルメカ文明
2　ウ－オルメカ文明　　　　　エ－インカ文明
3　ア－チャビン文明　　　　　ウ－アステカ文明
4　イ－テオティワカン文明　　エ－マヤ文明

|解答| 4

|解説| アはアステカ文明の仮面，イはテオティワカン文明の太陽のピラミッド，ウはオルメカ文明の巨人石頭，エはマヤ文明の遺跡チチェン・イッツァにある階段ピラミッドである。

■■■■■■■■■■ 例題4 ■■■■■■■■■■

奴隷制について述べた次の文の空欄に適する語句を答えよ。また，下線部に関する問いに答えよ。

　古代のアテネは市民，在留外国人，奴隷の3つの身分で構成され，奴隷には対外戦争による捕虜奴隷のほか，①債務奴隷も存在した。一方，②スパルタでは奴隷身分の者は（　ア　）と呼ばれ，農耕労働を強制された。

　古代ローマは，当初，③中小農民である平民が国家の中核であったが，領土の拡大の中で彼らは次第に没落し，代わって奴隷使役の（　イ　）と呼ばれる大土地経営が広まった。過酷な労働に対し，④シチリアでの反乱，前73年からの剣奴（　ウ　）が指導した奴隷反乱が起こり，ローマを恐怖に陥れた。帝政末期になると，奴隷経営の非生産性や捕虜奴隷の供給減によって，従来の奴隷制に立つ大土地経営は衰退し，代わっ

て（　エ　）と呼ばれる小作人が使われるようになった。彼らは家族を持ち，農具の一部を所有できたが，移動の自由を持てなかったという点で，中世農奴の起源をなすものであった。

　中世ヨーロッパの農奴は耕地や家庭を保有する一方で，⑤領主に対する経済的な負担を課せられたのを始め，世襲的な隷属などの身分的束縛を受けていた。しかし，貨幣経済の発達によって，彼らの地位は次第に向上し，⑥領主による収奪強化に対しては激しい抵抗をおこした。特に，イギリスでは農奴解放がいち早く進み，（　オ　）と呼ばれる独立自営農民が誕生していった。この点において，⑦フランスでは解放は遅れ，⑧東ヨーロッパは近代以降にむしろ農奴制が強化される現象が生じた。

　農奴など隷属的立場からの解放が進む中で，奴隷制度は世界史の中で依然として存続していった。コロンブスの新大陸到達以後，南北アメリカや西インド諸島ではアフリカ大陸からの奴隷貿易で運び込まれた黒人奴隷による農業経営が盛んに行われた。イギリスやフランスで法的に奴隷制度が廃止されるのは19世紀前半，アメリカでは1863年の（　カ　）による奴隷解放宣言と南北戦争による南部の崩壊であった。しかし，⑨解放された黒人奴隷には新たな経済的隷属が待ち構えていた。

(1)　下線部①に関し，アテネにおいて前6世紀初頭に平民と貴族の調停者として改革にあたり，債務の取り消しを実施した人物名を答えよ。

(2)　下線部②に関し，スパルタでは，主に商工業に従事する，市民より劣った身分の住民がいた。彼らは“周辺に住む者”という意味から何と呼ばれたか答えよ。

(3)　下線部③に関し，平民会の決議は元老院の認可なしに国法となることが定められ，貴族と平民の法的平等化を達成した法律名を答えよ。

(4)　下線部④に関し，シチリアがローマに属州化される契機となった戦争を答えよ。

(5)　下線部⑤に関し，領主に対する保有地からの収穫物を主にする生産物地代を何というか。

(6)　下線部⑥に関し，1358年にフランスで起きた農民反乱の名称を答

えよ。

(7) 下線部⑦に関し，フランスで完全に農奴制が廃止されたのは何世紀か，答えよ。

(8) 下線部⑧に関し，ロシアで農奴解放令を公布したツァーリを答えよ。

(9) 下線部⑨に関し，奴隷制廃止後のアメリカ南部にあらわれた小作制度を何というか，答えよ。

解答 ア ヘイロータイ(ヘロット) イ ラティフンディウム

ウ スパルタクス エ コロヌス オ ヨーマン

カ リンカン (1) ソロン (2) ペリオイコイ

(3) ホルテンシウス法 (4) 第1回ポエニ戦争 (5) 貢納

(6) ジャックリーの乱 (7) 18世紀 (8) アレクサンドル2世 (9) シェアクロッパー

解説 (4) ポエニ戦争の長期化によってローマの国土は荒廃し，植民地からの安価な穀物の流入により中小農民が没落した。そして，貴族の大土地所有によるラティフンディウムが拡大していった。

(7) フランス革命の成果の1つであり，1793年のジャコバン政権による封建的貢租の無償廃止により一応完了した。 (9) 分益小作人ともいう。奴隷解放宣言ののち多くの黒人奴隷は解放されたが，特に南部においては，この制度のために彼らの過酷な境遇はそれほど改善しなかった。

石川県の社会科

中高地歴(世界史) 第一次世界大戦とヴェルサイユ体制

ポイント

　「第一次世界大戦とヴェルサイユ体制」の学習としては，まず帝国主義と世界分割，列強の利害衝突とバルカン問題といった背景をおさえてから第一次世界大戦に進み，そしてヴェルサイユ体制及び国際連盟の概要，国際協調と新勢力ソ連(ロシア革命)，及び大きな転換点となった世界恐慌とファシズムと学んでいくのが標準的だろう。短期間の割に覚えるべき事項が多いので，最初に大まかな歴史の流れをつかんでおくようにすれば，細部についての理解も進みやすい。

　この時期の国際情勢は複雑な上に，数年程度のスパンでも様相がらりと変わったりする。列強の利害や植民地の民族運動が相互に影響を与えたり与えられたりしているのも見逃さないようにしたい。また，多くの条約や協定などの概要，及び特定の事象に関する国際的あるいは国内的な背景についても詳細な説明ができるようにすることが求められる。

□帝国主義

第2次産業革命	重工業が発達し，企業の競争が激化。
生産・資本の独占化	競争を抑制するため，カルテルやトラストなどによる企業の集中・独占。
金融資本の成長	独占的になった産業資本は多くの資金が必要となって銀行資本と結合，金融資本を形成。
海外への進出	資源と低廉な労働力の確保，及び市場を求めて，海外へ資本や商品を輸出。
国家政策との結合	国家と金融資本の利害が一致し，植民地獲得の政策を推進。
世界分割	帝国主義化した列強による植民地再分割の競争が激しくなり，やがて互いの利害が衝突。

□アフリカ分割

　西欧列強7ヵ国による植民地分割が進み，20世紀初頭の段階で独立国

188

はエチオピアとリベリア (アメリカ解放奴隷の居住地。1847年独立)の
み。

□ファショダ事件

1898年，イギリスの縦断政策とフランスの横断政策がスーダンのファ
ショダで衝突。最初の帝国主義の衝突となったが，フランス側が譲歩
した。このことから英仏両国に協調の気運が生じ，1904年の英仏協商
の成立につながった。

□三国同盟

ドイツ	３Ｂ政策でイギリス，モロッコ事件でフランスと対立。
オーストリア	バルカン半島進出をめぐってロシアと対立。
イタリア	「未回収のイタリア」問題で大戦中に同盟を離脱。

□三国協商

イギリス	３Ｃ政策でドイツと対立。勢力圏分割でロシアと妥協。
フランス	露仏同盟で孤立状態脱出。モロッコ事件でドイツと対立。
ロシア	バルカン半島進出をめぐってオーストリアと対立。

◎日本…日露戦争直前に日英同盟締結。戦後はロシアとも協約を締結。
　　第一次世界大戦では日英同盟を理由にして連合国側で参戦。

□ヨーロッパの火薬庫　大戦前夜のバルカン半島の表現。オーストリア
を中心とするパン＝ゲルマン主義と，ロシアを中心とするパン＝スラ
ヴ主義が交錯し，半島諸国の戦意を煽り立てていた状況をいう。

□バルカン戦争　1912年と1913年の2回にわたってバルカン半島で起
こった戦争。第1次戦争でトルコ，第2次戦争でブルガリアが敗退し，
この両国は三国同盟に接近するようになった。

□第一次世界大戦のまとめ

勃発	1914.6.28　サライェヴォ事件
構図	同盟国…ドイツ・オーストリア・オスマン帝国・ブルガリア王国 連合国…イギリス・フランス・ロシア・日本など
戦局	東部戦線と西部戦線でドイツ軍の進撃が止められて膠着化 イタリアがロンドン密約により同盟を破棄して連合国側で参戦

転 換	ドイツが無制限潜水艦作戦開始 (1917.2) 　→アメリカが連合国側で参戦 (1917.4) ロシア十一月革命で「平和に関する布告」(1917.11) 　→ブレスト＝リトフスク条約で戦線離脱 (1918.3)
終 戦	1918.11.3　　キール軍港の水兵暴動 1918.11.10　ドイツ革命(共和国宣言・皇帝退位) 1918.11.11　ドイツ休戦条約(ドイツ降伏)
意 義	総力戦・新兵器(戦車・毒ガス・潜水艦・飛行機)・欧州諸国の消耗

□第一次世界大戦後の講和条約

条　約	相手国	年代	主な内容
ヴェルサイユ条約	ド イ ツ	1919.6	全植民地の放棄・軍備制限・多額の賠償金など
サン＝ジェルマン条約	オーストリア	1919.9	二重帝国解体・領土割譲など
ヌイイ条約	ブルガリア	1919.11	領土割譲など
トリアノン条約	ハンガリー	1920.6	完全独立・領土割譲など
セーヴル条約	オスマン帝国	1920.8	治外法権の存続・軍備制限・領土割譲など

◎トルコはケマル＝パシャ (ムスタファ＝ケマル) 新政権がギリシアの侵略を撃退した上で，亡国的なセーヴル条約を改定し，連合国側と新たにローザンヌ条約を締結し直した。(1923.7)

□国際連盟　ウィルソン米大統領の「十四カ条の平和原則」を下敷きにして，1920年に正式発足。史上初の集団的国際安全保障機構であり，その役割に大きな期待が寄せられたが，多くの問題点を内包していた。

□**ヴェルサイユ体制**　1920年代はヴェルサイユ体制が機能し，国際協調や軍備縮小などの動きが盛んだったが，一面では欧州以外の民族運動への弾圧やファシズムの萌芽など不安要因も見られ，世界恐慌を契機に一気に崩れ去った。

国　際　協　調	各　国　の　動　向
1921-22　ワシントン会議 　　　→九ヵ国条約・四ヵ国条約 1925　ロカルノ条約 1927　ジュネーヴ軍縮会議 →不調 1928　不戦条約 1930　ロンドン軍縮会議	1919　ヴァイマル憲法制定(独) 1922　ローマ進軍(伊) 1923　ルール占領(独←仏・ベルギー) 1924　ドーズ案(独の新賠償方式) 1929　ヤング案(独の新賠償方式) 　〃　世界恐慌

□**世界恐慌**　1929年10月24日，"暗黒の木曜日"ニューヨーク・ウォール街での株価大暴落から，世界中に大不況が波及した史上最大規模の恐慌。

□**ニューディール政策**　フランクリン＝ローズヴェルト米大統領が実施した恐慌克服のための諸政策。これまでの自由放任政策から**修正資本主義**政策に転換したことが大きなポイント。

対策	略称	内　　容
農業調整法	ＡＡＡ	農業生産の管理。農産物価格の引き上げが目的。
全国産業復興法	ＮＩＲＡ	企業への国家統制強化。景気回復が目的。
テネシー川流域 開発公社	ＴＶＡ	政府主導の総合地域開発で，失業者救済の側面もあった。
ワグナー法		労働者の権利拡張を認めた労働法。

□**ブロック経済**　本国と植民地との提携を強化して形成された，排他的・封鎖的な経済圏のこと。世界恐慌を克服するために，「持てる国」はブロック経済によって自国の市場から他国を締め出した。他方で，「持たざる国」は独自のブロック経済を設立するために侵略膨張政策を行ったが，このことも第二次世界大戦の要因となった。

□**ファシズム**　第一次世界大戦後に現れた，反民主主義・反自由主義的な政治体制及びイデオロギーをいう。独裁体制や国家優先主義・膨張主義などを特徴とし，**イタリア(ファシスト党)**やドイツ**(国家社会主義ドイツ労働者党(通称ナチス))**などでファシズム政権が誕生した。

━━━━━━━━━━ 例題1 ━━━━━━━━━━

次の各問いに答えよ。

問1　次のア〜ウはアメリカ合衆国の太平洋進出について述べた文である。それぞれの内容の正誤について，その組合せとして正しいものを，下の(1)〜(4)の中から1つ選べ。

ア　1867年，リンカン大統領は，ハワイ諸島をロシアから買収して領土とした。

イ　1898年，米西戦争に勝利したアメリカは，フィリピン・グアム島をスペインに代わって支配することになった。

ウ　1919年のヴェルサイユ条約の結果，ドイツから剥奪されたサイパン島などのマリアナ諸島やパラオ諸島は，その後，国際連盟の委託によってアメリカの委任統治領となった。

  (1)　ア＝正，イ＝正，ウ＝誤

  (2)　ア＝誤，イ＝正，ウ＝誤

  (3)　ア＝誤，イ＝誤，ウ＝正

  (4)　ア＝正，イ＝誤，ウ＝正

問2　次のア〜エの説明とa〜dの人名について，その組合せとして正しいものを，あとの(1)〜(4)の中から1つ選べ。

【説明】

ア　1921年，クーデタによってイランの実権を握り，1925年にカージャール朝に替わるパフレヴィー朝を開いた。

イ　第一次世界大戦後，スルタン制を廃止し，1923年にはトルコ共

和国初代大統領に就任，カリフ制廃止など政教分離にもとづく急激な近代化を進めた。

ウ　1927年にインドネシア国民党を創立してオランダからの独立運動を指導，インドネシア共和国初代大統領に就任した。

エ　アラビア半島をほぼ統一し，1932年，ワッハーブ派イスラーム教を国教とするサウジアラビア王国を発足させた。

【人名】

a　スカルノ　　b　イブン＝サウード　　c　ムスタファ＝ケマル
d　レザー＝ハーン

	ア	イ	ウ	エ
(1)	c	d	b	a
(2)	c	d	a	b
(3)	d	c	b	a
(4)	d	c	a	b

解答　問1　(2)　　問2　(4)

解説　問1　ア　ハワイ諸島×→アラスカ　　リンカン×→アンドルー・ジョンソン　　ウ　アメリカ×→日本　　問2　cはケマル＝パシャ，ケマル＝アタテュルクともいわれている。

━━━━━━━━━━ 例題2 ━━━━━━━━━━

次の史料Ⅰ，Ⅱ，Ⅲは，第一次世界大戦から第二次世界大戦の間に成立した条約あるいは協定である。これらに関して，あとの(1)〜(6)の問いに答えよ。なお，史料は一部省略したり表記を改めてある。

史料Ⅰ　第一条　締約国は互に太平洋方面に於ける其の島嶼たる属地及び島嶼たる領地に関する其の権利を尊重すべきことを約す

　第四条　…ロンドンに於いて締結せられたる大ブリテン国及び日本国間の協約はこれと同時に終了するものとす

史料Ⅱ　第一条　支那以外の締約国は左の通り約定す

　一，支那の主権，独立並領土的及行政的保全を尊重すること

　三，支那の領土を通して一切の国民の商業及工業に対する機会均等主義を有効に樹立維持する為各尽力すること

史料Ⅲ　ドイツ，<u>連合王国</u>，フランスおよびイタリアは，ズデーテン，ドイツ人地域のドイツへの割譲に関して，すでに原則的に到達した一致を考慮し，この割譲を規定する以下の条件およびそれに伴う処置について同意した。さらに本協定によって4国はそれぞれ，その実施を確実にするために必要な処置について責任を負うものである。

1　〔ズデーテンの〕引渡しは10月1日より開始される。

2　連合王国，フランスおよびイタリアはつぎのことに同意する。すなわち，引渡しは現存施設をなんら破壊することなく，10月10日までに完了すること。および(　　)政府は，それらの施設に損傷を与えることなく引渡しを実行する責任をもつこと。

(1)　史料Ⅰ，Ⅱの両条約は，1921年に始まった国際会議で調印されたものである。この会議の開催を提唱したのは誰か。

(2)　史料Ⅰの条約名を答えよ。

(3)　史料Ⅱの条約で，日本の中国進出は第一次世界大戦前の状態に後退した。第一次世界大戦中の日本の中国進出について，簡潔に説明せよ。

(4)　史料Ⅲの協定が調印された都市はどこか，都市名を答えよ。

(5)　ドイツに対し，史料Ⅲの協定に象徴される宥和政策をとった，下線部の国の首相は誰か。

(6)　史料Ⅲ中の(　　)にあてはまる国名を答えよ。

解答　(1)　ハーディング　　(2)　四カ国条約　　(3)　日本は日英同盟を口実にドイツに宣戦し，ドイツの租借地である膠州湾(青島)を占領した。さらに中国の袁世凱政府に対し，山東半島のドイツ利権の継承など二十一カ条の要求をつきつけ，承認させた。

(4)　ミュンヘン　　(5)　ネヴィル＝チェンバレン　　(6)　チェコスロヴァキア

解説　(1)・(2)　第一次世界大戦後，列強の海軍拡張競争は拡大し，各国の財政を圧迫するまでになった。このため1921年にアメリカ大統領ハーディングの提案により，アメリカ，イギリスなどの主要国がワシントンで会議を開き，海軍軍縮を定めたワシントン海軍軍備制限条約や太平洋の領土における各国の権益を尊重する四カ

国条約，さらには，中国の領土保全などを定めた九カ国条約が結ばれた。なお，四カ国条約締結の結果，日英同盟は自動的に破棄された。　(3)　第一次世界大戦中，ヨーロッパ諸国がアジアを省みる余裕がなかったことを背景に，日本は対華二十一カ条の要求を袁世凱政府に突きつけた。なお，史料Ⅱは九カ国条約である。
(4)・(5)・(6)　オーストリア併合を達成したナチス＝ドイツは次にズデーテン地方に矛先を向け，このことがきっかけになりヨーロッパは一時戦争の危機が叫ばれた。そのため，イタリアのムッソリーニの仲介によってミュンヘン会談が開催され，戦争の危機は一時的に回避された。史料Ⅲは，そのときに結ばれたミュンヘン協定である。また，この会談においてイギリスの保守党のネヴィル＝チェンバレン首相，フランスのダラディエ首相はドイツとの戦争を恐れ宥和政策をとった。

例題3

産業革命と帝国主義について述べた次の文を読み，下の問いに答えよ。
　18世紀に①世界で最初に産業革命を経験したイギリスは一時「（　A　）」と呼ばれて他国の産業を圧迫したが，やがて機械の輸出解禁とともに②他国にも産業革命が波及し，欧米諸国を中心に資本主義体制が成立していった。
　19世紀，③主要国の資本主義が発展し相互の競争が激しくなると，植民地の重要度が高まってきた。1880年代以降，④諸列強はアジア・アフリカに殺到し，植民地や勢力圏を打ち立てた。この動きが帝国主義である。
1　文中の（　A　）に入る適切な語句を書け。
2　下線部①について，イギリスで最初に産業革命が起こった要因の1つに広大な海外市場が確保されていたことがあげられる。北アメリカ，インドにおけるイギリスとフランスの勢力争いについて，次の2つの語句を使って説明せよ。なお説明文中には，使用した語句に下線を引くこと。
　〔　フレンチ＝インディアン戦争　　プラッシーの戦い　〕

3 下線部②について，日本が産業革命に突入した時期を次のあ～えから1つ選び，記号で答えよ。

　　あ　18世紀後半　　　い　19世紀前半　　　う　19世紀後半

　　え　20世紀前半

4 下線部③について，第2次産業革命を経た国の資本主義の発展という視点から，植民地獲得の目的を書け。

5 下線部④について，次の第一次世界大戦前の国際関係図を見て，問いに答えよ。

(1) 「あ」は両国の世界政策の対立を示している。それぞれが推進した世界政策の名を書け。

(2) 「い」は1905年と1911年に両国がある地域の支配をめぐって争った事件を示している。その事件の名を書け。

(3) 「う」はバルカン方面への勢力伸張をめぐるドイツ，オーストリア＝ハンガリーとロシアとの主張の対立を示している。双方の主張を書け。

(4) 19世紀末から第一次世界大戦にかけて国際対立の中心にはドイツが位置するようになるが，その背景にはドイツの指導者の交代にともなう外交政策の転換がある。この外交政策の転換について，指導者名を明示して説明せよ。

解答　1　世界の工場　　2　七年戦争に際して，イギリスは，北アメリカではフレンチ＝インディアン戦争で，インドではプラッシーの戦いでフランスを破って両地域における優位を確立した。

3　う　　4　資源供給地や輸出市場，資本の投下先を確保するた
め。　　5　(1)　イギリス：3C政策　　ドイツ：3B政策
(2)　モロッコ事件　　(3)　ドイツ，オーストリア＝ハンガリー：
パン＝ゲルマン主義　　ロシア：パン＝スラヴ主義　　(4)　複雑
な同盟関係による列強の勢力均衡とフランスの孤立化によってド
イツの安全をはかったビスマルクを辞職させた皇帝ヴィルヘルム2
世が，資本主義の急速な発達を背景に強引な帝国主義政策を推進
した。

解説　1　イギリスの経済学者ジェヴォンズが表現した用語。
5　(2)　モロッコ事件とは，ドイツ皇帝ヴィルヘルム2世が1905
年タンジールに上陸し，フランスのモロッコ進出に反対して列国
会議の開催を要求した。その結果1906年アルヘシラス会議が開か
れたが，列国がフランスを支持したのでドイツの主張は入れられ
なかった。その後も独・仏の対立はやまず，1911年ドイツはアガ
ディールに軍艦を派遣して威嚇したが，結局独仏協定により，ド
イツはフランス領のコンゴの一部の獲得を代償に，フランスのモ
ロッコ保護権を認めた。　　(3)　パン＝ゲルマン主義(ドイツ中心)
とパン＝スラヴ主義(ロシア中心)の対立に加え，ドイツの3B政
策とイギリスの3C政策が衝突するバルカン半島は「ヨーロッパの
火薬庫」と呼ばれていた。

━━━━━ 例題4 ━━━━━

第一次世界大戦後のヨーロッパの新国際秩序となったヴェルサイユ体
制について，パリ講和会議から国際連盟成立までの事象を中心に，ヨー
ロッパやソ連，アメリカ合衆国などの動きについて説明せよ。ただし，
解答の際は＜指定語句＞を必ず用い，＜指定語句＞にはそれぞれに下
線を付すこと。
＜指定語句＞　民族自決　　ヴェルサイユ条約　　東ヨーロッパ
　　　　　　　孤立主義　　反ソ反共

解答　第一次世界大戦の戦後処理は，1919年のパリ講和会議に始まった。
その基本原則は，アメリカ合衆国のウィルソン大統領が大戦中に

発表した十四カ条であり，その主な内容は，秘密外交の廃止，軍備縮小，<u>民族自決</u>，国際平和機構の設立などであった。しかし戦勝国は，植民地などの既得権益を手放さなかったため，アジアやアフリカに<u>民族自決</u>の原則は適用されなかった。一方，敗戦国ドイツには過酷な内容の<u>ヴェルサイユ条約</u>を課して再起を封じた。また，社会主義革命を成功させたソ連を排除する意図もあり，<u>民族自決の原則によって新たに誕生した東ヨーロッパ</u>の独立国は，ドイツを包囲するだけでなく，ソ連に対する防壁の役割も担っていた。ヴェルサイユ体制を補完するものとして，ウィルソン提案の国際連盟が設置されたが，提唱国アメリカは<u>孤立主義</u>のために参加できず，ドイツとソ連も排除されたため，実質的には，イギリスとフランスが主導するものとなった。このようにヴェルサイユ体制とは，国際協調を目標に掲げながらも，イギリスとフランスの利益を最優先し，対ドイツ制裁や<u>反ソ反共</u>体制が中心となっていた。

|解 説| 第一次世界大戦終結の1918年から第二次世界大戦が勃発する1939年までの戦間期においては，ヴェルサイユ体制で決定した諸事項のほころびが噴出する時期でもあった。たとえば，民族自決が適用されなかったアジア・アフリカのうち，インドではイギリスによる支配が継続され，ガンディーらによる抵抗運動が発生した。また，ドイツは厳しい制裁の結果，自力での立ち直りが絶望的であり，社会不安がヒトラーとファシズムを生み出すことになった。さらに，戦争を抑止するはずの国際連盟が，アメリカの不在や制裁事項が経済制裁に限定されていたことなどから，日本・ドイツなどの脱退を生み出し機能不全に陥った。こういった反省をさらに踏まえたうえで，第二次世界大戦後の世界秩序の形成が模索されることになった。

中高地歴（世界史）　第二次世界大戦と冷戦

ポイント

　「第二次世界大戦と冷戦」については冷戦に関する設問が多いので，冷戦の構造と経過，対立と融和の過程，各地で起こった代理戦争の詳細，東側陣営の崩壊と冷戦終結，などをおさえることが肝要となる。東西陣営に属さなかった，いわゆる第三勢力についての学習も怠ってはならない。平和五原則やアジア＝アフリカ会議，非同盟諸国首脳会議についても学習しておく。

　他には，国際連合や軍縮などについての出題が見られた。前者については設立までのプロセス及び各機関の呼称・役割や平和維持活動，後者については国際的に結ばれた各種の軍縮条約及び核兵器に対する平和運動が中心となっている。

　また，最近の傾向として冷戦後の展開を問う出題が増えている。冷戦崩壊と民族紛争の頻発，テロリズムの活発化と各国の対策，アフガニスタン・イラクで起こった戦争，地域的経済統合の進行などが主な内容になっているので，「アラブの春」・南スーダンの独立など時事問題にも注意を払っておくことが不可欠である。

　現代史は覚える事項がとても多く，また世界の一体化が進んだために地域間の繋がりを強く意識しなければならないのが特徴である。ゆえにタテ(時間)とヨコ(地域)の座標位置をしっかりと把握しながら，学習を進められたい。そのためには年表・地図などを活用することが大切であるし，あるいは自分で使いやすいように作成または整理したりすることも有効な学習の方法である。

□第二次世界大戦中の連合国の首脳会談

会談	時期	参加国			内容
大西洋上会談	1941.8	米	英		大西洋憲章(国際平和機構の再建など)
カサブランカ会談	1943.1	米	英		シチリア島への上陸作戦を決定
カイロ会談	1943.11	米	英	中	日本の領土削減，朝鮮独立など

テヘラン会談	1943.11	米	英	ソ	第二戦線，北仏上陸作戦の協議など
ヤルタ会談	1945.2	米	英	ソ	ドイツ分割，ソ連の対日宣戦など
ポツダム会談	1945.7	米	英	ソ	日本の無条件降伏勧告，戦犯処罰など

□**鉄のカーテン**　チャーチルがアメリカのフルトンでの演説で使用した言葉。バルト海のシュテッティンからアドリア海のトリエステまで，「鉄のカーテン」が下ろされ，その東側にソ連が排他的な勢力圏を構築していると非難し，冷戦を象徴する表現として多用された。

□冷戦の動向

西暦	アメリカ・西欧(資本主義)	ソ連・東欧(社会主義)
1945	国際連合成立	
1947	トルーマン＝ドクトリン／マーシャルプラン	コミンフォルム結成
1948		ベルリン封鎖(〜49)
1949	北大西洋条約機構(NATO)成立 ドイツ連邦共和国成立	ドイツ民主共和国成立
1950	朝鮮戦争(〜53)	
1954	ジュネーブ休戦協定	
1955		ワルシャワ条約機構成立
1959	フルシチョフ訪米	
1961		ベルリンの壁構築
1962	キューバ危機	
1963	米・英・ソ 部分的核実験禁止条約調印	
1965	ベトナム戦争(〜75)	
1968		ソ連，チェコスロバキア侵入
1972	東西ドイツ基本条約	
1979	米ソ第2次戦略兵器制限交渉(SALTⅡ)調印	ソ連，アフガニスタン侵攻(〜89)
1985		ペレストロイカ
1989	ブッシュ　マルタ会談　ゴルバチョフ	ベルリンの壁撤去・東欧諸国の民主化始まる
1990	東西ドイツ統一	
1991	ワルシャワ条約機構・ソ連解体	

□朝鮮戦争

1948	南に韓国(李承晩大統領)成立	北に北朝鮮(金日成首相)成立
1950.6	\multicolumn{2}{c}{朝鮮戦争勃発(北朝鮮軍が侵攻)}	
	\multicolumn{2}{c}{北朝鮮軍，ソウルを占領し釜山付近まで南下}	
9	\multicolumn{2}{c}{国連軍が仁川に上陸し，北上して平壌を占領}	
10	\multicolumn{2}{c}{中国人民義勇軍参戦→ 戦況が膠着化}	
1953.7	\multicolumn{2}{c}{北緯38度の板門店で休戦協定(北朝鮮・中国連合軍×国連軍)}	
	\multicolumn{2}{c}{(現在も休戦中である)}	

□ベトナムの情勢

	1945. 9	ベトナム民主共和国が独立宣言(ホー=チ=ミン大統領)
インドシナ戦争	1946.12	インドシナ戦争勃発(フランスが軍事侵攻)
	1949. 6	フランスがベトナム国樹立(首都サイゴン，バオ=ダイ主班)
	1954. 5	ディエンビエンフーの戦い(フランス軍の根拠地陥落)
	7	ジュネーブ休戦協定(フランス軍撤退，アメリカは反対姿勢)
		北緯17度線を暫定軍事境界線として平和回復
	1955.10	アメリカの支援でベトナム共和国成立
		(首都サイゴン，ゴ=ディン=ジエム大統領, 南北統一選挙拒否)
	1960.12	南ベトナム解放民族戦線結成
	1964. 8	トンキン湾事件(アメリカ軍が北ベトナムに攻撃されたと発表)
ベトナム戦争	1965. 2	北爆開始(トンキン湾事件を口実にベトナム戦争勃発)
	1970. 4	米軍と南ベトナム軍がカンボジアへ侵攻(補給路遮断の為)
	1971. 2	米軍と南ベトナム軍がラオスへ侵攻(戦局打開の為)
	1973. 1	ベトナム(パリ)和平協定
	3	アメリカ軍が全面撤退
	1975. 4	サイゴン陥落(南ベトナム政府の崩壊)
	1976. 7	ベトナム社会主義共和国成立(南北統一達成)

□**平和五原則**　1954年のネルー・周恩来会談で提唱。①領土・主権の尊重，②相互不侵略，③内政不干渉，④平等互恵，⑤平和共存。なお，ネルーはインドの初代首相，周恩来は中華人民共和国の初代首相。

□**アジア＝アフリカ会議**　1955年，インドネシアのバンドンで開かれ，アジア・アフリカの29ヵ国が参加した会議。平和十原則を採択。

□**非同盟諸国首脳会議**　東西陣営のどちらにも属さず，反植民地主義，

平和共存などを第三の勢力として標榜する国々の首脳が集まる会議。
第1回会議は1961年にユーゴスラビアのベオグラードで開催され，25
カ国首脳が参加した。以後，数年おきに開かれて現在に至る。

□パレスチナ問題

年代	事　　項
1948	イスラエル建国(初代首相ベングリオン) (前年の国連でのパレスチナ分割決議に基づき，入植ユダヤ人が建国を宣言)
1948 ～49	第1次中東戦争(パレスチナ戦争) 周辺アラブ諸国がイスラエルを攻撃 　　→米英の支援を受けたイスラエルが勝利
1956	第2次中東戦争(スエズ戦争) スエズ運河国有化を宣言したエジプトへイスラエルと英仏軍が侵攻 　　→エジプトが勝利
1964	パレスチナ解放機構(PLO)結成 　　→議長アラファト，イスラエルに抵抗闘争
1967	第3次中東戦争(六日戦争) イスラエルが周辺アラブ諸国を先制攻撃 　　→イスラエル勝利，エジプトのシナイ半島を占領
1973	第4次中東戦争 エジプト・シリアがイスラエルに侵攻 　　→アラブ側が石油戦略を発動するも，勝敗つかず
1979	エジプト-イスラエル平和条約(㋈カーター大統領，㋙サダト大統領，㋑ベギン首相) アメリカの仲介で締結，シナイ半島が返還(1982) 　　→エジプトのサダト大統領は2年後に暗殺
1993	パレスチナ暫定自治協定(㋚アラファト議長，㋑ラビン首相) アメリカの仲介でパレスチナ自治政府が成立 　　→自治政府の領域はガザ地区とヨルダン川西岸地区， 　　　内部対立やイスラエルとの紛争が頻発
2012	パレスチナ，国連オブザーバー国家へ昇格 国連総会で賛成多数で可決

□軍拡と軍縮

軍拡	軍縮
1945 アメリカ，**原爆を実戦で使用** 1949 ソ連が核実験	
	1950 **ストックホルム＝アピール**
1952 イギリスが核実験 1954 **第五福竜丸事件**	
	1955 ラッセル−アインシュタイン宣言 　　 **第1回原水爆禁止世界大会** 1957 第1回パグウォッシュ会議 1959 南極条約調印
1960 フランスが核実験	1963 **部分的核実験禁止条約調印**
1964 中国が核実験	1970 **核拡散防止条約**発効 1972 SALT Ⅰ調印 　　 生物兵器禁止条約採択
1974 インドが核実験	
	1978 第1回国連軍縮特別総会 1987 **INF全廃条約**調印 1991 START Ⅰ 調印 1993 化学兵器禁止条約調印 1996 包括的核実験禁止条約採択
1998 パキスタンが核実験	1999 対人地雷全面禁止条約発効 2003 **戦略攻撃力削減条約(モスクワ 　　 条約)**発効
2006 北朝鮮が核実験	2010 **クラスター爆弾削減条約(オス 　　 ロ条約)**発効 2011 **新戦略兵器削減条約(新START)** 　　 発効 2014 **武器貿易条約**発効 2019 INF全廃条約失効

━━━━━ 例題1 ━━━━━

次の文の（ A ）〜（ P ）の中に適語を入れ，あとの各問いに答えよ。
　独ソ戦の開始後，チャーチルとF.ローズヴェルトは大西洋憲章を発表し，①戦後の民主主義と国際協調の実現などについての構想を明らかにした。1945年4〜6月の（ A ）会議で国際連合憲章が採択され，10

月に正式に国際連合が成立した。しかし，国際連合結成にみられた国際協力の気運は戦後まもなく冷却し，アメリカとソ連の対立がはじまった。東欧諸国では共産党を中核とする連立政権がつくられ，ソ連の影響力が増大した。アメリカは，（　B　）とトルコへの②共産主義の進出を防ぐため，1947年3月にトルーマン＝ドクトリンを発表し，いわゆる「（　C　）政策」をとり，両国への援助を開始した。また，同年6月アメリカの国務長官はヨーロッパ経済復興援助計画として（　D　）を提示した。これに対し，ソ連は東欧6か国の共産党とフランス・（　E　）の共産党で，③（　F　）(共産党情報局)を結成して対抗した。こうして戦後のヨーロッパは東西「二つの世界」が対立する情勢となり，戦後世界の東西対立は④「冷戦」と命名された。

　大戦後のアジアでは，各地域で独立運動がいっそう高まった。インドでは1947年7月，イギリスの労働党内閣（　G　）首相のもとでインド独立法が制定され，1947年にインドとパキスタンがイギリス連邦内の自治領として分離独立した。両者は1950年にインド共和国，1956年にパキスタン＝イスラーム共和国として完全独立したが，藩王国であった（　H　）の帰属をめぐって1947年から武力衝突がくり返された。英領セイロンも1948年にイギリス連邦内の自治領として独立，1972年にはスリランカ共和国と改称した。しかし，仏教徒で多数を占める（　I　）人と少数派でヒンドゥー教徒の（　J　）人との対立がおこり，しばしば内戦状態になった。

　仏領インドシナでは，日本占領下で（　K　）の指導するベトナム独立同盟(ベトミン)が1945年にベトナム民主共和国の独立を宣言したが，フランスがこれを認めず，1949年には（　L　）を首長とするベトナム国を発足させ，⑤インドシナ戦争は長期化した。1954年に⑥ジュネーヴ休戦協定が結ばれ，ベトナムは北緯（　M　）線を境として，北側にはベトナム民主共和国が，南側には（　N　）を大統領とするベトナム共和国が樹立されて，冷戦構造に組み込まれた。

　フィリピンは，1946年フィリピン共和国として独立した。1951年8月に米比相互防衛条約が締結され，1954年には⑦東南アジア条約機構(SEATO)に加盟して，西側陣営に組み込まれた。

オランダ領東インドでは，大戦後の1945年に（　Ｏ　）の指導のもと，インドネシア共和国の成立を宣言した。そして，それを認めないオランダとの武力闘争に勝利して，1949年独立を達成した。1955年には（　Ｐ　）にアジア，アフリカの29カ国の代表を集めて（　Ｐ　）会議(アジア＝アフリカ会議)が開催された。

英領マレー(マレー連合州)は1957年にマラヤ連邦として正式に独立したあと，1963年にはシンガポール，サバ，サラワクを加えて⑧マレーシア連邦を結成した。

問1　下線部①について，次の問いに答えよ。

(1)　1944年8〜10月，米・英・ソ・中の代表が集まり，国際連合憲章の草案を作成した。この会議の名称を答えよ。

(2)　1944年7月，連合国側代表が大戦後の国際金融・経済協力構築のためブレトン＝ウッズで協議をした。この会議の合意により設立が決定され，1945年12月に発足した国際連合の2つの専門機関の名称を答えよ。

問2　下線部②について，次の文はチャーチルの「フルトン演説」の一部である。（　ａ　）〜（　ｃ　）に適語を入れよ。

バルト海の（　ａ　）からアドリア海の（　ｂ　）まで，大陸を縦断して（　ｃ　）が降ろされました。この線の向こうには中部・東部ヨーロッパの旧国家のすべての首都があります。…(中略)…

彼らはすべて，なんらかのかたちでソヴィエトの影響力のもとに従属しているだけでなく，多くの場合に強力でしかもますます高まりつつあるモスクワからの支配の手段に従わされているのです。…〈以下略〉…

問3　下線部③について，民族主義的偏向と農業政策の非ソ連方式を理由に，1948年に共産党情報局を除名された国家はどこか。国家名を答えよ。

問4　下線部④について，『冷戦－アメリカ外交政策の研究』を著したアメリカのジャーナリストはだれか。人物名を答えよ。

問5　下線部⑤について，1954年フランス軍の根拠地が陥落して戦局が決定したが，この陥落したフランス軍の根拠地とはどこかを答えよ。

問6　下線部⑥について，ベトナムのほかに，この協定で国際的に独立が承認された国家名を2つ答えよ。

問7　下線部⑦について，東南アジア条約機構に加盟しなかった国家はどこか。次のア〜オから1つ選び，記号で答えよ。

ア　フランス　　　イ　ニュージーランド　　ウ　パキスタン
エ　インドネシア　　オ　タイ

問8　下線部⑧について，"ルック゠イースト"政策を主張し，1981年，マレーシア首相に就任した人物はだれか。人物名を答えよ。

解答　A　サンフランシスコ　　B　ギリシア　　C　封じ込め
D　マーシャル゠プラン　　E　イタリア　　F　コミンフォルム
G　アトリー　　H　カシミール　　I　シンハラ　　J　タミル
K　ホー゠チ゠ミン　　L　バオ゠ダイ　　M　17度　　N　ゴ゠ディン゠ジエム　　O　スカルノ　　P　バンドン

問1　(1)　ダンバートン゠オークス会議　　(2)　国際通貨基金(IMF)・国際復興開発銀行(IBRD，世界銀行)　　問2　a　シュテッティン(ステッティン)　　b　トリエステ　　c　鉄のカーテン　　問3　ユーゴスラヴィア　　問4　ウォルター゠リップマン　　問5　ディエンビエンフー　　問6　ラオス・カンボジア
問7　エ　　問8　マハティール

解説　問1　(1)　1944年8月21日〜10月7日にかけてワシントン旧市街のジョージタウンの一角にあるダンバートン゠オークス邸で行われたのでこの名前がついた。　問2　1946年3月5日の演説。社会主義圏と資本主義圏との境界線を指して用いられる。
問3　ティトーの抵抗運動が大戦末期に自力解決したことから，ユーゴスラヴィアは戦後ソ連に対しても自立的な姿勢を示した。そのため，ユーゴスラヴィアは1948年コミンフォルムから除名され，東欧社会主義圏から離れて独自の道を進んだ。　問4　ウォルター゠リップマンは，ドイツ系ユダヤ人移民の子孫としてニューヨークに生まれる。ウィルソン大統領のアドヴァイザーを務め，平和に関する14か条の原案作成に関わる。マッカーシズムとベトナム戦争に対し，鋭い批判をおこない，ジョンソン政権と「リッ

プマン戦争」と呼ばれる激しい論争をおこした。　問6　1953年カンボジアは完全独立を達成し，シハヌークのもとで中立政策を進めた。ラオスも53年独立したが左右の対立による内戦が始まった。

━━━━━━━━━━　**例題2**　━━━━━━━━━━

以下の文章を読み，問いに答えよ。

　第二次世界大戦後，米ソを中心とした東西陣営による冷戦が繰りひろげられ，両国は最大の核保有国として核兵器の開発をすすめた。そのような中，東側陣営では1956年にソ連が西側との平和共存路線を示したが，ソ連と中国との関係が悪化していった。

問　下線部について，中ソ対立が中華人民共和国のアメリカ合衆国など西側諸国への接近を促した結果，中華人民共和国の国際社会における位置付けはどのように変化したか，次の語句を必ず用いて，説明せよ。

　語句　｜　代表権　｜

|解 答|　国際連合における中国の代表権を，台湾に代わって中華人民共和国が獲得した。

|解 説|　スターリン批判を契機とした中ソ対立は，1959年の中ソ技術協定の破棄によって，1958年から始まっていた大躍進政策の失敗とともに中国経済に大きな痛手を与えた。このため中国が西側との関係改善を望んだ一方で，ベトナム戦争の泥沼化に苦しんでいたアメリカ合衆国はベトナム民主共和国の後ろ盾であった中国との関係改善を通じてベトナム和平を模索した。結果，両者の思惑が一致して，1971年に国際連合における代表権が中華民国から中国人民共和国に交代させられて，中国の国際的発言権が強まった。

■■■■ 例題3 ■■■■

次の略年表を見て，下の各問いに答えよ。

年代	ヨーロッパ	アフリカ	アジア	日　本
1945 〜 1954	ドイツ東西分裂 (1949)	① ↕	朝鮮戦争勃発 (1950)	（　ア　）平和条約 締結(1951)
1955 〜 1964		アジア・アフリカ会議 (1955) ② ↕ （　イ　）(OAU)結成 (1963)		日ソ共同宣言調印 (1956)
1965 〜 1974	拡大EC発足 (1973)	③ ↕	ヴェトナム戦争 勃発 (1965)	沖縄復帰　(1972)
1975 〜	（　ウ　）の壁崩壊 (1989)	④ ↕		日中平和友好 条約締結　(1978)

問1　略年表中の（　ア　）〜（　ウ　）に適する語句をそれぞれ答えよ。

問2　1947年3月，全世界に共産主義の封じ込め政策を宣言したアメリカ大統領の名を答えよ。

問3　エンクルマを指導者として，ガーナが独立した時期を，略年表中の①〜④から1つ選び，記号で答えよ。

問4　1973年にECに加盟した3国として該当しない国を，次のア〜エから1つ選び，記号で答えよ。

　　ア　スペイン　　　イ　イギリス　　　ウ　アイルランド

　　エ　デンマーク

問5　日ソ共同宣言の内容として誤っているものを，次のア〜エから1つ選び，記号で答えよ。

　　ア　ソ連の賠償請求権の放棄

　　イ　ソ連による日本の国連加盟の支持

　　ウ　平和条約締結後の日本への北方4島の返還

　　エ　平和条約締結交渉の継続

| 解答 | 問1 ア サンフランシスコ　イ アフリカ統一機構 |

解答 問1　ア　サンフランシスコ　　イ　アフリカ統一機構
ウ　ベルリン　　問2　トルーマン　　問3　②　　問4　ア
問5　ウ

解説 問2　この年，トルーマン大統領はあらゆる場所でソ連の影響を
阻止することを宣言し，ギリシアとトルコへの援助を表明した。
(＝トルーマン・ドクトリン)　　問3　1957年に英連邦内の独立
国となった。　　問4　1973年にイギリス・アイルランド・デンマー
クが加盟して拡大ECとなり，更に1986年にはスペイン・ポルト
ガルも加盟した。　　問5　北方領土について，日本は固有の領土
として4島の返還を要求していたが，ソ連は国後島・択捉島の帰
属については解決済みとの立場をとり，平和条約の締結は持ち越
された。1956年に鳩山一郎首相は領土問題を棚上げにして，色丹
島・歯舞諸島を平和条約締結後に日本に引き渡すということで共
同宣言に署名した。

第 4 章

中高公民
（公共）

中高公民（公共） 現代社会の特質と課題

ポイント

　今回の学習指導要領の改訂によって新設された「公共」は，人間と社会の在り方についての見方・考え方を働かせ，現代の倫理，社会，文化，政治，法，経済，国際関係などに関わる諸課題を追究したり解決したりする活動を通して，グローバル化する国際社会に主体的に生きる平和で民主的な国家及び社会の有為な形成者に必要な公民としての資質・能力を育成することを目標としている。

　「現代社会の特質と課題」では，主に現代社会の諸問題を取り扱う。一口に諸問題といっても内容は多彩だが，従来の学習指導要領「現代社会」では，少子高齢化に代表される人口問題，社会保障の意義と課題，労働法と労働問題などがよく出題されている。他にも，情報化社会の進展と課題，行政の肥大化と効率化，我が国の食料の供給・安全の問題，男女共同参画社会への推進も取り上げられている。これらには，時事的内容も多分に含まれているので，ニュースをこまめにチェックし，新しい展開や統計が出てくれば，その都度頭の中のノートを書き換えるつもりで学習を行うと効果的だろう。また，参考書などでの勉強を進めながら，時折，図書館や書店などへ行って時事問題を扱った近刊の書籍も読むようにすれば尚更時事に強くなることだろう。

　そして教員採用試験である以上，教職教養の学習は不可欠である。少なくとも最新の学習指導要領には必ず目を通しておくべきである。また，「実際にどのような授業を行うのか，教師としての観点から意見を述べよ」という設問も出ているので，受験者としての学習だけではなく，教師としての立場からの考え方も予め自分なりにまとめておくとよいだろう。

□**社会保障** かつて貧困や生活不安などの問題は個人の責任と見なされ国家は関与しなかったが, 19世紀頃から一定の保障を行う制度の整備が国内外で始まった。我が国では高度経済成長期に制度の拡充が進められ, 1973年には老人医療無料化などが実現して「**福祉元年**」を迎えた。しかし, この年に起こった第1次石油危機によって財政基盤が大きく揺らぎ, 社会保障政策の見直しを余儀なくさせられることになった。

□**日本の社会保障制度**

出典:『資料　新総合政・経』(東京書籍)

□**二階建て方式** 日本の年金制度の特徴。一階は全国民共通の基礎年金 (国民年金)とし, 二階部分に厚生年金を上乗せする方式。

□**社会保険庁** 厚生労働省の外局で保険に関する業務を主に行う。業務上の不祥事が多数露呈したことにより, 2008年に政府管掌の健康保険を分離し, 2010年には日本年金機構という新組織に業務を移行して, 社会保険庁は廃止されることになった。

□日本の少子高齢化

資料：2020年までは総務省「国勢調査」(2015年及び2020年は不詳補完値による。)，2021年は総務省「人口推計」(2021年10月1日現在 (令和2年国勢調査を基準とする推計))，2025年以降は国立社会保障・人口問題研究所「日本の将来推計人口 (平成29年推計)」の出生中位・死亡中位仮定による推計結果から作成。

注1：2015年及び2020年の年齢階級別人口は不詳補完値によるため，年齢不詳は存在しない。2021年の年齢階級別人口は，総務省統計局「令和2年国勢調査」(不詳補完値) の人口に基づいて算出されていることから，年齢不詳は存在しない。2025年以降の年齢階級別人口は総務省統計局「平成27年国勢調査　年齢・国籍不詳をあん分した人口 (参考表)」による年齢不詳をあん分した人口に基づいて算出されていることから，年齢不詳は存在しない。なお，1950～2010年の年少人口割合の算出には分母から年齢不詳を除いている。ただし，1950年及び1955年において割合を算出する際には，下記の注釈における沖縄県の一部の人口を不詳には含めないものとする。

注2：沖縄県の1950年70歳以上の外国人136人 (男55人，女81人) 及び1955年70歳以上23,328人 (男8,090人，女15,238人) は65～74歳，75歳以上の人口から除き，不詳に含めている。

注3：百分率は，小数点第2位を四捨五入して，小数第1位までを表示した。このため，内訳の合計が100.0%にならない場合がある。

出典：『少子化社会対策白書　令和4年版』(内閣府)

□高齢化　WHOと国連の定義では，65歳以上人口の割合が7%を超えると高齢化社会，14%を超えると高齢社会，21%を超えると超高齢社会となる。我が国の場合，2022年現在で29.0%となっている。

□ノーマライゼーション　高齢者も若者も，障害者もそうでない者も，全て人間として普通の生活を送るため，ともに暮らし，ともに生きる社会こそノーマルであるという考え方あるいは運動。

□バリアフリー　障害者や高齢者が安心して暮らせるようにするため，障壁(バリア)となるものを撤去した状態のこと。現在，国や地方で制度的拡充がそれぞれ図られている。

□日本の出生数

資料：厚生労働省「人口動態統計」を基に作成。

出典：『少子化社会対策白書　令和4年版』（内閣府）

□**合計特殊出生率**　1人の女性が生涯に産む子どもの数の平均。日本の場合は，2021年で1.30。長期的に人口を維持できる数値(人口置換水準)とされる2.08を下回っているので，人口減少が懸念されている。

□政府の少子化対策

エンゼルプラン (1995年度〜1999年度)	1994年 12月	保育所拡大や多様な保育サービスの充実など保育対策が中心。「緊急保育対策等5か年事業」も策定。
新エンゼルプラン(2000年度〜2004年度)	1999年 12月	従来のエンゼルプランと緊急保育対策等5か年事業を見直したもの。これまでの保育関係に加え，雇用，母子保健，相談，教育等の事業も加えた幅広い内容。
子ども・子育て応援プラン (2005年度〜)	2004年 12月	少子化社会対策大綱に基づき，青年の就労支援や地域・企業が子育てを支援する風土醸成など社会的な整備。
新たな大綱(子ども・子育てビジョン) (2010年1月〜2015年3月)	2010年 1月	少子化社会対策基本法に基づく新たな大綱。子ども・子育て支援施策を行う際の3つの大切な姿勢「生命(いのち)と育ちを大切にする」，「2　困っている声に応える」，「3　生活(くらし)を支える」を示すとともに，これらを踏まえ，「目指すべき社会への政策4本柱」と「12の主要施策」に従い，具体的な取組を進めることとされた。
子ども・子育て関連3法	2012年 8月	幼児期の学校教育・保育，地域の子ども・子育て支援を総合的に推進。「1　認定こども園，幼稚園，保

215

		育所を通じた共通の給付(「施設型給付」)及び小規模保育等への給付(「地域型保育給付」)の創設」,「2 認定こども園制度の改善(幼保連携型認定こども園の改善等)」,「3 地域の実情に応じた子ども・子育て支援(利用者支援,地域子育て支援拠点,放課後児童クラブなどの「地域子ども・子育て支援事業」)の充実。
子ども・子育て支援新制度(2015年4月～)	2015年4月	子ども・子育て関連3法に基づく。幼児教育・保育・地域の子ども・子育て家庭を対象に,幼児教育,保育,地域の子ども・子育て支援の質・量の拡充を図る。市町村が,地方版子ども・子育て会議の意見を聴きながら,子ども・子育て支援事業計画を策定し,実施する。
ニッポン一億総活躍プラン(2016年6月～)	2016年6月	「希望出生率1.8」の実現に向け,若者の雇用安定・待遇改善,多様な保育サービスの充実,働き方改革の推進,希望する教育を受けることを阻む制約の克服等の対応策を掲げ,2016年度から2025年度の10年間のロードマップを示す。
子育て安心プラン(2017年6月～)	2017年6月	女性就業率の上昇に伴い,保育の受け皿を整備。待機児童の解消と,待機児童ゼロを維持しつつ,5年間で「M字カーブ」の解消を目指す。
子ども・子育て支援法の一部を改正する法律等の成立(2019年5月～)	2019年5月	幼児教育の負担軽減を図るため実施された。原則3歳から(幼稚園は満3歳から)5歳までの子どもを対象に,2015年の「子ども・子育て支援制度」における教育・保育の場に加え,企業主導型保育(国・公・私立)の利用費を無償とする。
新たな大綱(第4次大綱)の策定(2020年5月～)	2020年5月	「希望出生率1.8」の実現を目指し「結婚・子育て世代が将来にわたる展望を描ける環境をつくる」,「多様化する子育て家庭の様々なニーズに応える」,「地域の実情に応じたきめ細かな取組を進める」,「結婚,妊娠・出産,子供・子育てに温かい社会をつくる」,「科学技術の成果など新たなリソースを積極的に活用する」の5つの基本的な考え方に基づく。
新子育て安心プラン(2021年度～2024年度)	2020年12月	4年間で約14万人分の保育の受け皿を整備するほか,「1 地域の特性に応じた支援」,「2 魅力向上を通じた保育士の確保」,「3 地域のあらゆる子育て資源の活用」を柱として,各種取組を推進。
こども基本法(2023年4月～)	2023年4月	日本国憲法及び児童の権利に関する条約の精神にのっとり,全てのこどもが将来にわたって幸福な生活を送ることができる社会の実現を目指し,こども政策を総合的に推進することを目的とする。こども施策の基本理念のほか,こども大綱の策定やこども等の意見の反映などについて定めている。

□**大衆社会**　現代社会の特徴とされる，大衆が支配的である社会のこと。普通選挙によって大衆が政治に参加する制度や社会を**大衆民主主義**という。

市 民	教養と財産を持つ，近代市民社会の中核的存在。
公 衆	公共問題に積極的な関心を持つ理性的な存在。
群 衆	匿名の存在である個人の密集体。暗示にかかりやすく，非合理的な行動をとり，爆発的なエネルギーを持つ。
大 衆	原子化した個人の総称で，多様性がありながら異質的であり，また密集的にも分散的にもなる存在。受動性・非合理性・情緒性を持ち，マスメディアによって結びつけられるのが特徴。

□**世論**　社会で一般的な合意に達しているとみられる意見。

□**マスメディア**　マス・コミュニケーション（**マスコミ**）の媒体のこと。大衆に大量の情報を伝達する役割を担い，新聞や雑誌などの印刷媒体と，ラジオ・テレビなどの非印刷媒体とがある。国民に様々な情報を提供し，国民相互の意見発表・形成の場をつくるという重要な役割を持つが，大量の情報の氾濫や情報の一方通行といった課題も抱える。大衆への影響力はかなり強く，「**第四の権力**」と称される。

□**オピニオン・リーダー**　集団の意思形成に大きな影響力をもつ人。または，世論の形成に大きな影響を与える文筆家，学者，ジャーナリスト，評論家などをいう。

□**アナウンス効果**　予測や計画などの公表が，人々の行動に影響を与え，当初の予想と異なった結果になってしまうこと。マスメディアによる選挙報道が典型的である。

□**ＩＴ革命**　情報通信革命のこと。1990年代における**インターネット**の世界的な普及によって情報伝達のあり方が大きく変わり，更には社会の構造をも変えてしまったことをいう。

□**デジタルデバイド**　情報格差のこと。情報機器の有無や情報技術の利用機会の多寡などにより，情報を得られる者と得られない者との間に生じる不平等不均衡をいう。

□**知的財産権**　知的所有権・無体財産権ともいう。発明・意匠・著作などの知的活動によって形成された無形の経済的価値に対する権利。

□**夜警国家**　経済は自由放任であるべきという考えのもと，国家の役割を秩序の維持や国家の防衛など最小限のものに限った国家観を指す。

□**福祉国家**　社会国家ともいい，夜警国家と対比される言葉。国民の福祉の増進と確保を政治目標とするためにこう呼ばれる。完全雇用と社会保障制度の充実のために政府の役割が大きくなるのが特徴。しかし，財政負担が非常に大きくなって経済に悪影響を及ぼす傾向がある。

□**大きな政府**　財政規模が非常に大きな政府のこと。政府が社会政策を強力に推進し，積極的に経済への介入を行うためにこうなる。財政赤字や経済の非効率化，行政機構の肥大化といった弊害をもたらすため，1970年代末から「小さな政府」への転換を進める動きが出てきた。

□**小さな政府**　経済活動への積極的な介入を行わず，財政規模を小さく抑えようとする政府のこと。**アダム＝スミス**が提唱した「安価な政府」に通じる。20世紀後半から欧米諸国や日本で「小さな政府」への転換の動きが現れたが，福祉切り捨て，格差拡大との批判がある。

□**行政国家**　行政権が他の二権に優越している現象が起こっている国家をいう。政治の高度化・専門化にともなう行政機能の拡大が背景にある。立法府は大綱のみを定め，具体的な内容は行政府(行政官僚)に委ねられるという**委任立法**が増えるようになったり，許認可権や行政指導による行政の裁量権が拡大するようになったりする。

□**オンブズマン**　国民や住民の立場から行政を監視する専門員のこと。スウェーデンで始まった制度で，行政監察官などと訳される。我が国でも一部の地方自治体に設けられており，また民間団体が市民オンブズマンとして行動している例も多い。

□**労働基本権と法体制**

憲法	内　容	関　係　法
憲法第27条第1項	勤労の権利	職業安定法，雇用保険法，雇用対策法，男女雇用機会均等法，障害者雇用促進法など
同条第2項	勤労条件の基準	**労働基準法**，最低賃金法，労働安全衛生法，育児・介護休業法など
同条第3項	児童酷使の禁止	**労働基準法**，児童福祉法など
憲法第28条	労働三権	**労働組合法，労働関係調整法**，国家公務員法，地方公務員法，スト規制法など

※枠内の太字は労働三法。

□**男女雇用機会均等法** 1985年制定。女子差別撤廃条約の批准を受けて法制化され，1997年の改正により，男女の平等待遇が努力義務から禁止規定に強化され，事業主のセクハラ（セクシャルハラスメント）の防止義務，2006年の改正では，男女双方に対する差別の禁止，差別規定の強化，間接差別の禁止の導入，妊娠・出産を理由とした不利益取扱いの禁止等が新たに加わった。また2016年の改正では，不利益取扱いの禁止に加えて防止義務が，2019年の改正では職場におけるセクハラ被害を相談した労働者に対する不利益な取扱いを禁止した。

□**男女共同参画社会基本法** 1999年制定。「男女が，社会の対等な構成員として，自らの意思によって社会のあらゆる分野における活動に参画する機会が確保され，もって男女が均等に政治的，経済的，社会的及び文化的利益を享受することができ，かつ，共に責任を担うべき社会」を男女共同参画社会と定義し，国・地方に施策の制定を求めている。

□**行政監察官制度** 行政機関に資料の提出を求めたり，立ち入り調査などを行って，行政の監察を行う制度。国レベルでは総務省行政評価局が中心となって機能し，地方レベルでは行政相談委員の制度が設けられているが，オンブズマン制度と比べると権限が弱くなっている。

□**情報公開制度** 政府や地方自治体が保有する各種の情報について，請求があった場合に開示する制度。「知る権利」や行政の説明責任とも関係があり，1980年代から地方自治体で情報公開条例を制定する動きが始まり，1999年には国によって**情報公開法**が定められた。

例題1

次の文章を読み，あとの(1)〜(4)の問いに答えよ。

　少子化に伴う人口減少社会の到来により，生産年齢人口も減少している。そこで多様な働き方を可能にするため，働く人の立場や視点から「働き方改革」が政府によって提唱されている。それでは，労働環境をめぐる動きはこれまでどのようなものがあったのだろうか。

　産業革命が起こったイギリスでは19世紀初めに，（　Ａ　）の導入で失業の危機にさらされた労働者がラッダイト運動を起こした。アメリカでは世界恐慌時のニューディール政策の下で，ワグナー法が制定され

た。しかし第二次世界大戦後の1947年には，労働運動の（　B　）を意図してタフト・ハートレー法が制定された。日本では戦後，日本国憲法によって労働三権が確立され，それを保障するために労働三法が制定された。その結果，労働組合を中心とした「春闘」により，賃金上昇など労働環境の改善が進められた。一方で，女性の社会進出は1960年代から増加しているものの，男女間格差や①女性の社会進出を抑制する諸課題が顕在化するようになった。2000年代に起きた戦後最長の景気回復は，中国など新興国や②アメリカへの輸出に支えられたものであった。また，それまでの好況期と比較して経済成長率が低く，③「実感なき景気回復」といわれている。

　労働と権利，いずれか一方ばかりに偏るのではなく，経済成長と健康で豊かな生活の両立や，多様な働き方の選択ができるよう，「ワーク・ライフ・バランス」が政労使三者の間で模索されている。

(1)　文章中の（　A　），（　B　）にあてはまる語句の組合せとして最も適切なものを，ア～エのうちから1つ選び，記号で答えよ。

　　ア　A－移民労働者　　　B－推進

　　イ　A－移民労働者　　　B－規制

　　ウ　A－機械　　　　　　B－推進

　　エ　A－機械　　　　　　B－規制

(2)　下線部①について，男女雇用機会均等法が2016年に改正され，事業主にはどのような措置が義務付けられたか。その措置の内容を説明せよ。

(3)　下線部②について，1980年代のアメリカにみられるように，財政赤字と経常収支赤字が併発している状態を何と呼ぶか答えよ。

(4)　下線部③について，内閣府の定義における景気動向指数に影響を与える指標のうち，特に景気の変化に先立って動くとされる指標に含まれるものはどれか。ア～エのうちから1つ選び，記号で答えよ。

　　ア　家計消費支出　　　イ　完全失業率　　　ウ　東証株価指数

　　エ　有効求人倍率

解答　(1)　エ　　(2)　女性を含めた多くの人材の活用や，仕事と家庭生活との両立を支援するため，妊娠や出産を理由とした，上司や同

僚からのハラスメントの防止措置を事業主に義務付けた。

(3)　双子の赤字　　(4)　ウ

解説　(1)　A　ラッダイト運動とは，熟練労働者による機械打ち壊し運動のこと。　B　ワグナー法では，労働者の団結権や団体交渉権を認められたが，米ソ冷戦を背景に制定されたタフト・ハートレー法によって，労働運動への規制が強まった。　(2)　妊娠・出産，育児を理由にした職場などでのいやがらせ行為は，マタニティ・ハラスメント（マタハラ）と呼ばれ，社会問題化している。このため，2016年の法改正により，マタハラ防止措置が義務化された。
(3)　ドル高は，アメリカにとって輸出に不利となるが，輸入品の国内価格は安くなる。また，この当時のアメリカは，レーガノミクスによる減税，軍事費拡大のために国債が大量発行されており，これが金利上昇と一層のドル高を招いた。　(4)　景気動向指数には，先行指数，一致指数，遅行指数の3つがある。東証株価指数のほか，新規求人数や実質機械受注などが先行指数とされている。なお，アとイは遅行指数，エは一致指数である。

例題2

次の文を読み，下の問1〜問6に答えよ。

　現代は，国際化が進展し，交通手段や通信技術の発達により，①ヒト・モノ・カネ・情報などが国境を越えて移動する（　A　）の時代である。例えば大震災などの時の②NGOの活動にも見られ，地球規模での一体化の流れが一層強まっている。

　その一方で，一体化の流れに逆行するような，国際紛争や③民族紛争，人種差別などの問題が依然として存在し，多くの人々の生活を脅かしている。これらは一国で解決することは難しく，④世界全体で取り組んでいかなければならない問題である。

　現代のような（　A　）の時代には，自国の生活習慣や文化に誇りを持ちながらも，それだけを絶対視する（　B　）に陥らず，他国の習慣や文化を尊重する⑤異文化理解を深めていくことが重要である。

問1　（　A　），（　B　）にあてはまる語句を，ア〜オからそれぞれ選べ。

　　ア　マイノリティ　　イ　ボーダレス　　ウ　エスノセントリズム
　　エ　エスニシティ　　オ　ディスクロージャー

問2　下線部①に関して，1986年に交渉開始が宣言されたウルグアイ・
　　ラウンドでは，自由貿易の拡大を目指して新しい貿易ルールをつく
　　る交渉が行われた。この交渉において合意された内容を3つ書け。

問3　下線部②について，1971年にフランスの医師ベルナール＝クシュ
　　ネルらによって設立され，70か国を超える地域に医師や看護師，助
　　産師らを派遣して，危機に瀕した人々の救援活動を行っている民間
　　の医療・人道援助団体の名称を書け。

問4　下線部③の一つに北アイルランド紛争がある。この紛争の背景に
　　なっている宗教的な対立について，簡潔に書け。

問5　下線部④にかかわって，次の文は1948年に国連総会で採択され
　　た，あらゆる国家，国民の基本的人権についての規範を示した宣言
　　の一部である。この文を読み，(1)，(2)に答えよ。

　　第1条　すべての人間は，生れながらにして（　a　）であり，かつ，
　　尊厳と権利とについて平等である。人間は，（　b　）と良心とを授
　　けられており，互いに同胞の精神をもって行動しなければならな
　　い。

　　第3条　すべて人は，（　c　），（　a　）及び身体の安全に対する権利
　　を有する。

　　(1)　（　a　）～（　c　）にあてはまる語句を，漢字2字でそれぞれ書
　　け。

　　(2)　宣言の名を書け。

問6　下線部⑤に関して，アメリカの文化人類学者ルース＝ベネディク
　　トは「菊と刀」の中で，西洋文化と日本文化とをどのように説明し
　　ているか，次の語句を用いて説明せよ。

　　〔　恥の文化　〕

解答　問1　A　イ　　B　ウ　　問2　・サービス貿易・知的財産権な
　　ど広範な分野における国際的ルールの確立　　・農業分野におけ
　　る関税化，輸出補助金の削減など自由化の促進　　・紛争解決手
　　続きの大幅な強化(世界貿易機関(WTO)の設立)　　問3　国境な

き医師団　　問4　北アイルランドのカトリック系住民が，イギリスからの分離・独立を求めてプロテスタント系住民と対立した。問5　(1)　a　自由　　　b　理性　　c　生命　　(2)　世界人権宣言　　問6　ベネディクトは，西洋文化が神の教えに背くことを罪と考える「罪の文化」であるのに対して，日本文化は他人から非難を受ける行為をさけようとする「恥の文化」であると説いた。

解説　問1　アは少数民族，エは民族集団が示す特性，オは企業が必要な情報を開示すること。　　問2　2002年1月に新たな多角的貿易交渉(ドーハ・ラウンド)がスタートした。　　問3　1999年にノーベル平和賞を受賞した医師のNGO組織である。　　問4　1998年に北アイルランド和平協定の合意が成立した。　　問5　さらに1976年に法的拘束力を持たせた「国際人権規約」が発効した。問6　日本のことわざ「旅の恥はかき捨て」がこのことを表している。

━━━━━━━━━━ 例題3 ━━━━━━━━━━

次の各問いに答えよ。

(1)　我が国の公的介護保険制度および介護休暇制度の仕組みに関する記述として誤っているものを，次の①〜④から1つ選べ。

①　介護保険料は，40歳から納め始め，64歳で払い終える。

②　介護保険は，特定疾病が原因で介護が必要になった場合には，40歳であっても給付の対象となる。

③　介護保険のサービスの利用にあたっては，各区市町村に要介護認定を申請し，認定を受けた後，ケアプランに基づき，サービスを利用する。

④　育児・介護休業法には，介護が必要な家族1人につき，1年度に5日まで，対象家族が2人の場合は1年度に10日まで，介護休業や年次有給休暇とは別に休暇を取得できる介護休暇制度が定められている。

(2)　生殖技術の発達について述べた文として最も適当なものを，次の1

〜4のうちから1つ選べ。

① 出生前診断によって，胎児の健康状態だけでなく，異常の有無を診断することができる。これに関しては，生命の選別ではないかという指摘があり，日本では着床前診断は認められているが出生前診断は禁止されている。

② リプロダクティブ＝ヘルス／ライツ(性と生殖に関する権利)とは，「子どもをもつか，もたないか」，「もつとしたらいつ，何人の子どもをもつか」を女性がみずから決定することができる権利をいう。妊娠中絶や受胎調節の権利も含まれていると解釈される。

③ 体外受精とは，精子を人為的に子宮に注入して卵子と受精させる技術であり，人工授精とは，女性の体外で精子と卵子を受精させ，受精卵を作る技術である。

④ 出産できない女性のために出産後に子を渡す約束で子を妊娠(出産)することを代理懐胎(代理出産)という。代理懐胎(代理出産)は，日本でも認められるようになった。

(3) 情報社会について述べた文として適当でないものを，次の1〜4のうちから1つ選べ。

① コンピュータやインターネットを使いこなせる者とそうでない者との間に，雇用の機会や収入の差がうまれている。情報能力の違いからうまれるこのような格差をデジタル・デバイドという。デジタル・デバイドは，国際社会において新たな南北問題をうみ出している。

② プライバシーとは，私的なことがらに関する自己決定権，あるいは他人や社会による干渉を受けない私的な領域のことである。情報化の進展にともない，自分に関する情報にだれがアクセスしてよいかを自分で決めることのできる権利(自己情報コントロール権)をさすようになった。

③ ネチケットは，ネットワークとエチケットからつくられた造語である。インターネット利用者の間で共有されねばならないとされる慣習，礼儀，してはいけない行為などをさす。一般社会と同様，ネットワーク社会においても最低限，守らなければならないもの

がある，という考えにもとづいている。

④　個人情報保護法は，個人情報の利用と個人の権利の保護の両立
を目的として2003年に制定された。行政機関の保有する個人情報
の取り扱いについての基本的事項を定めており，民間の事業者は
適用されない。

解答　(1)　①　　(2)　②　　(3)　④

解説　(1)　40歳から64歳は第2号被保険者だが，65歳以降も第1号被
保険者として介護保険料を支払う。　(2)　①は，着床前診断より
出生前診断のほうが広く行われている。日本においては，着床前
診断は一定の条件を満たした場合にのみ認められている。③は，
体外受精と人工授精の説明が逆。④について，日本での代理出産
は，法整備が進んでいないため原則的には行わないことになって
いる。　(3)　④の個人情報保護法は，個人情報を取り扱うすべて
の事業者に適用される。法人・個人の別や営利・非営利の別は問
わない。

―――――――――――――　例題4　―――――――――――――

次の文章を読んで，あとの各問いに答えよ。

社会保障制度の源は，イギリスの公的扶助とドイツの社会保険にあ
る。イギリスでは，1601年に（　ア　）が社会保障の先駆けとして制定
された。一方，19世紀後半になると，激しくなった労使の対立を緩和
するために，労働者に対する社会保険制度が，ドイツの（　イ　）によっ
てつくられたが，この制度は①「アメとムチの政策」と呼ばれた。

こうした中，社会保障制度に大きな転機をもたらしたのは，1930年
代の大不況である。アメリカではニューディール政策の一環として
1935年に（　ウ　）が制定された。そして，第二次世界大戦後，イギリ
スでは，1942年の（　エ　）に基づき②総合的な社会保障制度が実現され
た。

日本における社会保障制度は，第二次世界大戦後，憲法第25条の
③生存権の規定によってその基本理念が確立し，社会保険をはじめとす
る④4つの制度から成り立っている。

しかし，現在の日本では，急速に⑤少子化，⑥高齢化が進んでおり，⑦解決すべき課題も多い。

(1) （　ア　）～（　エ　）に適する語句を入れよ。

(2) 下線部①の「ムチ」にあたる法律は何か答えよ。

(3) 下線部②を表すスローガンは何か答えよ。

(4) 下線部③について，憲法第25条の規定は，国のとるべき政策上の方針を定めたものであって，実際に生活に困っている国民が，国に対して何らかの給付を請求することができるというような，具体的な権利を保障するものではない，とする見解があるが，これを何というか答えよ。

(5) 下線部④について，社会保険以外の3つの制度を答えよ。

(6) 下線部⑤を表す数値で，(a)「一人の女性が一生の間に平均して出産する子供の数」，(b)その数値がいくつを下回ると人口が減少に向かうといわれているか，それぞれ答えよ。

(7) 下線部⑥について，我が国の社会保障制度の改正内容を示した次のA～Dを，実施された順に並び替えよ。

A 国民年金を基礎年金とし，厚生年金と共済組合年金を報酬比例年金として基礎年金に上積みする，いわゆる二階建て方式となった。

B 介護の必要な家族のいる労働者が，3ヶ月を限度に休職して介護に当たることができる介護休業制度が始まった。

C 国と地方自治体で負担していた高齢者の医療費を一部，患者の自己負担とすることなどを内容とする老人保健制度が始まった。

D 40歳以上の国民を対象に保険料を徴収し，介護が必要になったときに，その程度に応じて一定の金額を限度に公費で介護サービスを提供する介護保険が始まった。

(8) 下線部⑦について，公的年金の財政方式のうちの賦課方式に関する記述として適切なものを，次のA～Dから1つ選べ。

A 現役期のうちに保険料を拠出し，運用された基金を年金給付の財源とするため，世代間の所得の移転を想定しておらず，財政収支上各世代が独立している。

B　その年の年金給付総額を，在職中の被保険者・雇用者・国が各々の負担割合に応じて拠出するもので，高齢化が進行すると，現在働いている被保険者の負担が大きくなる。

C　高齢化の進行等により人口構成の変化が生じても，各世代が年金の負担・給付に関して影響を受けないという利点がある。

D　予測しえないインフレといった不確実性への対応や，年金制度創設時にすでに高齢に達していた世代には年金給付が与えられないなどの課題がある。

(9) 「ノーマライゼーション」について，「高齢者」「障害」「バリアフリー」という言葉を使って説明せよ。

解答 (1) ア　（エリザベス）救貧法　　イ　ビスマルク　　ウ　社会保障法　　エ　ベバリッジ報告　　(2)　社会主義者鎮圧法
(3)　「ゆりかごから墓場まで」　　(4)　プログラム規定説
(5)　公的扶助・社会福祉・公衆衛生　　(6)　(a)　合計特殊出生率　　(b)　2.07(2.08)　　(7)　C→A→B→D　　(8)　B
(9)　若者も高齢者も，障害のある人もない人も，バリアフリーを徹底させることによって一緒に生活していくこと。

解説 社会保障の歴史と，日本の場合についての設問である。
(1)　ア　エリザベス１世が制定。　　イ　ドイツ帝国の鉄血宰相。
エ　経済学者ベバリッジがイギリス政府に提出した報告書。
(3)　ベバリッジ報告をもとに，戦後の労働党政権が推進した社会保障政策の標語。膨大な財政支出が問題となって，後にサッチャー保守党政権で見直された。　　(4)　憲法第25条の生存権をめぐる最高裁の見解。　　(5)　この四本柱はすべて覚えておきたい。
(6)　(b)　統計によって推定が異なるが，大体2.07〜2.08とされている。　　(7)　A　1986年施行。　B　1999年施行。　C　1983年施行。　D　2000年施行。　　(8)　年金の財政方式は大きく2つに分かれている。各年度にわたって納められた保険料を積み立てた原資から支給するのが積立方式。その年度の現役労働者が納めた保険料から支給するのが賦課方式。Aは積立方式，Bは賦課方式の説明。C・Dは積立方式の長所と短所。

中高公民（公共）　環境問題への取り組み

ポイント

　環境問題は現代社会にとって焦眉の急というべき懸案であり，近年ますます関心が高まっている。そのためか，教員採用試験でも取り上げられる頻度が増している。出題の傾向としては地球的規模からみた環境問題と，日本の立場からみた環境問題に大別され，いずれも網羅的に学習することが必要である。

　まず，地球的規模の環境問題について，オゾン層破壊，酸性雨，森林破壊，砂漠化，海洋汚染などが典型的な内容となっているが，最も多く出題されているのはやはり地球温暖化である。それぞれについて発生の原因をしっかり把握しておくことが大事である。それとともに，国際的または国内的にどのような取り組みが進められているか，過去から現在に至るまでに開かれた国際会議の名称やその決定，及び条約や協定などの内容なども押さえるようにしたい。環境問題は現在進行中の問題なので，ニュースなどのチェックを怠らず，最新の動向を反映した設問にも対応できるようにしよう。

　日本の環境問題については，まず公害の歴史を学ぶべきだろう。我が国の公害問題の原点とされる足尾銅山の事例から，高度経済成長期の四大公害，そしてその反省から順次整備が進められてきた環境対策の子細などが主な内容となる。また，現在の我が国の環境問題への取り組み，資源・エネルギーの供給・消費の現状などを学ぶようにしたい。ここでも時事を押さえておくことが欠かせない。新しい動きの報道や数字の発表には常に目を光らせておくようにしよう。

□地球温暖化　人間活動に伴う温室効果ガスが大気中に放出されることによって，地表の温度が上昇すること。

□温室効果ガス　CO_2(二酸化炭素)，メタン，フロンなど，大気の熱収支に働いて地球の平均気温を上昇させる効果のある気体。

世界の年平均気温偏差

□二酸化炭素　二酸化炭素(CO_2)排出量の国別割合(2019年)

（『世界国勢図会』2023/24より作成）

□気候変動枠組条約　1992年6月の地球サミットで採択され，1994年3月に発効。この条約は，「大気中の温室効果ガスの濃度を，気候系に対して危険な人為的影響を及ぼさない水準に安定させる」ことが目的。

□京都議定書　1997年12月に京都で開かれた，気候変動枠組条約第3回締約国会議(COP3)で採択された温室効果ガス排出量の削減計画。

対象ガス	二酸化炭素・メタン・一酸化二窒素・代替フロン等3ガス
吸収源	森林などの吸収源による二酸化炭素吸収量を算入
基準年	1990年(代替フロン等3ガスは1995年としてもよい)
約束期間	2008〜12年の5年間
数値約束	先進国全体で少なくとも5％削減を目指す 日本△6％，米国△7％，EU△8％等

□**パリ協定**　京都議定書にかわり，2020年以降の温室効果ガス削減の目標を定めた国際的枠組み。2015年にパリで開かれた気候変動枠組み条約第21回締約国会議で決められた(2016年発効)。

	京都議定書	パリ協定
削減目標	先進国全体で温室効果ガス5.2%削減	気温上昇を2℃未満にする(1.5度未満へ努力)
対象国	法的拘束は先進国のみ	途上国含むすべての国
削減方法	クリーン開発メカニズム，共同実施，排出量取引	各国が5年ごとに現行目標を上回る削減目標を提出

□**オゾン層破壊**　人工的につくられたフロンガスが大量に放出され，成層圏のオゾン層を破壊する現象。南極や北極の上空でオゾンホールの拡大が確認されている。

□**モントリオール議定書**　1987年にカナダのモントリオールで採択。フロンガスの規制が目的。日本も参加し，翌年にオゾン層保護法を制定した。以後も国際的な規制が強められていき，1995年には先進国で特定フロンガスの生産を全廃することが決められた。

□**酸性雨**　石油・石炭など化石燃料の燃焼により排出された硫黄酸化物や窒素酸化物が大気中で変化し，強い酸性の雨を降らせる現象。森林の枯死，水質の変化，生態系への悪影響などを引き起こす。

□**森林破壊**

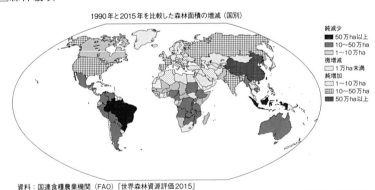

1990年と2015年を比較した森林面積の増減（国別）

純減少
■ 50万ha以上
■ 10〜50万ha
▥ 1〜10万ha
微増減
□ 1万ha未満
純増加
▨ 1〜10万ha
▦ 10〜50万ha
▤ 50万ha以上

資料：国連食糧農業機関（FAO）「世界森林資源評価2015」
出典：『平成30年版　環境・循環型社会・生物多様性白書』（環境省）

□**砂漠化**　過放牧・過耕作によって土地の保水力が弱まるという人為的な要因と，雨が降りにくいという気候的な要因が相互に関連し，砂漠が広がること。

□**海洋汚染**　陸地からの汚染物質の流入や廃棄物の投棄によって海洋が汚染されること。油の漂着や流出による汚染の件数が最も多い。赤潮などが発生することもあり，海洋全体の生態系が乱れ，水産資源に悪影響が出ている。

□**地球環境問題の相互関係**

出典：『資料　新総合政・経』(東京書籍)

□四大公害裁判

	新潟水俣病(第二水俣病)	四日市ぜんそく	イタイイタイ病	水俣病
提訴日/原告数	1967年6月12日／76人	1967年9月1日／12人	1968年3月9日／33人	1969年6月14日／138人
被告	昭和電工	昭和四日市石油，三菱油化，三菱化成，三菱モンサント，中部電力，石原産業	三井金属鉱業	チッソ
発生地域	1964年頃から70年にかけ新潟県阿賀野川流域	1961年頃から三重県四日市市のコンビナート周辺	大正時代から富山県神通川流域	1953年頃から60年にかけて熊本県水俣湾周辺
被害症状	手足のしびれ，目や耳が不自由になり死亡	気管支など呼吸器が侵され，ぜんそく発作が襲う	骨がもろくなり，「痛い痛い」と叫んで死んでいく	手足のしびれ，目や耳が不自由になり死亡
原因	工場排水中の有機水銀に汚染された魚介類の摂取(メチル水銀中毒)	亜硫酸ガスの排出により大気が汚染され，その空気を吸うことで呼吸器に支障	鉱山からたれ流されたカドミウムに汚染された食べ物を摂取	工場排水中の有機水銀に汚染された魚介類の摂取(メチル水銀中毒)
請求額	5億2,267万4,000円	2億58万6,300円	6,200万円(第1審)1億5,120万円(控訴審)	15億8,825万円
おもな争点	因果関係，故意・過失責任	複合公害における因果関係，共同不法行為，故意・過失責任，損害算定法	因果関係	故意・過失責任
裁判所	新潟地方裁判所	津地方裁判所四日市支部	富山地裁(第1審)名古屋高裁(控訴審)	熊本地方裁判所
判決日	1971年9月29日	1972年7月24日	1971年6月(第1審)1972年8月9日(控訴審)	1973年3月20日
判決内容(法的根拠)	原告(被害者)側全面勝訴／疫学的因果関係の推定で立証されるとして，被告側の企業責任を追求(民法第709条［不法行為］)	原告(被害者)側全面勝訴／コンビナートの各企業の共同不法行為(民法第709，719条［不法行為，共同不法行為］)	第1審・原告側全面勝訴→被告側控訴控訴審・被告側敗訴／疫学的因果関係の証明で損害賠償が可能(鉱業法第109条［無過失責任規定］)	原告(被害者)側全面勝訴／工場排水は事前の安全確認が必要でそれを怠った企業責任を認める(民法第709条［不法行為］)
判決額	2億7,779万円	8,821万円	5,700万円(1審)1億4,820万円(控訴審)	9億3,730万円

出典：『2005資料　現代社会』(清水書院)

□公害の類型　大気の汚染・水質の汚濁・土壌の汚染・騒音・振動・地盤の沈下・悪臭の7つ(環境基本法第2条第3項)。

□環境ホルモン　内分泌攪乱物質のことで，環境の中にあって体の各器官の働きを調整するホルモン(＝内分泌物質)の働きを乱す化学物質をいう。ごく微量でも影響が出る上，生殖異常によって影響が世代を越える可能性も大きい。

□ダイオキシン類　塩素系のプラスチックなどを燃焼させると生じる猛

毒性の物質。自然状態では大量に発生しないが，ごみの焼却場や産業
廃棄物の処理場の周辺から検出され，大きな社会問題となっている。

□**アスベスト**　石綿ともいう。繊維状の鉱物で，耐熱性や耐摩耗性に優
れているため，工業や建築で広く使われてきた。しかし，これを吸引
すると深刻な健康被害が生じるため，使用製造がほぼ禁止された。

□**汚染者負担の原則**　PPP(Polluter Pays Principle)ともいう。公害被害
者の救済は，汚染者がその費用を負担するという原則。

□**環境アセスメント**　**環境影響評価**ともいう。環境に影響を及ぼすおそ
れのある事業に関して，事前に調査・予測・評価を行い，地域住民な
どの意見を踏まえて環境保全を講じること。日本では，1997年に環境
アセスメント法(環境影響評価法)が成立した。

□**3R (3つのR)**

```
─ Reduce
     →リデュース
       ＝廃棄物の発生抑制

─ Reuse
     →リユース
       ＝再利用

─ Recycle
     →リサイクル
       ＝再資源化
```

出典：経済産業省啓発ポスター

□**循環型社会形成推進基本法**

2000年に成立。資源循環という視点に立ち，廃棄物処理の優先順位を，

発生抑制 → 再使用 → 再生利用 → 熱回収 → 適正処分 と初
めて法定化した。この基本法に対応する個別法として，様々なリサイ
クル法が次々に制定されている。

図　3R+Renewableのイメージ

出典：『環境・循環型社会白書　令和5年版』（環境省）

例題1

地球環境問題に関する国際条約の内容と条約名の組合せとして最も適当なものを，下の1～6から1つ選べ。

A　遺伝子組みかえ生物などの国境を越える移動について定めた。

B　有害廃棄物の国境を越える移動およびその処分の規制を定めた。

C　遺伝子資源の利用と公正な利益配分などを定めた。

　ア　名古屋議定書　　イ　バーゼル条約　　ウ　カルタヘナ議定書

　1　A－ア　　　B－イ　　　C－ウ

　2　A－ア　　　B－ウ　　　C－イ

　3　A－イ　　　B－ア　　　C－ウ

　4　A－イ　　　B－ウ　　　C－ア

　5　A－ウ　　　B－ア　　　C－イ

　6　A－ウ　　　B－イ　　　C－ア

解答　6

解説　アの名古屋議定書は，遺伝資源の利用と公正な利益配分について

234

定めたもので，2010年に採択された。海外の動植物や微生物に含まれる遺伝資源を利用し，医薬品や食品等を開発した場合，その利益を資源の提供国側にも公平に配分することなどを定めた。イのバーゼル条約は，正式には「有害廃棄物の国境を越える移動及びその処分の規制に関するバーゼル条約」という。1980年代，ヨーロッパからアフリカへ有害廃棄物の不法輸出が相次いだことから，1989年に採択された。ウのカルタヘナ議定書は，生物多様性の保全や自然環境等への悪影響を防止するため，遺伝子組みかえ生物等の国境を越える移動について定めたもので，2000年に採択された。

━━━━━━━━━━ 例題2 ━━━━━━━━━━

様々な地球環境問題とその取り組みについて述べた文として誤りを含むものを，次の①〜⑤から1つ選べ。

① 酸性雨については，モントリオール議定書が採択され，硫黄酸化物や窒素酸化物の排出削減に向けた取り組みが進められている。
② 渡り鳥の生息地として重要な湿地とその動植物を保護することを目的としたラムサール条約の登録湿地に，日本の釧路湿原が指定されている。
③ 地球温暖化防止のための政策として，環境税を設定している国が複数ある。
④ 地球温暖化の対策として，温室効果ガスの削減目標を定めた京都議定書があり，ロシアが批准したため，発効した。
⑤ 有害廃棄物の越境移動により発展途上国などにもたらされる汚染被害を防ぐことを目的に，バーゼル条約が締結された。

解答　①

解説　①の「モントリオール議定書」はフロンガスの生産禁止に関する取り決めで，酸性雨ではない。「酸性雨」とはpH5.6以下の雨をいう。

━━━━━━━━━ **例題3** ━━━━━━━━━

1997年に開催された気候変動枠組条約第3回締約国会議で採択された「京都議定書」及び我が国の地球温暖化対策に関する記述として適切なものは，次の1～4のうちのどれか。

1　アメリカ合衆国は議定書に署名はしたものの離脱し，また経済発展が著しい中国にも削減義務がないために，議定書を批准し削減義務を保有する国の二酸化炭素総排出量は世界の総排出量の約30%にとどまっている。

2　「産業部門」及び「運輸(貨物自動車及び公共交通機関等)」部門に対しては，厳しく削減義務を課しているが，近年排出量の増加が著しいオフィスビル・商業施設等・家庭等における電力使用による排出量を示す「業務その他」「家庭」「運輸(自家用乗用車)」各部門に対しては，削減義務を課していないため，効果を疑問視する見方もある。

3　日本は，温室効果ガスを1990年を基準として8%削減するというEU諸国と同じ世界最高数値約束を設定したが，日本が提唱した，目標を上回って削減した分を排出権として他国に売る排出権取引制度は，地球環境保護の理念に合わないとして取り止められた。

4　先進国と同じように途上国にも2008年～2012年までに1990年の総排出量と比べて全体で5.2%削減するという具体的な削減目標を定めたため，途上国側から強い反発が出て，議定書から離脱する途上国が相次いでいる。

解答　1

解説　2　削減義務は課されている。　3　日本の削減義務は6%。
4　途上国に対して削減義務は課されなかった。京都議定書拘束期間(2020年)以降における国際協力の枠組みを話し合うCOP21(2015年，パリ)の結果，パリ協定が締結され，世界の平均気温の上昇を産業革命以前の2℃未満に抑制(1.5℃未満に押さえるよう努力)することが決められた。

━━━━━━━━━ **例題4** ━━━━━━━━━

次の表は，環境に関する会議，条約，宣言などをまとめたものである。

この表を見て，あとの問1〜問8に答えよ。

1972年　6月	a「国連人間環境会議」が〔　ア　〕で開催。「人間環境宣言」を採択。
1979年11月	b「長距離越境大気汚染条約」を西ヨーロッパ諸国が締結。
1985年　3月	cUNEPの会議がオーストリアで開催。「オゾン層保護のためのウィーン条約」を採択。
1987年　9月	d「オゾン層破壊防止のための国際会議」がカナダで開催。
1992年　6月	e「国連環境開発会議(地球サミット)」が〔　イ　〕で開催。
1994年　6月	f「国際砂漠化防止会議」第5回実質会合の開催。
1997年12月	「気候変動枠組条約」第3回締約国会議 (COP3)が日本で開催。g「京都議定書」の採択。
2015年11月	気候変動枠組条約第21回締約国会議がフランスで開催。

問1　表中の空欄〔　ア　〕〔　イ　〕に適当な国名を書き入れよ。

問2　下線部aの会議のスローガンを，次の①〜③から1つ選び番号で答えよ。

① Sustainable Development　② Our Common Future

③ Only One Earth

問3　下線部bの条約は酸性雨のモニタリングや酸性雨の原因となる硫黄の排出削減などが規定されている。右の円グラフは日本に沈着する硫黄酸化物の発生源と考えられる国・地域の割合を示したものである(1995年)。グラフ中のA〜Eは次に示す①〜⑤のいずれかの国・地域である。A，B，Cに該当する国名・地域名を①〜⑤から1つ選び番号で答えよ。

(国立環境研究所資料より作成)

① 日本　② 台湾　③ 韓国・北朝鮮　④ 中国

⑤ 東南アジア

問4　下線部cの正式名称を答えよ。

問5　下線部dに関連して，1982年に世界で初めて，上空オゾン量の大幅な減少が確認された場所はどこか答えよ。

問6　下線部eの会議と最も関連の深い内容を，次の①〜④から番号で選べ。

① 「気候変動に関するノールトベイク宣言」の採択

② 「有害廃棄物の越境移動およびその処分の規制に関するバーゼル条約」の採択

③ 「持続可能な開発に関するヨハネスブルグ宣言」の採択

④ 「生物多様性条約」，「アジェンダ21」等の文書合意

問7　下線部fに関連して，灌漑のためのカラクーム運河建設により干上がり，面積が著しく縮小した湖の名称を答えよ。

問8　下線部gにおいて，日本に義務づけられた内容を具体的な数値を用いて，簡潔に答えよ。

解答　問1　ア　スウェーデン　イ　ブラジル　問2　③
問3　A　④　B　①　C　③　問4　国連環境計画
問5　南極大陸　問6　④　問7　アラル海　問8　2008年から12年までの間に，1990年比6％以上温室効果ガスを削減する。日本は京都議定書に1998年に署名し，2002年に締結した。

解説　問1　国連人間環境会議以降，各国は国連と連携して環境悪化を防止するための活動を行っている。　問2　国連人間環境会議では「かけがえのない地球」(Only One Earth)をキャッチフレーズとした。　問3　酸性雨被害の大きな問題点は，酸性物質を発生させている場所と，被害が生じている場所が異なることである。
問4　UNEP(ユネップ)は1972年に設立された国連機関，本部はナイロビ。　問5　南極上空のオゾンホールはフロンなどの規制により小さくなっている。　問6　アジェンダ(agenda)とは「議題」の意。　問7　アラル海に流入する河川のアムダリア川，シルダリア川は途中で灌漑用水として多量に使用されている。
問8　先進国全体では5％以上を削減目標としている。アメリカは7％(後に離脱)，EUは8％を表明している。

第 5 章

中高公民
（政治経済）

中高公民（政治経済） 政治のしくみと流れ

ポイント

　政治・経済とは，その名称が表すように，政治分野と経済分野を取り扱う科目である。高等学校の公民科では，新設された「公共」という科目もある。教員採用試験では，公共は独立した科目として出題されることもあれば，政治・経済または公民科に統合して出題されることもある。政治・経済と公共は内容上の関連性も大きいので，できれば並行して学習することを勧めたい。

　「政治のしくみと流れ」の出題傾向を見てみると，その内容は次の5つに分けられる。第1は，政治の基本原理。ここでは民主政治の発達過程およびその基盤たる社会契約論などの諸思想，人権尊重への取り組みについての設問が多い。第2は，日本国憲法の基本原理。ここでは三大原理，特に基本的人権の内容についての設問が多い。また憲法の条文が出題されることもあるので，その対策が必要だろう。第3は，日本の政治機構。ここでは三権や地方自治，選挙制度などが問われる。注意しておきたい事項として，司法では判例を取り上げた問題があること，地方自治体が行う教員採用試験では地方自治や地方分権の問題が割合として多いこと，選挙については現行の制度や選出のしくみを問う問題が多いこと，を挙げておく。第4は，国際政治。ここでは国際連合の機能と諸機関の役割，国際連盟との比較，核兵器と軍縮の問題，第二次世界大戦後の国際情勢が頻出である。第5は，現代日本の政治。ここでは終戦から令和の現在までの我が国の動向が出題される。政治が主な内容となっているが，経済の動きと重ね合わせた設問も少なくない。また外交についての設問も多いので，それぞれに対応できるように学習されたい。

□**マグナ・カルタ**　大憲章。1215年，イギリスのジョン王が封建貴族に認めさせられた文書で，初めて王権を制限したという点が画期的。

□**権利章典**　1689年。**名誉革命**の後に成立。王権を制限し，議会の優位を確認した内容。これを受けて，18世紀のイギリスで議会政治が確立。

□**バージニア権利章典**　1776年6月，アメリカのバージニア植民地でジョージ・メイソンによって起草された成文憲法。自然法の考えに基づく人権を初めて明文化。

□**アメリカ独立宣言**　1776年7月，ジェファソンらが起草。民主主義の基本原理が述べられた内容で，13植民地の代表者によって可決された。イギリスの社会契約論者ロックの影響が見られる。

□**フランス人権宣言**　1789年，フランス革命の最中，憲法制定国民議会で採択。ラファイエットらが起草。正式名称は「人および市民の権利宣言」。近代民主主義思想を集大成した内容。

□**奴隷解放宣言**　1863年，アメリカ南北戦争の際，北部の**リンカン**大統領が宣言。戦後に憲法の修正を行ってこの宣言を反映。

□**「人民の，人民による，人民のための政治」**　同じく**リンカン**大統領。1863年のゲティスバーグ演説での一節。民主主義の本質を言い表した言葉として有名。

□**ワイマール憲法**　1919年制定のドイツ共和国憲法のこと。憲法制定議会の開催場所がワイマールだったためにこう称される。主権在民，男女平等の普通選挙，**社会権**の規定などを盛り込み，当時の世界で最も民主的な憲法とされた。

□**世界人権宣言**　1948年，第3回国連総会(パリ)で初代人権委員長，故ルーズベルト大統領夫人によって提案されて採択。国境を越えた，人類普遍の理念としての人権尊重を宣言。

□**国際人権規約**　1966年，第21回国連総会で採択。世界人権宣言を条約化したもの。社会権的なA規約，自由権的なB規約，B規約に関する選択議定書，の三つで構成。日本は公務員の争議権などの留保付きで1979年に批准。

□主要判例

事件・訴訟	争　点	判　　決
砂 川 事 件 (1959.12-最高裁判決)	憲法第9条と日米安保条約の整合性など	**統治行為論**=高度の政治性を有する案件は、違憲審査の対象ではなく、国民の政治的批判に委ねられるべき。
三菱樹脂事件 (1973.12-最高裁判決)	思想・信条を理由に企業は採用を拒否できるか	憲法の保障する人権は私人相互の関係を直接規律するものではなく、企業にも経済活動の自由の一環として契約の自由があるので、採用拒否を違法とすることはできない。
津地鎮祭訴訟 (1977.7-最高裁判決)	地鎮祭への公金支出は政教分離の原則に反するか	**目的効果基準**=宗教的行為については、行為の目的と効果という2つの基準で判断。地鎮祭はこれに照らして宗教的活動ではないと判断。
チャタレイ事件(1957.3-最高裁判決)	表現の自由への制限は可能か	**公共の福祉**のために表現の自由を刑法第175条によって制限することは合憲。(この事件は出版物の内容がわいせつとして訴えられたもの)
朝 日 訴 訟 (1967.5-最高裁判決)	憲法第25条の生存権の保障と生活保護の基準	**プログラム規定説**=憲法第25条の規定は具体的な権利や政府の義務を定めたものではなく、政治の指針(プログラム)を述べたに過ぎない。実際の保障は立法・行政の社会政策に委ねる他はない。
猿 払 事 件 (1974.11-最高裁判決)	国家公務員の政治的行為の制限規定は違法か	国家公務員の政治的行為は公務員の政治的中立性を損なうおそれがあるため、合理的で必要やむをえない限度にとどまるものであれば制限は合憲。
西 山 事 件 (1978.5-最高裁判決)	知る権利や報道の自由はどこまで保障されるか	知る権利に奉仕する報道・取材の自由は尊重されるべきだが、強引な手段や道義に反する手段を用いて外務省の機密を漏洩させた取材行為は違法。
宴のあと事件 (1964.9-第一審判決)	ある個人をモデルにして私事を描いた小説は表現の自由にあたるか	表現の自由は無差別・無制限に私生活を公開することを許していないとして、初めてプライバシーの権利を認め、「私生活をみだりに公開されない権利」と定義。

□主要な違憲判決

事例	憲法上の根拠	違憲の理由	立法府の対応
尊属殺人の重罰規定(1973)	第14条(法の下の平等)	刑法第200条の尊属殺人重罰規定は不合理な差別。	刑法第200条を削除。
薬局の距離制限(1975)	第22条(職業選択の自由)	薬事法第6条の薬局開設の距離制限は必要かつ合理的ではない。	当該条項を廃止。
衆議院の「一票の価値」(1976・1985)	第14条(法の下の平等)・第44条(選挙人の資格)	議員1人あたりの有権者数の格差が合理的に許される範囲ではない。(但し、選挙結果は有効)	公職選挙法の改正で定数是正。
共有林の分割制限(1987)	第29条(財産権の保障)	森林法第186条は不必要なもので、財産権を制限。	当該条項を廃止。
玉串料への公費支出(1997)	第20条(政教分離)・第89条(公の財産)	玉串料への公費支出は**宗教的活動**としての意義を持つために違憲。	公金支出の前首長に賠償命令。
書留郵便の免責規定(2002)	第17条(国家賠償請求権)	郵便法第68条の免責規定は合理性・必要性なし。	郵便法を改正。
在外邦人選挙(2005)	第15条(選権の保障)他挙	在外邦人の選挙権制限は投票機会の平等に反す。	公職選挙法を改正。
国籍法婚姻条件(2008)	第14条(法の下の平等)	父母の婚姻を国籍取得の条件とするのは違憲。	国籍法を改正。
神社市有地無償提供(2010)	第20条・第89条	空知太神社に市有地無償提供は政教分離に違反。	市有地を有償貸与。
婚外子相続差別(2008)	第14条(法の下の平等)	婚外子の遺産相続分が嫡出子の半分なのは違憲。	民法を改正。
女性の再婚禁止期間(2015)	第14条(法の下の平等)	100日を超える禁止は過剰な制約とする。	民法を改正。
孔子廟公有地無償提供(2021)	第20条・第89条	市が管理する土地の無償提供は政教分離に違反。	市が土地使用料を要求。

□地方自治の直接請求制度

（　）内の数字は地方自治法の条数

種　類	必要署名数	請求先	取　扱
条例の制定・改廃の請求(74)	有権者の50分の1以上	首長	首長が20日以内に議会にかけ、結果を公表
監査の請求(75)		監査委員	監査結果を公表し、首長・議会などに報告

リコール	議会の解散 (76・79・85)	有権者の3分 の1以上 (有権者が40 万人超の場合 その8分の1 を合算)	選挙管理委 員会	住民投票を実施，過半 数の同意で解散
	議員・首長の解 職(80〜85)			住民投票を実施，過半 数の同意で解職
	主要公務員の 解職(86〜88)		首長	議会にかけ，3分の2以 上の出席・4分の3以上 の同意で解職

□レファレンダム　住民投票または国民投票。地方では議会解散・議員と首長の解職請求の成立後に行われる投票，地方自治特別法の制定の投票があり，国政では憲法改正の国民投票がある。

□国際連合のしくみ

総会	国連貿易開発会議(UNCTAD) 国連難民高等弁務官事務所(UNHCR) 世界食糧計画(WFP) 国連児童基金(UNICEF) 関連機関 化学兵器禁止機関(OPCW) 国際原子力機関(IAEA) ※注1	経済 社会 理事会	アジア太平洋経済社会委員会(ESCAP) 国連森林フォーラム 専門機関 国際労働機関(ILO) 国連教育科学文化機関(UNESCO) 世界保健機関(WHO) 国際通貨基金(IMF)
安全 保障 理事会	国連平和維持活動(PKO) 国際刑事裁判所メカニズム 専門機関 国際原子力機関(IAEA) ※注1	事務局　国際 司法 裁判所　信託 統治 理事会	

※注1　IAEAは総会・安全保障理事会の双方へ報告義務あり

例題1

日本の政治機構について，次の(1)〜(3)の問いに答えよ。

(1)　内閣が総辞職しなければならない場合を，日本国憲法の規定に基づいて3つ述べよ。

(2)　地方公共団体の議会と長の関係について，「議院内閣制における議会と内閣の関係の特徴」と「大統領制における議会と大統領の関係の特徴」に関連させて，具体的に説明せよ。

(3)　日本の司法制度における裁判の公開並びに裁判の種類と法廷手続きについて，1時間の授業を行うときの学習指導案を作成せよ。

解答　(1)　内閣が総辞職しなければならないのは，①衆議院が内閣不信

任の決議案を可決し，または信任の決議案を否決したときに，10日以内に衆議院が解散されないとき(日本国憲法第69条)，②内閣総理大臣が欠けたとき(日本国憲法第70条)，③衆議院議員総選挙の後に初めて国会の召集があったとき(日本国憲法第70条)である。　(2)　地方公共団体の議決機関である議会も，執行機関である長もそれぞれ住民の直接選挙で選出される点で，議会と長が対等な関係であること。そして，長が議会の議決した条例・予算に対して再議請求権を行使できることなど，地方公共団体においては大統領制を基本としている。ただ，完全な大統領制ではなく，議会は長の不信任決議を行うことができ，これに対して長が議会解散権を有するなど，議院内閣制に類似した制度も一部とりいれられている。

(3)

本時の目標	国民の自由と権利を保障する制度である裁判の公開並びに裁判の種類と法廷手続きについて学ぶ。		
段階	学習活動・学習内容	指導上の留意点	評価の観点
導入	・裁判所の種類や配置について学ぶ。 ・法廷の意味と法廷内でのメモの是非などについて考える。	・自分が知っている裁判所の種類をノートに書かせる。その後，自分の住んでいる地域にはどのような裁判所があるかを発問し，裁判所の配置を確認させる。 ・裁判に関するクイズを出し，生徒に答えさせて，それぞれの意味を考えさせる。	・裁判所を身近に感じ，関心や意欲を持ったか。(関心・意欲)
展開	・国民の自由と権利を守るために裁判は公開され，かつ三審制がとられていることを学ぶ。 ・裁判の種類とその内容について学ぶ。 ・法廷での手続きの流れについて学ぶ。	・裁判を公開する目的や三審制の仕組みについて理解させる。 ・刑事裁判は，罪を犯した疑いで起訴された人が有罪か無罪か，有罪の場合には刑罰を決める裁判であること。民事裁判は，日常生活で起こる法律上の争いを判断して解決する裁判であること。行政裁判は，政府や地方公共団体の行った決定に対して国民が異議を申し立てる裁判であることを理解させる。 ・刑事裁判の冒頭手続きや証拠調べ手続き，弁論手続き，民事裁判の和解などについて理解させる。	・憲法の条文を読み取り理論的に整理できたか。(資料活用の技能・表現) ・身近な出来事と裁判の関係について理解できたか。(思考・判断)
まとめ	・本時の内容を振り返りながら裁判制度についてまとめる。	・裁判の公開や法廷手続きなどは，国民の自由と権利を保障するための制度であることを理解させる。	・授業の内容を理解しているか。(知識・理解)

解説 (1) 内閣の総辞職は，衆議院総選挙との関連が深い。衆議院が解散になった場合40日以内に総選挙を行い，総選挙後30日以内に特別国会を召集することも把握しておく。数字がキーワードとなるものが多い。 (2) 議院内閣制は，内閣が議会に対して責任を負い，その存立が議会の信任に依存する制度である。特徴は，議会の多数派が内閣を形成し，政権の座に就くことにより立法と行政との間に協力関係が築かれることにある。立法と行政は内閣によって結ばれ，両者は一体不可分の関係におかれる。この点において立法と行政を厳格に峻別しようとするのが大統領制である。
(3) 裁判所の種類や配置など形式的なことを「導入」するよりも，司法制度は何のためのものであるか(なぜ裁判があるのか，必要なのか等)を考えさせることが必要である。裁判の種類や仕組みについては，それに派生して生徒自身が問題意識をもって取り組めるようになる。まずは，生徒自身が個々の学習問題を見いだせるような資料(素材)提示等が大切になる。教師から学ぶ内容を一方的に指示する説明調ではなく，あくまでも生徒自身が自ら問題解決を図っていく授業が望ましい。

例題2

日本国憲法に関する次の文章を読んで，下の問いに答えよ。

日本国憲法は，①大日本帝国憲法を改正するという形で第90回帝国議会において審議され，1946年11月3日に公布，翌年5月3日に施行された。

日本国憲法はその前文で，「国政は，国民の厳粛な信託によるものであつて，その権威は国民に由来し，その権力は国民の代表者がこれを行使し，その福利は国民がこれを享受する」と主権在民を宣言し，また，②基本的人権の性格については，その第11条及び第97条で「(a)」として保障されるべきものであるとしている。

政治権力については，③国会・内閣・裁判所が相互に抑制と均衡を図ることにより，民主政治がより徹底したものとなるように権力分立制を採用している。

1　文章中の（　a　）に適する言葉を書け。
2　下線部①に関連して，大日本帝国憲法では，天皇は国の元首であり
　統治権を総攬する旨が規定されている。天皇によって立法・行政・
　司法の各権限が行使される時に，同憲法では，どのような形で行使
　されると規定していたか，それぞれ書け。
　立法権：
　行政権：
　司法権：
3　下線部②に関連して，次の問いに答えよ。
　(1)　職業選択の自由について争われた裁判で，最高裁判所が経済活
　　動の自由に反するとして違憲立法審査権を行使し，法律の規定を
　　無効とした裁判の名称を書け。
　(2)　憲法で規定されている基本的人権の各権利の具体的内容を次の
　　ア，イの判例を使って授業で説明したい。どのように説明したら
　　よいか，裁判の概要についてもふれながら，それぞれについて簡
　　潔に書け。
　　ア　三菱樹脂訴訟　　　イ　チャタレィ事件
4　下線部③に関連して，次の問いに答えよ。
　(1)　国会議員は「国民の代表者」であるということから，憲法上い
　　くつかの特権が付与されている。このうち，日本国憲法第50条で
　　定められている「不逮捕特権」について，説明せよ。
　(2)　わが国の衆議院及び参議院の比例代表区の議席を各政党に配分
　　する際，ドント方式という計算方法が用いられている。いま，比
　　例代表区の各政党の獲得票が次のような場合，ドント方式で計算
　　すると，各政党の獲得議席はそれぞれいくつになるか，求めよ。
　　計算の過程も書け。なお，全議席数は11議席とする。
　　A党：5000票　　B党：6000票　　C党：3000票
　　D党：1700票
　(3)　日本国憲法第69条は，衆議院による内閣不信任決議権を規定し
　　ているが，現行憲法の下で提出された内閣不信任案の多くは否決
　　され，可決されたのは過去に4例しかない。

ア　このうち，1990年代に内閣不信任案が可決された時の内閣総理大臣の名前を書け。

イ　前問アの内閣不信任案が可決されたのはなぜか。当時の政治状況と内閣不信任案可決に至った背景について説明せよ。

(4)　行政権から司法権の独立を守った事例として「大津事件」が有名だが，現行憲法の規定からみると問題点を指摘することができる。どのような問題があると考えられるか，書け。

解答　1　侵すことのできない永久の権利　2　立法権〔帝国議会が協賛する〕　行政権〔各国務大臣が輔弼する〕　司法権〔裁判所が天皇の名において裁判を行う〕　3　(1)　薬事法違憲訴訟

(2)　ア　民間企業に採用された学生が，学生時代の学生運動の活動歴などを隠したとして試用期間後会社側から本採用を拒否されたことに対し，地位保全と賃金の支払いを求めて争われた裁判。最高裁は企業側の経済活動の自由を認めるとともに，憲法第19条で保障する思想及び良心の自由は私人間には適用されないとし，会社側の決定は違法とは言えないという判決を下した。

イ　D.H.ロレンスの小説『チャタレー夫人の恋人』を翻訳し出版したところ，わいせつな表現があるとして，翻訳者と出版社がわいせつ物頒布違反で起訴されたことに対して，表現の自由に反するとして争われた裁判。最高裁は，憲法第21条で保障する表現の自由はきわめて重要だが，公共の福祉により制限される場合もあり得ると判断，最小限度の性道徳を維持することが公共の福祉の内容であることを認め，翻訳書をわいせつ文書と認める判決を下した。　4　(1)　国会議員は国会の会期中逮捕されず，会期前に逮捕された場合であっても当該の議院の要求があれば釈放される。　(2)　A党：4　B党：4　C党：2　D党：1

	A党	B党	C党	D党
÷1	(5000)	(6000)	(3000)	(1700)
÷2	(2500)	(3000)	(1500)	850
÷3	(1666)	(2000)	1000	566
÷4	(1250)	(1500)	750	425
÷5	1000	1200	600	340

(3)　ア　宮沢喜一　　イ　議院内閣制では，基本的に議会で過半数を占める政党が内閣を組織するため，内閣不信任案は与党の議員が賛成票を投じなければ可決されない。宮沢内閣の下で，不透明な政治献金や汚職事件など政治と金に関わる事件が発生し，政治改革が必要であるという世論が高まる中，野党は内閣不信任案を提出した。これに対し，与党内からも賛成票を投じる議員が現れて不信任案は可決，自民党は分裂した。　(4)　大津事件では，大審院長児島惟謙が，政府からの圧力に屈することなく判決を下すよう担当裁判官を説得し，司法権の独立を守ったことで有名だが，日本国憲法第76条では，裁判官は，独立して職権を行い，憲法及び法律にのみ拘束されるとして裁判官の独立が保障されており，児島の行為はこの点から問題とされる。

解説　1　憲法の第11条及び第97条には「侵すことのできない永久の権利」と書かれている。　2　立法権については大日本帝国憲法第5条に「天皇ハ帝国議会ノ協賛ヲ以テ立法権ヲ行フ」，国務大臣については第55条「国務各大臣ハ天皇ヲ輔弼シ其ノ責ニ任ス」，司法権については第57条「司法権ハ天皇ノ名ニ於テ法律ニ依リ裁判所之ヲ行フ」と，それぞれ規定されている。　3　(1)　薬事法第6条第1項は，「薬局の設置の場所が配置の適正を欠くと認められた場合には」許可を与えないことができるとし，第2項でその配置の基準を「都道府県が条例で定める」ことを規定していた。原告は広島県で薬局の営業を企画し知事に許可の申請をしたが，不許可とされたため，憲法第22条の職業選択の自由に違反するとして，提訴したものである。最高裁は，薬局開設の地域的制限の規定はその必要性と合理性を肯定しうるには遠く，立法府の判断は合理的な裁量の範囲を超えるとして違憲判決を下した。

(2)　ア　三菱樹脂訴訟の争点は人権の私人間効力であり，最高裁は，憲法の規定は「もっぱら国又は公共団体と個人との関係を規律するものであり，私人相互の関係を規律することを予定するものではない」と直接適用を否定。本採用拒否を思想・信条による差別であると判断した控訴審判決についても，「企業は雇用の自

由を有し，思想・信条を理由として雇い入れを拒んでもそれを当然に違法とすることはできない」として，原判決を破棄，高裁へ差し戻している。　イ　D.H.ロレンスの小説『チャタレイ夫人の恋人』を出版した小山書店社長及び訳者である伊藤整について，最高裁は「性的秩序を守り，最小限度の性道徳を維持することが公共の福祉の内容をなすことについて疑問の余地がないのであるから，本件訳書をわいせつ文書と認め，その出版を公共の福祉に反するものとした原判決は正当である」とし，被告人を有罪としている。　4　(1)　憲法第50条は「両議院の議員は，法律の定める場合を除いては，国会の会期中逮捕されず，会期前に逮捕された議員は，その議院の要求があれば，会期中これを釈放しなければならない」と規定している。この規定を不逮捕特権と呼んでいる。　(2)　ドント方式は，まず各政党の得票数を1，2，3…と名簿登載者数までの整数で割り，その商を一番大きい数値から順に数えて，選挙すべき議員の数まで各政党に配分する方法で，有権者の政治的意志が議席数にかなり正確に反映される長所がある。　(3)　戦後，衆議院で不信任決議が可決されたのは4例しかない。1948年吉田内閣の「なれあい解散」，1953年吉田内閣「バカヤロー解散」，1980年大平内閣「ハプニング解散」。そして，1993年の宮沢内閣である。1980年の解散は，自民党の反主流派が本会議を欠席したため野党提出の不信任案がハプニングで可決されてしまったものだが，1993年は，与党からも賛成票を投じる議員が出たために，可決されたもので，自民党は分裂。総選挙後，非自民8党派連立の細川内閣が誕生することとなった。　(4)　「大津事件」とは1891年，ロシア皇太子が大津市で警備の巡査に刺されて負傷した事件である。日本国憲法第76条第3項は「すべて裁判官は，その良心に従ひ独立してその職権を行ひ，この憲法及び法律にのみ拘束される」と規定している。この規定を裁判官の独立という。大審院長児島惟謙は，政府の干渉から司法権の独立を守ったとして評価が高いが，大審院長として担当裁判官に指示したことは，裁判官の独立の侵害であると，指摘されることもある。

■■■■■ **例題3** ■■■■■

次のⅠ～Ⅳの文を読んで，下の各問いに答えよ。

> Ⅰ　①政治が行われる最も重要な場は②国家である。国家は一定の③領
> 域をもち，そのもとにある国民やすべての団体を，（　a　）とよばれ
> る最も強大な政治権力で統制している。国民が守るべき④一定の
> ルール(法)を定めたり，他国との関係を処理したり(外交)，警察力
> によって治安を維持したり，それらの活動に必要な経費(税金)を徴
> 収するのも（　a　）である。そのため，わたしたち一人ひとりの生活
> は，国家の政治のあり方によって，重大な影響を受けることになる。

> Ⅱ　国際法は，国と国との関係を調整し，国際社会を規律する法であ
> る。最初に国際法を理論的に体系づけたのは，今日，「国際法の父」
> として知られるオランダの（　b　）である。国際法には，主権国家
> 同士が文書によって合意を定めた（　c　）と，経験的に繰り返され
> ることによって慣行となった合意である（　d　）がある。

> Ⅲ　17世紀から19世紀のヨーロッパでは，（　e　）を基本原理として
> 秩序を維持してきた。（　e　）とは，一つの国家もしくは同盟が突
> 出した勢力をもたないように，同盟を結ぶなどして各国間の軍事力
> に一定の釣り合いをもたせて秩序を維持する方法である。それに対
> して，第一次世界大戦後には，国際社会はより組織化され，⑤国際
> 連盟の創設を通じて集団安全保障が試みられた。

> Ⅳ　国家間の紛争は，武力による対立や抗争に発展しやすい。国際連
> 合には，国家間の紛争を法的に解決するための機関として（　f　）
> [ICJ]がおかれている。そのほか，常設の国際海洋法裁判所(1996
> 年)，国際刑事裁判所(2003年)が設立された。

(1)　文中の（　a　）～（　f　）に入る適切な語句を答えよ。

(2)　下線部①に関連して，「人間は政治(ポリス)的動物」であると述べ
　　た古代ギリシャの哲学者を答えよ。

(3)　下線部②に関連して，ドイツのラッサールが，国家の経済活動に
　　果たす役割を治安維持など必要最低限にとどめた安価な政府を批判

251

石川県の社会科

して用いた名称は何か答えよ。

(4) 下線部③について，領海は12海里，排他的経済水域は200海里と定められた1982年に国連で採択された条約を答えよ。

(5) 下線部④に関連して，法の支配の原則に基づきイギリスで発達した近代の立憲主義とはどのような考え方か，目的を明確にしながら説明せよ。

(6) 下線部⑤の創設を提唱したアメリカ合衆国大統領を答えよ。

解答 (1) a 国家権力　b グロティウス　c 成文国際法　d 不文国際法　e 勢力均衡　f 国際司法裁判所
(2) アリストテレス　(3) 夜警国家　(4) 国連海洋法条約
(5) 人権の保障を目的とし，そのために国家権力を制限し，国の最高法規である憲法に基づいて政治が行われること。
(6) ウィルソン

解説 (1) a 国家権力とは，国家が持つ権力のこと。　b 『戦争と平和の法』において，自然法に基づく国際法について論じたことから，「自然法の父」や「国際法の父」と呼ばれている。　c 成文国際法は条約ともいう。「パリ協定」や「国連憲章」，「国際人権規約」も条約である。　d 不文国際法は，慣習国際法(国際慣習法)ともいう。例えば公海自由の原則など，慣習国際法は後に明文化されたものもある。　e ヨーロッパにおける絶対的な力が確立される状態を防ぐことを意味している。　f 国際司法裁判所は，領土問題などの国家間の紛争を平和的に解決するために設置された国際司法機関である。　(2) アリストテレスは，ソクラテスやプラトンと並ぶ古代ギリシャ最大の哲学者の一人。その著書『政治学』において，「人間はその本性においてポリス的動物である」とし，共同体においてこそ人間は完成に至るとした。　(3) ラッサールは19世紀ドイツの国家社会主義者である。福祉などの社会問題に取り組まない当時の国家を，皮肉を込めて夜警国家と呼んだ。　(4) 国家は領土の基線から12海里までを領海，200海里までを排他的経済水域(EEZ)とすることができる。また，領土の基線から24海里までの領海の外縁を接続水域とすることができ

る。 (5)「法の支配」とは，市民の自由と権利を守るために，権力を法で束縛しようという考え。また，形式的には憲法を定めつつも，その憲法は，人権を十分に保障するものではなく，為政者に絶大な権力を認めている場合がある。こうした憲法による統治は，外見的立憲主義と呼ばれることがある。 (6)「14カ条の平和原則」において，ウィルソンは国際連盟の設立を提唱した。だが，上院の承認を得られなかったため，アメリカは国際連盟には加盟できなかった。

例題4

次の各問いに答えよ。
(1) 次の(ア)〜(エ)の著作の，それぞれの著者を答えよ。
　(ア)『市民政府二論』　　(イ)『リヴァイアサン』
　(ウ)『法の精神』　　(エ)『社会契約論』
(2) イギリスとアメリカの政治制度について，以下の各問いに答えよ。
　① イギリスで「国王は君臨すれども統治せず」という制度が定着したのは，何世紀の何王の頃からか。
　② イギリスで議院内閣制が始まった契機を，「ウォルポール　国王　下院」の3つの語句を用いて説明せよ。
　③ イギリスの現在の二大政党をあげよ。
　④ イギリスの野党が，政権担当に備えるために設けている，内閣を模した制度を何というか。
　⑤ 1911年にイギリスで「下院の優越」を定めた法をあげよ。
　⑥ イギリスの国会で，法案を3回審議する制度を何というか。
　⑦ アメリカの大統領選挙の特徴をあげよ。
　⑧「ゲリマンダー」について説明せよ。
　⑨ アメリカの大統領は何選が禁止されているか。
　⑩ アメリカの大統領が議会の協力を求めるために出すものは何とよばれているか。
(3) 諸外国の政治制度について述べた文として誤りを含むものを，次の①〜⑤から1つ選べ。

① アメリカでは，行政を担当する大統領の所属する政党と議会内の多数政党は，必ず一致している。

② イギリスでは，首相が指名する閣僚は原則的に議員なので，立法府と行政府は独立したものではなく相互に関連している。

③ 中国では，権力の分立を否定し，一院制の議会である全国人民代表大会にすべての権力を集中させる民主集中制を特徴としている。

④ フランスでは，大統領のほかに内閣を代表する首相がおかれているが，大統領は首相の任免，国民議会の解散などの強大な権限を持っている。

⑤ イスラエルでは，首相のリーダーシップを強化するために首相公選制が導入されたが，かえって議会の多党化を招き，政権基盤が弱体化したため，2001年に廃止された。

解答 (1) (ア) ロック (イ) ホッブズ (ウ) モンテスキュー (エ) ルソー (2) ① 18世紀，ジョージ1世 ② ウォルポール内閣は下院の信任を失うと，国王の信任を得ていたにもかかわらず総辞職した。 ③ 保守党・労働党 ④ 影の内閣(シャドー＝キャビネット) ⑤ 議会法 ⑥ 三読会制 ⑦ 一般有権者が選出した大統領選挙人による間接選挙の形をとる。 ⑧ 特定の集団に有利なように選挙区割りを操作すること。 ⑨ 三選 ⑩ 教書 (3) ①

解説 (1) 基本事項である。全問正解を目指したい。 (2) ① 18世紀にハノーヴァー朝(現ウィンザー朝の前身)を開いたジョージ1世はドイツ出身のために英語を話せず，またドイツ滞在が多かったため，内閣に政治を任せるようになり，これが制度として定着した。 ② 1742年のこと。 ③ 第一次世界大戦までは保守党と自由党。 ⑤ 貴族院の法案拒否権が否定された。 ⑥ イギリス議会は本会議中心，アメリカや日本の国会は委員会中心主義を採用している。 ⑧ 1812年にアメリカのマサチューセッツ州知事ゲリーが自党に有利な選挙区の区割りを行ったところ，いかにも変な形になったため，神話の怪物サラマンダーに例

えてゲリマンダーと呼んだのが語源。　(3)　①　「必ず一致している」ではなく，「必ずしも一致しない」。

例題5

人権についての条約や法律に関する記述として誤っているものを，次の①～⑤から1つ選べ。

①　2006年に国連総会で障害者権利条約が採択され，日本はこの条約の批准に先立って，障害者差別解消法を制定した。

②　1997年にアイヌ文化振興法が成立し，2008年には，国会で「アイヌ民族を先住民族とすることを求める決議」が採択された。

③　近年，職場におけるパワーハラスメントが問題となっているが，パワーハラスメントの防止を事業主に義務付ける法律は，現在，一切制定されていない。

④　特定の民族や国籍の人々に対する差別的言動(ヘイトスピーチ)が問題となっており，こうした行為を規制するために，2016年にヘイトスピーチ対策法が制定された。

⑤　1979年に国連総会で女子差別撤廃条約が採択され，日本はこの条約の批准に先立って，男女雇用機会均等法を制定した。

|解　答|　③

|解　説|　パワーハラスメントについては，改正労働施策総合推進法(通称：パワハラ防止法)が2020年6月1日に施行された。これにより，ハラスメント対策は事業主の義務となった。また，厚生労働省は「職場のパワーハラスメント」を6つに分類し，その典型例を示している。

中高公民（政治経済）経済のしくみと流れ

ポイント

　「経済のしくみと流れ」では経済分野を取り扱うが，教員採用試験での出題の範囲はかなり広いものとなっている。その中でも頻出なのは，資本主義経済のメカニズム，市場経済の機能と限界，国民所得や景気，財政と租税，戦後の日本経済，貿易と国際収支，地域的経済統合などだが，それ以外からの出題も決して少なくはない。幅の広い学習を行いつつ，重要な領域は徹底的に学習するようにすれば効果的だろう。

　全体を通して言えることとしては，表やグラフで示された統計資料および数値などのデータ問題に強くなること，様々な経済用語について明瞭かつ簡潔に説明ができること，上辺だけの知識ではなく経済が動く仕組みそのものを理解できていることが求められていることである。経済は取っつきにくく，苦手とする生徒が多いかも知れない。そんな彼らに分かりやすい授業を行える資質が教師に必要である。そのためには，教員採用試験を受験しようとする者がまず理解していなければならない。このことを念頭に置いて，多くの参考書や関連資料にあたりながら学習を進めるようにされたい。

□独占の形態

カルテル (企業連合)	同種産業の複数の企業が市場での競争を避けて協定を結ぶこと。この場合，互いの独立性は保たれる。
トラスト (企業合同)	同種産業の複数の企業が規模拡大や市場支配を目指して合併・買収により合同すること。この場合，互いの独立性は失われ，単一の企業となる。
コンツェルン (企業連携)	複数の産業にわたり，株式の保有などで他の企業の支配権を獲得すること。親会社を筆頭に子会社が重層的に支配される形態が多く，親会社は持株会社となることが多い。

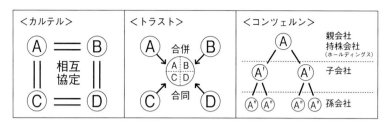

□**独占禁止法**　1947年制定。市場の独占や不公正な取引を制限・禁止し，公正・自由な競争を促進するのが目的。1997年の改正では**持株会社**が原則解禁された。

□**公正取引委員会**　独占禁止法の運用のために設けられた行政委員会。現在は内閣府の下に置かれているが，他からの指揮・監督を受けず，独立して職務を行っている。

□**株式会社**　株式(必要な資本を細分化したもの)を発行して，不特定多数の人々に購入してもらう形で資金を調達する会社。株主は出資の範囲で責任を負えばよく，また出資額に応じて会社の利益の一部を配当として受け取る。

□**所有と経営の分離**　出資者である株主は会社の所有者だが，経営には直接携わらないこと。「**資本と経営の分離**」ともいう。

□**M＆A**　企業の合併と買収。事業の再編成や技術獲得を目指したり，または企業売買による利益を得たりするために行われる。

□**多国籍企業**　複数の国にまたがって，支店や現地法人(子会社)を展開して活動する企業のこと。多国籍企業の行動原理は，①最大の利益が得られる所に投資し，②最も安い時・場所で原材料を購入し，③最も生産性の高い所で生産し，④最も高く売れる所で販売すること。つまり世界的視野から最大利潤を追求できるのが長所である。

□**ベンチャー企業**　先端技術や独自の戦略などを活用し，未開拓の分野に参入する創造的な中小企業のこと。

□**国富**　ある国の経済活動で蓄積された純資産の残高。ストックの概念。

□**国内総生産(GDP)**　ある国で1年間に生産された財・サービスの付加価値の総計。フローの概念。

※GNPは2000年からGNI(国民総所得)に名称変更された。

□戦後の日本経済

□日本の国際収支の推移

単位：億円 (年度)	2020	2021	2022	2023
経常収支	159 917	214 667	114 486	213 810
貿易・サービス収支	−8 773	−24 834	−210 665	−94 167
貿易収支	27 779	−17 623	−155 107	−65 009
輸出	672 629	823 526	987 688	1 003 546
輸入	644 851	805 903	1 143 688	1 068 555
サービス収支	−36 552	−42 457	−55 558	−29 158
第一次所得収支	194 387	263 788	350 477	349 240
第二次所得収支	−25 697	−23 591	−25 326	−41 263
資本移転等収支	−2 072	−4 232	−1 144	−4 001
金融収支	141 251	167 680	64 253	233 037
直接投資	93 898	191 731	168 228	228 423
証券投資	43 916	−219 175	−191 993	−278 262
金融派生商品	7 999	21 685	50 850	65 026
その他投資	−16 541	104 539	107 739	−381 117
外貨準備	11 980	68 899	−70 571	42 444
誤差脱漏	−16 594	−42 755	−49 089	23 228

(『日本国勢図会2024/25』より)

□国際通貨制度の変遷

1944	ブレトン=ウッズ協定　（ブレトン=ウッズ体制） 金・米ドル本位制(固定為替相場制) ―　米ドルの国際通貨化 国際通貨基金(IMF)・国際復興開発銀行(IBRD)の設置が決まる 日本1949年　1ドル＝360円(ドッジライン)，1952年IMF加盟
1971	ニクソンショック 金・米ドル兌換停止 スミソニアン協定(金・米ドル兌換率の引上げ・米ドルの切下げ)
1973	変動相場制への移行始まる
1976	キングストン協定 IMF暫定委員会により変動相場制の正式承認 ―　固定相場制から変動相場制へ(IMF体制の崩壊)
1985	プラザ合意 G5によるドル安・円高への協調介入
1987	ルーブル合意 プラザ合意によるドル安を沈静化するための協調介入
	クリスマス合意

259

1993	欧州連合（EU）発足
1999	EU通貨統合・ユーロ使用開始
2007	サブプライムローン問題発生
2008	リーマンショック
2009	ギリシャ通貨危機
2011	ギリシャ財政危機→ユーロ危機

□GATT 「関税と貿易に関する一般協定」の略称。1947年のジュネーヴ協定に基づいて設立され，自由貿易の推進が主目的。<u>自由</u>・<u>無差別</u>・<u>多角</u>を原則とし，断続的に貿易交渉を行ってきた。WTOの発足とともに発展的に解消。

□WTO 世界貿易機関の略称。GATTの後継機関として1995年に発足。<u>サービス貿易</u>や<u>知的財産権</u>も扱うようになり，紛争処理機能が強化されたのが特徴。本部はジュネーヴ。

		GATT	WTO
存在		国際協定	国際機関
対象		モノの貿易	国際サービス貿易や知的財産権を追加
紛争処理	パネル*・対抗措置	全会一致の承認 (コンセンサス方式)	1国の支持で承認 (ネガティブ-コンセンサス方式)
	制裁	モノの分野のみ	モノ・サービス・知的財産権 (異分野への制裁も可能)
	再審	×	○

*パネル＝紛争処理小委員会。提訴があった事項の審理を行う。

□地域的経済統合

EFTA －－－－－－－　アイスランド，ノルウェー，リヒテンシュタイン，スイス
EU －－－－－－－－　オーストリア，ベルギー，キプロス，チェコ，デンマーク，エストニ
　　　　　　　　　　　ア，ドイツ，ギリシャ，フィンランド，フランス，ブルガリア，ハン
　　　　　　　　　　　ガリー，アイルランド，イタリア，ラトビア，リトアニア，ルーマニ
　　　　　　　　　　　ア，ルクセンブルク，マルタ，ポーランド，ポルトガル，スロバキア，
　　　　　　　　　　　スロベニア，スペイン，スウェーデン，オランダ，クロアチア
AFTA －－－－－－－　インドネシア，フィリピン，ベトナム，タイ，ミャンマー，マレーシ
　　　　　　　　　　　ア，カンボジア，ラオス，シンガポール，ブルネイ
米国・メキシコ・カナダ協定 － アメリカ，カナダ，メキシコ
CAN －－－－－－　ボリビア，コロンビア，エクアドル，ペルー
MERCOSUR －－－　アルゼンチン，ブラジル，パラグアイ，ウルグアイ

□FTA　自由貿易協定のこと。国家または地域の間で関税などの障壁
を低くすることにより，より自由な経済活動が行えるようにするのが
目的。地域的経済統合の緩やかな形態とされ，GATT/WTOの例外規
定になっている。現在，100を超える協定が締結または推進中である。

□EPA　経済連携協定のこと。FTAに類似しているが，単に貿易にと
どまらず，労働市場や投資分野など様々な経済領域での連携強化や協
力促進の内容も盛り込んだ協定である。

■■■■■■■■■■■■■■■■■■■■■　例題1　■■■■■■■■■■■■■■■■■■■■■

次の各問いに答えよ。
問1　1960年代から70年代にかけてのIMF体制の動揺と変容について
　　説明せよ。

問2　戦後日本の経済民主化における3つの改革について説明せよ。

解答　問1　1960年代，アメリカの貿易黒字が減少する一方で，対外経済援助や軍事支出が膨張し，資本輸出が増加した。そのため，アメリカの国際収支の赤字が恒常化し，ドル価値に対する信頼がゆらぎはじめた。各国はドルの金への交換を要求するようになり，アメリカから金が流出して，金の保有量が減少した。このためアメリカは交換に応じられなくなるドル危機が発生した。これに対してアメリカは，1971年8月，新経済政策を発表し，金・ドル交換を停止した。これをニクソンショックという。同年12月にはスミソニアン協定が結ばれ，金価格に対するドルの切り下げ，円の対ドル切り上げなどの調整が行われた。しかし，ドル価値の下落は止まらず，1973年には主要国が変動相場制に移行し，IMF体制は大きく変容した。　問2　①　財閥解体…1946年に設立された持株会社整理委員会の指示にもとづき，財閥支配の手段であった持株会社から株式を政府が買い取り，一般に売却することで，財閥が解体された。財閥復活を防ぐために独占禁止法が制定され，企業間競争が促進された。さらに1947年に成立した過度経済力集中排除法によって11の財閥系企業が分割された。　②　農地改革…寄生地主制を解体するため，1946年から1950年までに政府が地主から農地を強制的に買収し，小作人に安く売り渡した。農民は自作農になって生産意欲が高まり，農業技術も進歩して生産性が向上した。　③　労働三権の確立…労働運動を弾圧した治安警察法や治安維持法が廃止され，労働組合の発達が促進された。新憲法によって労働三権が保障され，その権利を具体化するために労働三法が制定された。

解説　問1　ブレトンウッズ体制では，金1オンスあたり35ドルの交換が保証され，ドル・円相場は1ドル＝360円とされていた。これに対し，スミソニアン体制では，金1オンスあたり38ドルとされ，またドル・円相場も1ドル＝308円とされた。　問2　純粋持株会社の設立は，財閥復活につながることから，独占禁止法によって長らく禁止されていた。しかし，国際競争力の強化の必要性な

どから，1990年代に解禁された。農地改革については，1946年10月に作成された第2次農地改革案の結果，自作地をもたない農家は26％から4％に減少した。また，労働三権とは労働者の団結権，団体交渉権，団体行動権(争議権)のこと。労働三法とは労働基準法，労働組合法，労働関係調整法のことをいう。

■■■■■■■ **例題2** ■■■■■■■

次の(1)～(3)の問いについて，答えよ。

(1) 「円高・ドル安」について，例を示しながら，次の語句を用いて説明せよ。なお，指定された語句には下線を付して使用すること。

> 為替レート　　変動相場制

(2) 「円高・ドル安」になる場合のメカニズムについて，次の語句を用いて説明せよ。なお，指定された語句には下線を付して使用すること。

> 輸出　　外国為替市場　　需要

(3) 「円高・ドル安」が日本経済に及ぼす影響について，次の二つの観点からそれぞれ説明せよ。

① 輸出・輸入　　② 国内産業

解答 (1) 例えば，「1ドル＝120円」とは「1ドルと120円が同じ価値をもっている」という意味で，このような自国通貨と外貨との交換比率を為替レートという。為替レートは変動相場制のもとでは時々刻々と変化するが，「円高・ドル安」とは「円の価値が高まり，ドルの価値が低くなった」ことを意味するから，為替レートが「1ドル＝120円」から「1ドル＝100円」のように変化したことを表している。　　(2) 日本企業が輸出をし，代金として外貨を受け取ると，それを外国為替市場で円に換える。従って，日本の輸出が増加すれば，外国為替市場での円買いの動きが高まる。つまり，円の需要が高まる。円を商品と考えれば，一般に，需要が高まった商品の価格は上昇するから，円の価格も上昇することになり，

円高となる。　　(3)　①　日本が輸入をする場合にはドルで代金を支払うが，円高では，支払うべき代金を円に換算すると安くなるため，海外のモノやサービスが安く買える。しかし，輸出をする場合には，相手はより多くのドルを払わなければならず，買い手が減ることになる。　　②　円高の状態では輸出産業が打撃を受けることになるから，企業は海外に工場をつくって，現地の人たちに安い給料で働いてもらう方が有利となる(企業の海外進出・現地生産)。しかし，それによって国内の「産業の空洞化」が進み，日本の経済力がどんどん弱まってしまうことが懸念される。

解説　「円高・ドル安」とは対ドル円相場が上昇することである。
(1)　「変動相場制」は外国為替相場を外貨の需要と供給により自由に変動させる制度である。「為替レート」とはある国の通貨と外国通貨との交換比率のことである。

================ 例題3 ================

次の文を読んで，下の(1)～(4)の問いに答えよ。

　現在わが国の経済活動は，(　①　)・企業・政府(地方公共団体を含む)が主要な(　②　)となっており，この三者の間を貨幣を媒介として財・サービスが循環している。(　①　)は(　③　)を提供し，代償として所得を得る。これ以外に資産・事業によって所得を得ている。_A企業のなかでも私企業は(　④　)を最大とするように行動することを原則とし，資本の蓄積をはかる。その際に生産規模の拡大を繰り返しはかることを(　⑤　)と呼び，その結果，経済成長が可能となる。また，政府は経済活動の循環が発展するように調整し，経済の安定や成長，完全雇用をうながすなどの役割を持つ。

　市場経済においては，_B市場価格の変動によって，社会全体の生産や消費が調整される。このしくみを(　⑥　)と呼ぶ。また，_C不完全競争市場においては，上記のようなしくみが働かない恐れがある。そのためわが国では，1947年に(　⑦　)法が施行され，その運用機関として(　⑧　)が設置されている。

(1)　文中の(　①　)～(　⑧　)にあてはまる適切な語句は何か。

(2) 下線部Aについて，企業形態の中での代表的な私企業の一つが株式会社である。現在の株式会社では，出資者である株主が会社経営を専門的経営者にゆだねる傾向が強い。このことを何というか。

(3) 下線部Bについて，

(ア) 価格が需要・供給の法則によって変動することで，需要と供給が一致する方向に動いていくことを何というか。

(イ) 中学校「公民的分野」の授業において，需要量と供給量の関係で市場価格が決まることを具体例を挙げて説明する。この時の板書図と具体例を挙げた説明をそれぞれ記入せよ。

(4) 下線部Cについて，

(ア) 少数の企業が生産や販売の大部分を占め，支配が行われているような市場を何というか。

(イ) 上記(ア)の市場において形成された管理価格は，需要が減少しても価格が低下しにくい特徴を持つ。この特徴を何というか。

解答 (1) ① 家計　② 経済主体　③ 労働力　④ 利潤
⑤ 拡大再生産　⑥ 市場メカニズム　⑦ 独占禁止
⑧ 公正取引委員会　(2) 所有と経営の分離

(3) (ア) 価格の自動調節機能

(イ) 板書図…

説明…パンの価格が高過ぎる場合，買いたい人が少なく売れ残り

がでるので，売れ残りを解消するため価格は下がる。一方でパン
の価格が低過ぎた場合，買いたい人が多くなり，パンが不足する
ので利益をあげるため価格は上がる。こうして高過ぎた価格は下
がり，低過ぎた価格は上がり，需要と供給が一致するところに価
格は定まる。　　　(4)　(ア)　寡占市場　　(イ)　価格の下方硬直性

解説 (1)　①〜③　「三者の間を貨幣を媒介として財・サービスが循環」
がヒント。どの公民教科書でも扱われている経済主体間の国民経
済の循環図からの出題。　　①　家計とは経済主体のうち，家庭に
おける経済単位のこと。　　④　企業の経済活動は，商品の生産・
販売として展開され，目的は利潤獲得であり，原則として採算に
合わない商品の生産・販売活動はしない。　　⑤　「生産規模の拡
大」がヒントで拡大再生産。　　⑥　社会の資源の配分が最適に行
われる機能で，価格機構ともいう。　　⑦　独占禁止法は正式には
「私的独占の禁止及び公正取引の確保に関する法律」。財閥解体・
経済民主化の一環として制定されたが，その後の改定によって規
制が緩和され，持ち株会社の禁止条項も1997年には原則解禁へ
と改定された。　　⑧　違法カルテルの排除など準司法機能を持つ
行政委員会。　　(2)　株式会社の巨大化・株式の分散化・株主の
大衆化などを背景に，株主が会社の支配権を喪失し，経営の実権
が経営者である取締役に移行すること。　　(3)　(ア)　価格が市場
での需要と供給の関係で決まる完全自由競争市場が前提。財・
サービスの需給の不均衡が市場価格の変動によって増減しながら
最終的に一致均衡させていく価格のもつ機能をいう。　(イ)　需
要超過は市場価格が均衡価格よりも下落した場合に発生し，供給
超過は市場価格が均衡価格よりも上昇したときに発生。

(4)　(ア)　1社ではなく少数の企業であるので独占ではなく寡占市
場。　　(イ)　管理価格は，寡占市場において同一業種の有力企業
が価格を設定してその他の企業がそれに追随する価格。競争が阻
害されるので市場メカニズムの機能不全になる。

■■■■■■■■■■■■■ **例題4** ■■■■■■■■■■■■■

企業に関する各問いに答えよ。

現代の企業においては，「（　1　）＝複合企業」とよばれる巨大企業が登場しており，産業や業種を超えて収益性の高い企業の_A合併・買収(M&A)が進められている。さらには，企業のなかには国境を越えて世界中に活動を展開する（　2　）も少なくない。

現代の経済では，法人の企業の役割が大きく，なかでも株式会社が代表的な企業形態である。株式会社の最高意思決定機関は（　3　）であり，そこで選任された取締役が取締役会を構成し，会社の経営にあたる。出資者である株主は，会社のあげた利潤の一部を配当として受け取る。このように，出資者と，実際の経営にあたる者とが別であることを（　4　）といい，現代の株式会社の特徴となっている。

企業は人々を雇用し，社会の必要とする財や（　5　）を生産し，流通させるという重要な役割を担っており，現代の企業は規模が巨大化し経済力が強まっているだけに，その活動が社会全体に及ぼす影響が大きくなっている。

例えば，公害や_B薬害問題，_C欠陥商品等の消費者問題などの問題である。これに対して企業への世論の厳しい批判や補償要求の運動も起きている。こうして，今日では，企業自らが経営や行動のあり方に関して一定の範囲で社会に対して果たすべき責任をもっているとする考え方が広まってきている。

経済活動は自由が原則となっているが，企業は経済活動を営むにあたりコンプライアンスやモラルの維持が求められているばかりでなく，_D文化・芸術やスポーツ活動への支援や_E障害者の積極的雇用を推進するなどにより社会の一員としての活動が期待されることが多くなっている。

問1　空欄（　1　）〜（　5　）に適する語句を記入せよ。

問2　下線部Aに関連して，「TOB」について簡潔に説明せよ。

問3　下線部Bに関連して，1960年代に起きた睡眠薬イソミンにより四肢などに先天的な障害を受けた新生児が生まれた薬害事件名を答えよ。

問4　下線部Cに関連して，次の問いに答えよ。

(1)　1994年に制定された欠陥商品による被害者の救済を目的として制定された法律名を答えよ。また，この法律について簡潔に説明せよ。

(2)　1962年にアメリカ合衆国大統領ケネディが示した「消費者の4つの権利」はその後の消費者運動に大きな影響を与えたが，その権利のうちから1つを答えよ。

問5　下線部Dに関連して，企業のこうした活動を指す言葉をカタカナ3文字で答えよ。

問6　下線部Eに関連して，次の問いに答えよ。

(1)　1960年に障害者の能力を開発し，雇用を促進するために制定された法律名を答えよ。

(2)　(1)の法律の改正により，2018年4月から障害者の法定雇用率が引き上げられた。何％に引き上げられたか。小数点第1位まで答えよ。

解答　問1　1　コングロマリット　　2　多国籍企業(世界企業)　3　株主総会　　4　所有と経営の分離(資本と経営の分離)　5　サービス　　問2　一定期間内に一定数以上の株式を時価を上回る価格で買い付けることを公表して株式を取得する方法　問3　サリドマイド薬害事件　　問4　(1)　法律名…製造物責任法(PL法)　　説明…消費者が製品の欠陥を証明すれば，製造した企業の過失が立証されなくても，損害賠償を受けられるとする法律　　(2)　安全である権利(知らされる権利，選択できる権利，意見を聞いてもらえる権利)　　問5　メセナ　　問6　(1)　障害者雇用促進法　　(2)　2.5％

解説　問1　1　コングロマリットとは種々の業種の企業を吸収・合併して巨大になった企業のこと。　　問2　M&AはMerger & Acquisition(企業の合併・買収)の略称。TOBは「株式公開買い付け」と訳され，買い取る株数と買い取り価格，買い付け期間を公表して，それに応じた株主から市場を通さずに直接株式を買い集める手法をいう。アメリカでは企業買収の手段としてTOBが

広く利用されている。TOBには友好的なTOBと敵対的TOBとがあり，前者は被買収企業が株式の購入に同意する協力的なケースで，M&A(企業の合併)などをする際によく利用される。敵対的TOBは自社のメリットを勘案して市場相場よりも株価を高く設定し強引に買収しようとするもので，わが国ではタブー視されてきたもので成功例は少ない。　問4　(1)　PL法は企業の無過失責任を明記しており，商品に欠陥があり，それで被害を受けたことを明らかにすれば賠償責任を問えるようになった。対象は製造物(モノ)であり，サービスは含まれない。　(2)　ケネディの特別教書による「消費者の4つの権利」は，消費者主権の基本原理として確立された。　問5　カタカナ3文字がヒント。メセナが企業の芸術・文化支援活動であるのに対して，企業の社会的貢献活動や慈善活動はフィランソロピーという。　問6　当初は「身体障害者雇用促進」と称していたが，1987年に「障害者の雇用の促進等に関する法律」と改称した。法定雇用率に達しない企業は納付金が徴収されるほか，改善がみられない場合は企業名が公表される。身体障害と知的障害が対象だが，精神障害者も雇えば雇用率に含めることができる。

例題5

次の各問いに答えよ。
問1　規模の経済について，20字〜30字で説明せよ。
問2　寡占市場では，価格支配力のある企業に他社が追随するため，横並びの価格が形成されることがあるが，このような価格を何というか，答えよ。
問3　国内総生産(GDP)が，国民生活の豊かさを示す指標として限界がある理由について，50字〜70字で説明せよ。
問4　デフレスパイラルについて，20字〜30字で説明せよ。
問5　当初預金が100万円，支払準備率が20%のとき，信用創造によってどれだけの預金通貨を創造しうるか，答えよ。

解答 問1 生産規模が大きくなると，単位当たりのコストが安くなること。(29字) 問2 管理価格 問3 GDPは市場で取引されている財・サービスの総量を示したものであり，社会全体からみれば，その生活水準の一部を示しているにとどまるため。(66字) 問4 物価の下落と不況の進行が悪循環しながら進行する状態。(26字) 問5 400万円

解説 問1 「規模の経済」は大規模な工場を持つ大企業がとる方法であり，大企業による資本の集中が進む要因のひとつ。 問2 「価格支配力のある企業」のことをプライスリーダーともいう。不況時でも価格が下がりにくくなるなどの要因となる。 問3 国内総生産(GDP)は，国内で1年間に生産され，市場で取引された財・サービスの合計金額から中間生産物を差し引くことで算出されるので，市場で取引されない余暇や家事労働などは反映されず，一方で戦争による軍事支出などは増加要因となる。 問4 「スパイラル」とはらせんのこと。 問5 信用創造後の預金総額は，「当初預金÷支払準備率」で求められる。本問の場合は100〔万円〕÷0.2＝500〔万円〕となり，ここから当初預金額である100万円を引いた額が創造額となる。

第 6 章

中高公民
（倫理）

中高公民（倫理）青年期の特質と課題

ポイント

　倫理は人間の生き方や在り方，及び先哲の思想などを学習する科目であるが，これも教員採用試験という性格上，教職教養についての学習は外すことができない。最新の学習指導要領をきちんと見ておくことは基本だが，倫理が生徒に「考えさせる」科目であるゆえに，教師として実際にどういう指導を行うつもりなのかを尋ねる実践的な設問も行われている。自分が教壇に立った場合を想定して，指導計画なり学習指導案なり，あらかじめ考えをまとめておくことも対策として重要である。

　「青年期の特質と課題」。対象となる生徒がまさにその青年期にある。したがって，教師としても青年期について学んでおくことは不可欠である。その上でどう指導するかを問われることがあるので，基本となる事項を学習した上で，その知識をいかに現場で応用して役立てるかということまで，シミュレーションをしておくとよいだろう。

　出題の内容としては，青年期の意義・課題に関する事項や自己実現の仕方，及び心理学や精神分析学が主なものになっている。

□**第二の誕生**　ルソーが『エミール』の中で青年期の特徴を言い表した言葉。第一の誕生は生物的な誕生，第二は精神的な誕生だと捉えた。

□**心理的離乳**　幼児期が母親から肉体的に離乳する時期とすれば，青年期は親から精神的に離乳する時期とみなせることを表現した言葉。精神的離乳ともいう。心理学者ホリングワースの造語。

□**アイデンティティ**　自我同一性などと訳される。自分が何者であるかを知り，自分が自分であるのを確信すること。心理学者エリクソンは青年期の課題としてアイデンティティの確立を挙げた。

□**マージナル＝マン**　境界人とか周辺人と訳される。青年期は子供でもなく大人でもない曖昧で中間的な時期であることを，心理学者レヴィンはこのように表現した。

□**モラトリアム**　本来は災害や戦争などの緊急時に金融機関が預金の支払いを猶予するという経済用語。心理学者エリクソンは，青年が社会への参加を猶予されていることを表す言葉として転用した。青年はこの社会的猶予期間に様々なことを学び，自分の生き方(進路)を選択し，自立していく。このような自己探求のための期間と位置づけて，彼はモラトリアムに肯定的な見方をした。

□**モラトリアム人間**　日本の心理学者・小此木啓吾の造語。人生の選択を避け，猶予状態にいつまでも浸る人間をこう呼び，自己選択ができない現代型の青年の未熟さとして，否定的に分析した。

□**フリーター**　「フリーアルバイター」を略したもの。15〜34歳のパートやアルバイトに従事する者や無職だが働く意志のある者を指すとされている。

□**パラサイト＝シングル**　学校を卒業しても親と同居を続け，基礎的な生活の条件を親に依存している未婚者をいう。日本の社会学者・山田昌弘の造語。

□**ニート(ＮＥＥＴ)**　イギリス政府が定義した言葉の頭文字をつなげた造語で，日本では15〜34歳の通学・労働などを行っていない若者のことを指すとされている。

□**人生周期(ライフサイクル)**　心理学者エリクソンは人生を8つの時期に分け，それぞれに乗り越えるべき関門があるとした。

段階	発達課題	失敗	段階	発達課題	失敗
乳児期	基本的信頼	不信	青年期	自我同一性	同一性拡散
幼児期	自律性	恥・疑惑	成人期	親密さ	孤立
児童期	自主性	罪悪感	壮年期	世代性	停滞
学童期	生産・勤勉	劣等感	老年期	統合性	絶望

□**パーソナリティ**　人格ともいう。その人の全体的な特徴のこと。能力・性格・気質がパーソナリティの三要素とされている。

▼心理学者オルポートによる「成熟した人格」の特徴

1. 社会的領域への自己意識の拡大
2. 他者との暖かい人間関係
3. 情緒的安定と自己受容
4. 現実世界と接触する知覚と技能と課題
5. 自己の客観視(自己洞察)とユーモア
6. 人生を統一する人生哲学

□**フロイト**　オーストリアの精神科医。人間の心理は無意識の部分に眠るリビドー(性的衝動)によるものが大きいとして，**精神分析学**を創始した。主著は『精神分析学入門』。

□**欲求**　人間の行動の原動力となる内的な状態・原因。食欲や睡眠欲・性欲などの一次的欲求(**生理的欲求**)と，自由や名誉，自己実現などの二次的欲求(**社会的欲求**)に分けられる。

□**適応**　環境に対して最も適した行動をとり，欲求を充足させること。人間の欲求と環境とは必ずしも調和しないが，人間は自分の行動や態度を改めたり，または環境を変えたりするなどして，調和していこうとする。環境と不調和の関係にある状態では欲求が満たされなくなり，情緒的に不安定となって心身に様々な不適応現象が現れる。

□**葛藤**　コンクリフトともいう。心の中で複数の欲求が対立している状態のこと。青年期には，自己の欲求と親や周囲の考え方とが衝突することによる葛藤を経験しながら，その解決を通じて子供から大人へと成長する。

□**防衛機制**　欲求不満から生じる心の不安や緊張を避けるため，自我が色々な非常手段をとる自動的な働きのこと。フロイトが明らかにした。

─────────────────────── **例題1** ───────────────────────

次の条件にしたがって板書案を作成せよ。

・単元名「アイデンティティの確立」
・アイデンティティの定義を示し，「アイデンティティの拡散」についても説明すること。
・生徒の言語活動の充実を導く発問を示すこと。

解答　アイデンティティ（自我同一性）
　　　　エリクソン（アメリカの精神分析学者）
　　　　　①自己の斉一性：以前の自分も今の自分も同じ自分
　　　　　②時間的な連続性と一貫性：固有な存在である自覚
　　　　　③帰属性：社会集団との一体感
　　　　　　　の3つの基準によって定義される自己の総体
　　　　→「自分が自分であること」を肯定的に受容
　　（発問例）

　　　青年期における不安・悩みとは？
　　　　　…具体的な例をグループで考えて発表しよう

　　周囲に流されやすい、将来が不安、何をしてよいかわからない
　　　　→「アイデンティティの拡散（危機）」の状態かも！

　…さまざまな悩みや葛藤・劣等感を経験すること
　特徴：自分を見失う、反社会的なモデルを好む

自分が何者であるかを確立、自己の生き方・価値観を形成
↓
「アイデンティティの確立」

解説　まずアイデンティティを定義づける。アイデンティティは，エリクソンが青年期の発達課題として説いた，自分が何者であるかについての確信を得ることを意味し，主体性や自己同一性と訳される。その特徴として，自己の斉一性，時間的な連続性・一貫性と社会集団との一体感である帰属性が挙げられる。青年期において，人は大人や社会の価値観と対立しながら葛藤や劣等感を経験して，アイデンティティの確立が図られる。他方で，アイデンティティの確立が不確かであると，自己認識が揺らいでアイデンティティの拡散が生じることを説明する。また自己を肯定的に受け入れられず，反社会的言動に走る否定的アイデンティティに陥る危険性もある。解答条件として生徒の言語活動の充実が目指されているので，具体例を通じてアイデンティティの確立と拡散について生徒に発表させる課題を課すことなどを挙げる。

━━━━━━━ 例題2 ━━━━━━━

マズローの欲求階層説について説明せよ。

解答　マズローは，人間の欲求を五段階に分類し，それらが階層をなしているという欲求階層説を唱えた。最も低次な欲求は睡眠や飲食に関わる生理的欲求であり，これが満たされると身体の安全を求める安全欲求が生じ，これがかなえば集団への所属や愛情に満ちた関係性の構築を求める所属・愛情欲求，さらに他者による承認を求める承認欲求(自尊の欲求)へと進む。第1層から第4層までを欠乏欲求といい，これら下位の欲求が満たされると，最も高次の自己実現の欲求が生じるとした。

解説　マズローはアメリカの心理学者。マズローによれば，人間の欲求

には自己実現の欲求，他者による承認・自尊心の欲求，集団への所属・愛情に満ちた関係の欲求，身体の安全の欲求，呼吸・睡眠・飲食・性などの生理的欲求の5つの階層がある。下位の欲求が満たされることで上位の欲求が生じ，最も高次の自己実現の欲求を満たすことによって，人間は健全で幸福な人生を送ることができるとした。

例題3

次の文を読んで，下の問いに答えよ。

> 人間の心に対する興味とその探究は，世界中で見られる。西洋では，理性を中心にした哲学が構築されてきたが，フロイトの精神分析は，その後の西洋の文化や思想に大きな影響を与えた。

問　下線部に関連して，葛藤や欲求不満から自己を守る防衛機制とその例の組合せとして適当でないものを，次のA～Dから1つ選び，記号で答えよ。

A　合理化　−　資格試験に落ちてしまったが，来年の合格をめざして勉強をやり直す。

B　同一視　−　成功した母校の先輩の愛読書を自分も読み，先輩がやったように自分も行動する。

C　退行　−　弟が生まれた兄が，親の愛情を得ようとして，幼児のような行動をとる。

D　昇華　−　高校生が，失恋したことを忘れようとして，大学に進学しようと勉学に集中して励む。

|解答|　A

|解説|　合理化とは，欲求や目標を達成できないことを理屈で正当化すること。Aの内容は合理的解決である。Bの同一視とは自己の憧れの対象の真似をすること。Cの退行とは幼児に戻ること。Dの昇華とは，満たされない欲求よりも社会的価値の高いことに目標を切り替え，その実現を目指すこと。

中高公民（倫理） 様々な宗教や思想

ポイント

　倫理で最も出題の分量が多いのが，この「様々な宗教や思想」である。内容は，過去から現代にわたる諸外国や日本の宗教・思想と幅広い。文献からの引用も多く，その出典も多種多様である。文献を直接当たるのも一つの学習方法だが，いかんせん数が多いので，まずは倫理という科目で教える事項をきっちりと学んで基礎を固めておくのがよいだろう。確固とした学習ができていれば，読んだことがない文献が出題されても対応できる可能性が増すからである。各々の思想についてキーワードとなる用語や名言，主な著書の書名や概要を押さえておこう。

　次に内容を個別に見てみる。宗教については，出題は三大宗教が中心であり，その中ではキリスト教に関するものが比較的多く，仏教とイスラーム教がそれに次ぐ。三大宗教以外では，ユダヤ教や我が国の神道などに関する設問も見受けられる。

　哲学については，古代ギリシアと中国，西洋の近代思想と日本，及び現代の思想と分けて述べたい。

　まず古代ギリシアだが，分量的に大きな偏りはなく，自然哲学とソフィスト，及びソクラテス・アリストテレス・プラトンの三大哲学者の事項が主軸である。他にはヘレニズムの思想家を扱った設問が見られた。

　中国の思想については，諸子百家がやや多い。儒家，墨家，道家，法家の主な思想家を把握しておきたい。特に，後世の中国思想の主流となった儒家については，孔子・孟子・荀子はもとより，朱子学や陽明学が扱われることがあるので，用意周到な学習を心掛けられたい。

　西洋の近代思想では，ドイツ観念論(理想主義)が頻出である。特にカントとヘーゲルに関しては細かい内容の問いかけも多いので，

両人の思想を詳しく理解しておきたい。次いで16〜17世紀の近代科学精神の萌芽に貢献した思想家，17〜18世紀の市民革命を支えた啓蒙思想家が多い。

　翻って我が国を見ると仏教思想が頻出である。仏教思想の中では空海と最澄，及び鎌倉新仏教が多い。次いで，近世（江戸時代）の諸思想がよく出題されている。儒学では朱子学や陽明学の受容・消化，古学・古義学・古文辞学など日本独自の学派などが扱われている。国学では賀茂真淵，本居宣長，平田篤胤の3人が多い。民衆の思想では，石田梅岩が始めた心学，農本主義を唱えた安藤昌益，報徳思想の二宮尊徳らが多い。近世と並んで多いのが近代の諸思想である。福沢諭吉などの開化期の啓蒙思想から，近代的自我を突きつめようとした夏目漱石まで，幅広く出題の対象となっているが，独自の哲学を立てた西田幾多郎，同じく倫理学の和辻哲郎の思想はおろそかにしないようにしたいところである。特定の思想ではなく，日本の文化や日本人一般の考え方に関する設問もよく出題されている。聖徳太子や世阿弥，松尾芭蕉らが残した，日本人としての倫理観が表れている文章を設問の対象にしているものが多い。

　現代の思想では実存主義が頻出である。実存主義の考え方，有神論的な思想家と無神論的な思想家との相違点，文学としての実存主義などを学んでおきたい。他には，社会主義や構造主義，プラグマティズムからの出題も見られた。またロールズのような最近の思想家を扱うこともあるので注意が必要だろう。

□**三大宗教**　仏教・キリスト教・イスラーム教。いずれも世界宗教として民族や国家の枠を超越した普遍性を有する。

□**仏教**　前5世紀に**仏陀(ブッダ)**がインドで創始。

・**四法印**…仏教の真理を示す4つの命題。

→**一切皆苦・諸行無常・諸法無我・涅槃寂静**

・**縁起**…全てのものは相互に依存し合って成立し，無条件でそれ自体で存在するものはないということ。

・**四諦**…縁起の道理をまとめた4つの真理。四聖諦，苦集滅道ともいう。

→苦諦・集諦・滅諦・道諦

・**八正道**…涅槃に至る8つの正しい修行法。

→正見・正思・正語・正業・正命・正精進・正念・正定

・**五戒**…在家の信者が守るべき5つの戒律。

→不殺生・不偸盗・不邪淫・不妄語・不飲酒

・**煩悩**…真理が分からず，自分や物に執着する迷いの心。

・**我執**…煩悩の原因で，事物の真実を理解しないさま。

・**慈悲**…生きとし生けるものに対するいつくしみ。楽を与え，苦しみを取り除くこと。

□**キリスト教**　ユダヤ教を母胎としつつ，1世紀に**イエス**がユダヤ教の律法主義を批判したことに始まる。イエスが十字架上で犠牲になり人類の罪を贖ったと解釈したことと，イエスの復活の信仰などによって，キリスト教の教義が成立した。

・**神の愛(アガペー)**…無差別かつ平等の愛。

・**隣人愛**…神の愛を受けた人間による全ての人への平等の愛。

・**福音**…イエスが説いた「神の国」の到来や救いについての教え。

・**原罪**…アダムが神の意志に背いて禁断の実を食べたことにより，子孫の人間が生まれつき負うようになった罪のこと。

・**『新約聖書』**…キリスト教の聖典。2世紀頃にギリシア語で成立。キリスト教ではこれと，ユダヤ教の聖典を『旧約聖書』として重んじる。

□**イスラーム教**　7世紀に**ムハンマド**(マホメット)がアラビア半島で創始
した一神教。ユダヤ教やキリスト教の影響を受けている。
・**アッラー**…イスラーム教の唯一神。ムハンマドはアッラーから啓示
　を受けた**預言者**としてイスラーム教を始めた。
・**ムスリム**…神に帰依する者の意で，イスラーム教徒を指す。
・『**コーラン(クルアーン)**』…アッラーの啓示を記した聖典。
・**六信**…ムスリムが信仰すべき6つの項目。
　　　→アッラー・天使・聖典・来世・天命・預言者
・**五行**…ムスリムが実践すべき5つの義務。
　　　→信仰告白・礼拝・断食・喜捨(ザカート)・巡礼(ハッジ)
□**自然哲学**　古代ギリシア人が，万物の根源(アルケー)について考察し
ようとして始まった哲学。

人　名	根　源	備　考
タレス	水	自然哲学の祖。イオニア(ミレトス)学派創始。
アナクシマンドロス	無限なるもの	無限から無限へと循環すると説く。
ピタゴラス	数	数学者としても有名。
ヘラクレイトス	火	流転する世界の根源は火であると説く。
パルメニデス	永遠不滅の『有るもの』	世界の永遠不滅の一体的な存在を説く。
エンペドクレス	4元素	土・水・火・風の4元素でできていると説く。
デモクリトス	原子(アトム)	物の様々な性質はアトムの配列の違いによる。

□**ソフィスト**　「万物の尺度は人間である」と説いた**プロタゴラス**を祖と
する，人間を哲学の対象とした人々。各地を回って弁論術などを教え
たが，次第に詭弁家という批判を受けるようになった。

□古代ギリシア哲学の大成者

人　名	内　容	著　書
ソクラテス (前469頃〜前399)	無知の知…彼の思索の出発点。「汝自身を知れ」のソクラテス的理解。 問答法(産婆術)…問答の繰り返しによって無知を自覚させ，真の知に導く方法。 知徳合一…彼の主知主義の立場を表した言葉。	
プラトン (前427〜前347)	イデア…理性によって認識される真の実在。様々あるうち，善のイデアを最高とした。 エロース…イデアへの憧れ。 哲人政治…善のイデアを認識する哲学者が統治する理想国家の政治。	『ソクラテスの弁明』 『饗宴』 『国家』
アリストテレス (前384〜前322)	形相(エイドス)…事物に内在する本質。 質料(ヒュレー)…素材。形相と結合して個物を作るもの。 中庸(メソテース)…極端を避け適切な中間を選ぶこと。 「人間はポリス的動物である」	『政治学』 『形而上学』 『ニコマコス倫理学』

□経験論

人　名	内　容	著　書
Ｆ．ベーコン (1561〜1626)	帰納法…個々の具体的な事実の観察・実験から一般法則を導く方法。 イドラ…物事の正しい認識を妨げる偏見や先入観。 「知は力なり」	『ノヴム＝オルガヌム(新機関)』
ロック (1632〜1704)	白紙(タブラ＝ラサ)…生まれたばかりの人間の心の状態。生得(本有)観念を否定。名誉革命を擁護。	『人間知性論(人間悟性論)』 『統治論(市民政府二論)』
ヒューム (1711〜76)	懐疑論…人間は経験を越えた事柄や真理を知ることができないという説。	『人間本性論』

□合理論

人　名	内　容	著　書
デカルト (1596～1650)	**演繹法**…普遍的な原理から，理性的な推理によって結論を導く方法。 **方法的懐疑**…確実な真理を探究するために，あらゆるものを疑うこと。 **「我思う，故に我あり」** **物心二元論**…物体と精神はそれぞれ本質を異にし，独立的に実在するということ。	『**方法序説**』 『省察』 『情念論』
スピノザ (1632～77)	**汎神論**…自然を無限の実体である神のあらわれとする説。 **「永遠の相のもとに」**	『エチカ』
ライプニッツ (1646～1716)	**単子(モナド)**…世界は分割不可能の単純な実体である単子(モナド)で構成。 **予定調和**…世界は神の予定調和により最善の秩序を形成している。	『単子論』

□ドイツ観念論（理想主義）

人　名	内　容	著　書
カント (1724～1804)	**道徳法則**…理性によって立てられた普遍的な道徳の法則。 **定言命法**…無条件の命令。どのような場合の人間にも普遍的に当てはまるもの。 **仮言命法**…条件付きの命令。目的のために行うもので，道徳法則にはなり得ないもの。 **格率**…自分だけに妥当する主観的な行動原則。 **人格**…自らの理性が命じる道徳法則に従って，自律的に行為する自由な道徳的主体。 目的の王国…カントが理想とした道徳的共同体。	『**純粋理性批判**』 『**実践理性批判**』 『**判断力批判**』 『**永久平和のために**』
ヘーゲル (1770～1831)	**弁証法**…全てのものは矛盾・対立を契機として変化・発展していくということと，その運動の論理。具体的には正(テーゼ)→反(アンチテーゼ)→合(ジンテーゼ)の3段階。 **止揚**…アウフヘーベン。対立する2つのものを統合すること。彼は矛盾が解消されて統一されることで，さ	『精神現象学』 『論理学』 『**法の哲学**』

283

	らなる高みに登ると考えた。 人倫…自由な精神が組織や制度になって具体化したもの。家族→市民社会→国家へと発展する。	

□社会主義の思想

人　名	内　容	著　書
マルクス (1818～83)	友人のエンゲルスとともに資本主義社会の矛盾を歴史的にとらえて唯物史観を確立。疎外された労働，剰余価値の発見など，資本主義社会の矛盾を科学的に分析し，思想と実践面で大きな影響を与えた。	『経済学批判』 『資本論』 『共産党宣言』 (エンゲルスとの共著)
エンゲルス (1820～95)	生涯にわたってマルクスの家計と研究を援助し，マルクスの理論の普及に努めた。	『空想から科学へ』 『自然の弁証法』 『家族，私有財産および国家の起源』
レーニン (1870～1924)	労働者階級に権力を集中するプロレタリアート独裁を唱え，ロシア革命を指導した。	『帝国主義論』 『国家と革命』
ベルンシュタイン (1850～1932)	階級闘争を否定して平和革命論を唱え，議会主義，社会改良主義による社会民主主義の主張は西欧型社会主義に影響した。	『社会主義の諸前提と社会民主党の任務』

□実存主義

人　名	内　容	著　書
キルケゴール (1813～55)	人間は絶望を契機として，美的実存→倫理的実存→宗教的実存に至るという，実存の三段階を提唱。 単独者…神の前にただ一人で立つ，主体的真理に生きる者。	『死に至る病』 『あれかこれか』
ニーチェ (1844～1900)	ニヒリズム…虚無主義。彼の場合は新しい価値の創造という点で，能動的ニヒリズムと称される。 「神は死んだ」 超人…弱者の保身たるキリスト教を否定し，たくましい生命力を発揮して力への意志を体現する者。 永劫回帰…世界は意味も目的もなく永遠に繰り返す円還運動という考え。	『ツァラトゥストラはこう語った』 『善悪の彼岸』 『力への意志』

ハイデッガー (1889〜1976)	死への存在…人間は根本的に死へと向かう存在であり，そのことを自覚することで，自己の実存が深まる。 現存在…存在を了解する人間のあり方。	『存在と時間』 『ヒューマニズムについて』
ヤスパース (1883〜1969)	限界状況…人間が突き破ることのできない人生の壁。 超越者…全ての現象を包み込み，その根源となっている永遠の絶対者。	『哲学』 『理性と実存』
サルトル (1905〜80)	「実存は本質に先立つ」 「人間は自由の刑に処せられている」 投企…人間は単に在るのではなく，自ら実存を作っていき，未来へ自己を投げ出しているということ。 アンガージュマン…社会参加とか自己拘束と訳される。自分をあえて社会に投げこむこと。人間の社会参加の本来的形式であるとした。	『嘔吐』 『存在と無』

□新しい思想の動向

人　名	内　容	著　書
レヴィ＝ストロース (1908〜2009)	構造主義人類学を確立。文化に優劣の価値序列をつけることは誤りであり，文化は多様性において競合しあうべきものであるという文化相対主義を唱えた。	『野生の思考』 『悲しき熱帯』
ロールズ (1921〜2002)	功利主義が個人の選択原理を社会の意思決定に拡張し，個人の多様性を忘れたと批判し，社会正義の原理を全員の合意に求める社会契約説に立ち返り，「公正としての正義」を提唱して，政治的リベラリズムを押し進めた。	『正義論』

□中国の思想

孔　子	儒家の祖。人間の理想のあり方を仁に求め，その実践形式として礼を重んじた。政治では**徳治主義**を主張。 「己に克ちて礼に復るを仁と為す」
孟　子	**性善説**を主張。その根拠として**四端**を提示し，そこから四徳が育てられるとした。政治では王道と易姓革命を説く。
荀　子	**性悪説**を主張。政治では礼治主義を説く。
朱子(朱熹)	理気二元論を説いて，12世紀に朱子学を開いた。
王陽明	心即理・知行合一を説いて，16世紀に陽明学を開いた。
墨　子	墨家の祖。**兼愛，非攻，尚賢**などを説き，儒家を批判した。
老　子	道家。無為自然，柔弱謙下を説く。社会論では小国寡民を理想視。「大道廃れて仁義あり」「上善は水のごとし」
荘　子	道家。万物斉同を説き，自然と一体化した真人を理想とした。
韓非子	法家の大成者。法律と賞罰による**法治主義**を大成。

□**五経**　漢代から重んじられてきた儒学の根本的な経典。『詩経』『書経』『易経』『礼記』『春秋』。

□**四書**　朱子学で特に重んじられるようになった儒学の根本的な経典。『論語』『孟子』『大学』『中庸』。

□**清明心**　清き明き心。日本で古くから尊重されてきた，自然のように清らかで，神や人を欺くことのない態度。日本人の倫理・道徳の根本。

□**禊**　神聖な水に浸かって，心身の穢れを洗い清める行為。

□**八百万神**　日本人が崇め祀ってきた多種多様な神の総称。

□**ハレ**　日常とは異なる公の日や正式な日のこと。もとは農耕にまつわる年中行事や神に供物を捧げる神聖な日だった。漢字では「晴」。

□**ケ**　ハレに対する言葉で，日常生活を行う普段の日。漢字では「褻」。

□**花鳥風月**　自然を愛し，その微妙な変化の内に美を見出してきた日本人の美意識を表す言葉。雪月花も同様の意味で使われる。

□**重層性**　日本文化の特徴を表現する言葉。日本文化が外来文化を受容して形成されてきたことをいう。中国やインドなどの大陸，あるいは太平洋の島々などの様々な文化を吸収・消化して日本化することが連綿と積み重ねられてきた。

□日本の近代思想

人　名	内　容	著　書
福沢諭吉 (1834〜1901)	明治の啓蒙思想家の代表的存在。 **独立自尊**…個々の人間が他人や政府に依存せず，自主独立の生活を営む。「**一身独立して一国独立す**」 **天賦人権論**…人間は本質的に平等。「**天は人の上に人を造らず，人の下に人を造らずと云えり**」 **実学**…西洋の近代諸科学のこと。その実用性を強調し，日本への導入を主張。	『学問のすゝめ』 『文明論之概略』 『西洋事情』
中江兆民 (1847〜1901)	自由民権運動に影響を与えた啓蒙思想家。『民約訳解』で「**東洋のルソー**」と呼ばれる。 **恩賜的民権**…政府が人民に与えた諸権利。 **恢復的民権**…人民が自ら勝ち取る諸権利。理想的だが，日本では恩賜的民権をこれと同程度に育てることを主張。	『民約訳解』 (ルソー『社会契約論』の抄訳) 『三酔人経綸問答』 『一年有半』
西村茂樹 (1828〜1902)	儒教による国民道徳を説いた思想家。安易な欧化主義を批判し，道徳再建を主張。	『日本道徳論』
内村鑑三 (1861〜1930)	キリスト教信仰を基盤とした思想家。 **二つのJ**…イエスと日本のこと。彼が生涯を捧げた対象。 **無教会主義**…教会や儀式を無用とし，直接聖書に向かう信仰の態度。 **非戦論**…キリスト教信仰から主張。日露戦争の時は『万朝報』紙上で展開。	『余は如何にして基督信徒となりし乎』 『代表的日本人』
新渡戸稲造 (1862〜1933)	キリスト教信仰を広めた教育者。国際連盟事務次長として働く。武士道を海外に紹介。	『武士道』
幸徳秋水 (1871〜1911)	大逆事件で刑死した社会主義思想家。日露戦争では内村鑑三らと非戦論を主張。議会主義を否定する直接行動論を展開。	『廿世紀之怪物帝国主義』 『社会主義神髄』

287

人　名	内　容	著　書
吉野作造 (1878〜1933)	大正デモクラシーを理論的に指導。 **民本主義**…立憲君主制という日本の実情に即した民主主義の理論。天皇主権の目的を国民の幸福・福利とし，立憲政治・普通選挙を主張。	
北村透谷 (1868〜94)	ロマン主義の詩人・評論家。 近代的自我の覚醒を促すが，理想と現実の乖離に悩んで自殺。	『内部生命論』
夏目漱石 (1867〜1916)	近代日本を代表する作家。 **自己本位**…真の自我の確立を目指すこと。 **個人主義**…自己本位の立場に立って，自己の個性を発展させながら，同時に他人の個性も尊重すること。 **則天去私**…エゴイズムを除去し，自然に任せる東洋的・宗教的な心境。	『私の個人主義』 『こゝろ』 『明暗』
森鷗外 (1862〜1922)	漱石と双璧をなす代表的作家。 **諦念**…レジグナチオンともいう。個人と社会の葛藤で，自己の立場を受け入れること。	『舞姫』
西田幾多郎 (1870〜1945)	独自の**西田哲学**を確立した近代の哲学者。 **主客未分**…主観と客観がまだ区別されない状態。 **純粋経験**…主客未分での具体的・直接的な経験こそ真の実在である。	『善の研究』
和辻哲郎 (1889〜1960)	独創的な倫理学を説いた学者。 **間柄的存在**（あいだがら）…人間の存在は人と人との間柄(関係)にあるのであり，孤立したものではない。 **人間の学**…自分の倫理学を称した言葉。個人と社会との相互作用において倫理が成立することを示した。	『人間の学としての倫理学』 『風土』
柳田国男 (1875〜1962)	日常生活の中で世代間に伝えられる民間伝承，口承文芸や社会慣習を保持している階層を常民とよび，その生活・文化に関心を注ぎ，日本民俗学の基礎をきずいた。	『遠野物語』 『海上の道』 『木綿以前の事』 『雪国の春』

□平安・鎌倉仏教

人　名	内　容	著　書
最　澄 (767～822) 【伝教大師】	全ての人が仏性をもつ(一切衆生悉有仏性)として奈良仏教を批判。比叡山延暦寺で日本天台宗を開く。	『山家学生式』 『顕戒論』
空　海 (774～835) 【弘法大師】	真言宗を開き，東寺と高野山金剛峯寺を拠点に布教。密教を最高の教えとし，即身成仏の道を説いた。	『三教指帰』 『文鏡秘府論』
法　然 (1133～1212) 【源空】	浄土宗の開祖。阿弥陀仏への専修念仏こそが往生への道と説き，末法の時代の到来という機運を土台に，貴族階級を中心に広がった。	『選択本願念仏集』
親　鸞 (1173～1262)	信心さえも阿弥陀仏の計らいにゆだねる絶対他力の立場に立ち，浄土真宗を開いた。悪人正機説を唱えた。農民層に信仰が広がった。	『教行信証』 『歎異抄』 (弟子の唯円著)
一　遍 (1239～89)	時宗の開祖。念仏を唱えて踊る「踊念仏」を広げ，遊行上人といわれた。寺院を造らず，著作も残していない。	
栄　西 (1141～1215)	宋に渡り禅宗を学び，臨済宗を広げた。坐禅による自力による悟りを唱えた。臨済禅は師から「公案」が出題される看話禅である。栄西は宋から持ち帰った茶を普及した。	『興禅護国論』 『喫茶養生記』
道　元 (1200～53)	他力を信じる浄土門を批判し自力の修行による悟りへの道を唱え，只管打坐による自己放下によって悟りの境地・身心脱落に至るという，坐禅は悟りと一体であると「修証一等」を唱えた。	『正法眼蔵』
日　蓮 (1222～82)	法華経を末法の世を救う最高の教えとし，その実践として「南無妙法蓮華経」の唱題を説き，法華宗を開いた。他宗を激しく批判した(折伏)のために，相次ぐ迫害を受け，日蓮はこれを法難とよんで法華経の行者としての自覚を強めた。日蓮の努力と容易な修行とで民衆の間に広がった。また外国からの侵略の危機に備えることを幕府に進言した。	『立正安国論』 『開目抄』

□江戸儒学・陽明学・古学・国学・民衆思想のあゆみ

	人　名	内　容	著　書
朱子学	藤原惺窩 (1561～1619)	江戸儒学の祖。朱子学派。羅山の師。	『惺窩文集』
	林　羅山 (1583～1657)	江戸上野に孔子堂を設立 (後の湯島聖堂・昌平坂学問所のもと)。幕府の教学者として「上下定分の理」などに拠り，封建体制の秩序を保持。	『春鑑抄』
	山崎闇斎 (1618～82)	厳格な精神修行で畏怖された。神道を天道とする垂加神道を唱え，幕末，尊王攘夷を主張する水戸学派に影響。	
	新井白石 (1657～1725)	将軍の補佐役を務め合理的・実証的な歴史研究に功績。	『西洋紀聞』 『折たく柴の記』
陽明学	中江藤樹 (1608～48)	日本陽明学の祖。「孝」を人倫の基本とし，近江聖人と称えられた。陽明学は社会体制や権威に対し，批判的態度を育て，知行合一の実践的精神は，藤樹の弟子で朱子学批判と農民救済に尽力した熊沢蕃山や天保飢饉の際に大坂で蜂起した大塩平八郎らに引き継がれた。また吉田松陰も陽明学から改革の情熱を学んだ。	『翁問答』
古学	伊藤仁斎 (1627～1705)	古義学派の祖。孔孟の教えの根本である仁・愛を重視し，仁を愛と捉え，誠を道の基本とした。	『童子問』
	荻生徂徠 (1666～1728)	古学のうち，孔子が学んだ「先王の道」を学ぶ古文辞学派を提唱し，道を経世済民の術と説いた。	『弁道』
	山鹿素行 (1622～85)	古学という日本独自の儒教を提唱。武芸や主君への忠誠のみを重視していたそれまでの武士道に替わり，礼節をわきまえ農工商の師となることこそ武士道であるとした。	『聖教要録』 『山鹿語類』
国学	賀茂真淵 (1697～1769)	『万葉集』研究に取り組み，古代精神の基調を「高く直き心」と呼び，この心で歌われた和歌を「ますらおぶり」と表現した。仏教・儒教などの外来思想に影響されない日本人の固有の精神を明らかにしようとする	『万葉考』 『国意考』

国学		国学の基礎を確立した。国学は荷田春満にはじまり，日本古来の精神に帰るべきことを主張したが，幕末になると国粋主義論が強まり，尊王思想の形成に大きな影響を与えた。	
	本居宣長 (1730〜1801)	源氏物語など平安王朝文化を中心に研究し，「もののあはれ」を日本古来の文芸の根本精神とした。また新古今調の「たおやめぶり」，「惟神(かんながら)の道」の古道説を唱えて国学を大成した。	『古事記伝』 『玉勝間』
民衆思想	石田梅岩 (1685〜1744)	神道・儒教・老荘思想・仏教を折衷し，自らの心を磨く「心学」を創唱した(石門心学)。商人の売利を武士の俸禄と同等とみなして肯定し，正直・倹約などの商人倫理を，全ての人倫の基本とした。	『都鄙問答』
	安藤昌益 (1703?〜1762)	出羽の医師。階級差別に基づく封建社会を,不耕貪食の輩の支配する「法世」と呼び，万人直耕の「自然世」を理想とした。	『統道真伝』 『自然真営道』
	二宮尊徳 (1787〜1856)	江戸時代後期の農政家。人道を実現する努力と相互扶助の実践を説き，現実の生活改善に献身した。	『報徳記』 『二宮翁夜話』

※鎖国政策を採る厳しい制約の中でも，オランダ語を通じて西洋の事情や実用的な医学などは細々とではあったが「蘭学」として，我が国にもたらされていた。そして特に8代将軍吉宗の「享保の改革」期に，蘭学以外の英・仏・独の学術も含めた「洋学」として，著しい発展を見せるようになった。そうした中で，蘭学者で画家でもあった渡辺崋山(1793 - 1841)は『慎機論』で異国船打ち払いなどの鎖国政策を批判し，また長崎で学んだ蘭医・高野長英(1804 - 50)は西洋事情・兵制を研究し，『戊戌夢物語』を著して鎖国政策を批判した。洋学者・佐久間象山(1811 - 64，主著『省諐録』)は，洋学の研究を通じて，日本防衛の必要性を痛感し，「東洋道徳・西洋芸術」(西洋の科学技術を採りいれ，儒教的理想に従い政治を行う)と唱えた。これは，明治以降の近代化を推進する日本の指標となった。

━━━━━ **例題1** ━━━━━

次の文を読んで，下の(1)〜(9)の問いに答えよ。

　古代ギリシャにおいて世界の形成はまず神話によって説かれた。古代ギリシャ人は，自分たちの人智を超えた現象を神のなせる業として考えた。ホメロスは叙事詩「イリアス」や「(　①　)」を著し，神の定めた運命に従いながら生きる人間を描いた。また，ヘシオドスは「神統紀」を著し，宇宙の生成と神々の発生について統一的な説明を試みた。

　やがてギリシャ人の知的探求は神話による解釈を脱却し，理性的思考による自然哲学が誕生した。彼らは万物の根源つまり(　②　)は何かという共通したテーマを探求していった。最初の哲学者とされるタレスは万物の根源を(　③　)と考えた。ピタゴラスは宇宙の調和と秩序の根源を数であるとし，ヘラクレイトスは(　④　)であるとした。さらに，ヘラクレイトスは「万物は流転する」という言葉を残し，後に，彼は(ア)弁証法の創始者とも言われるようになった。また，(　⑤　)はこれ以上分割できない原子こそ万物の根源であると考えた。

　紀元前5世紀ころアテネに民主政治が成立すると，人々は政治的知識や政治的技術としての(　⑥　)を身につけることを重視するようになった。学問の対象が(イ)自然から(ウ)人為，つまり法や社会制度に移っていったのである。こうして人々の要望に応える形で登場するのが(　⑦　)と呼ばれた職業教師たちである。「(エ)人間は万物の尺度である」という言葉に表されているように，(　⑦　)の思想は絶対的・普遍的なものを認めず，すべては(　⑧　)であるとしたが，あくまでも人間中心の思想であった。古代ギリシャには愛知の精神を意味する(　⑨　)という言葉や，心静かに理性を働かせて真理を探求する(オ)観想的態度があり，(カ)この理性主義とでもいうべき態度は，やがてヨーロッパの思想の大きな潮流の一つとなっていく。

(1)　本文中の(　①　)〜(　⑨　)に適する語句を書け。

(2)　下線部(ア)について，ヘーゲルが唱えた弁証法とは何か，次の言葉をすべて使って簡潔に説明せよ。

　　矛盾・対立　　否定　　止揚(アウフヘーベン)

(3)　下線部(イ)，(ウ)それぞれに対応する言葉を次のa〜dから選び，

記号で答えよ。

a　ピュシス　　b　ノモス　　c　ロゴス　　d　ミュトス

(4)　下線部(エ)と語った人物名を書け。

(5)　下線部(オ)について，観想的態度と訳されるギリシャ語をカタカナで書け。

(6)　下線部(カ)に関連して，次の①〜④からデカルトの思想について述べた文を1つ選び，その番号を書け。

①　人間にはだれでも対象を認識できる理論理性が生まれつき備わっていると述べた。

②　経験的な認識を退け，理性的思考によってのみ人間は真理に到達できるとする合理論を展開した。

③　人間の理性は本来の役割を失った道具的理性におちいったと考え，あるべき理性の復活を主張した。

④　個人の生命・自由・財産所有の権利は理性に基づく自然法によって守られていると考え，人間の理性を肯定した。

(7)　デカルトの自然観は機械論的自然観といわれるが，これはどういう意味か，簡潔に説明せよ。

(8)　デカルトは確実な真理に到達するため，あらゆるものを疑った。この真理探究の方法を何というか，書け。

(9)　デカルトについて，次の①，②に答えよ。

①　デカルトが到達した「哲学の第一原理」といわれる言葉を書け。

②　また，それはどのような意味か，簡潔に説明せよ。

解答　(1)　①　オデュッセイア　　②　アルケー　　③　水　　④　火　　⑤　デモクリトス　　⑥　弁論術　　⑦　ソフィスト　　⑧　相対的　　⑨　フィロソフィア　　(2)　〈解答例〉すべての存在は，矛盾・対立する要素を含みながら存在している。この矛盾・対立する要素が表面化することによって，その存在は否定され，両者を統一する，より高い次元へと止揚(アウフヘーベン)されて発展していくとみる考え。　　(3)　(イ)　a　　(ウ)　b　　(4)　プロタゴラス　　(5)　テオリア　　(6)　②　　(7)　〈解答例〉あらゆる自然現象を物体の機械的な運動に還元して説明しようとする自然

観。いっさいの事物の生起や変化は因果法則に従う物体の運動によって引き起こされるという考え。　(8)　方法的懐疑

(9)　①　我思う，ゆえに我あり(コギト・エルゴ・スム)

②　すべてを疑ってみても，なお，疑っている自我の意識(自分の存在)そのものは否定することはできないという意味。

解説　(1)　①　トロイア戦争の後，ギリシャの英雄オデュッセウスの10年に及ぶ帰国の旅を描いた物語。　②　神話的世界における始原とは異なり，ロゴスの論理的な必然性によって推測された根源。⑦　もともとは知恵のある人。賢者という意味。　⑨　ギリシャ語の「知恵(ソフィアsophia)」と「愛する(フィロスphilos)」との合成語。　(2)　止揚(アウフヘーベン)とは，二つの矛盾・対立する立場を総合・統一することを指す。　(3)　cは言葉・理性・理法，dは神話のこと。　(4)　プロタゴラスはソフィストの代表者。(5)　theoriaはtheory(理論)の語源となっている。　(6)　①はカント，③はフランクフルト学派，④はグロティウス，ロックら。(7)　機械論的自然観は，一定の目的によって物事を説明する目的論的世界観や，神の意志(摂理)による説明をしりぞける。(8)　方法的懐疑は，人間は確実な真理を知ることはできないという懐疑論とは異なる。　(9)　デカルトはこの明証的な「我」の存在を出発点にして，さまざまな知識を合理的な推理によって導く演繹法をとなえた。

――――――――――― 例題2 ―――――――――――

次の文を読んで，あとの問いに答えよ。

　明治維新以来，①西洋近代思想が流れ込んでくると，日本の伝統的思想と近代思想との関係をどう考えるべきかという問題が新たに起こってきた。そのような中で，日本の思想家たちは次第に自分自身の生き方について思索していった。

　西田幾多郎は西田哲学とよばれる独自の哲学を築き上げた。②西洋哲学は，主観と客観を対立関係においてとらえるが，彼は③参禅体験を通して，主観と客観が未分化の状態を体験した。彼はこの境位を

④純粋経験と名付け，さらにこの思想を深化させて，⑤絶対無の思想に到達した。

　また，夏目漱石は，イギリス留学の経験などから，⑥自己本位の生き方を見いだし，さらに晩年には⑦「小我の私」を去って「普遍的な大我」の命ずるままに自分をまかせる境地を理想とした。

問1　下線部①について，1873年に設立され，福沢諭吉や西周らも参加し，西洋の思想・文化を紹介して啓蒙思想の普及に大きな役割を果たした団体を何というか，書け。

問2　下線部②に関連して，対象は主観によって構成されるとして，認識の主導権を客観から主観に変えた18世紀ドイツの哲学者は誰か，書け。また，このことの意義を彼自身が言い表した言葉は何か，書け。

問3　下線部③の禅に関連して，西田幾多郎の若いころからの友人でもあり，禅思想を海外に紹介した国際的な仏教哲学者は誰か，書け。

問4　下線部④に関連して，プラグマティズムの代表的人物で，認識における主観と客観の二元的対立は同じ経験の過程の中に含まれると解釈し，その経験を「純粋経験(根本経験)」として実在と考えたのは誰か，書け。

問5　下線部⑤について，50字程度で説明せよ。

問6　下線部⑥について，夏目漱石の見いだした自己本位とはどのようなものか，「エゴイズム」，「個性」という2つの語句を用いて60字以内で説明せよ。

問7　下線部⑦について，このような境地を何というか，漢字4文字で書け。

解答　問1　明六社　　問2　哲学者…カント　　言葉…コペルニクス的転回　　問3　鈴木大拙　　問4　ジェームズ　　問5　絶対無とは，「有」の否定としての「無」ではなく，有無の対立を超えてそれらの成立の根拠となる絶対的な無である。(54字)

問6　他者を顧みないエゴイズムではなく，自分の義務と責任を果たし，他者の個性を尊重しつつ自己に忠実に生きること。(53字)　　問7　則天去私

解説 問1 明治6年に森有礼の発議によって結成されたので，明六社と名づけられた。 問2 カントはドイツ観念論哲学の代表的な哲学者。コペルニクス的転回の意味は，「認識が対象に従うのではなく，対象が認識に従う」ということ。 問3 鈴木大拙は，禅と浄土思想について独自の思想を展開した。 問4 ジェームズは，「神が存在するという命題は，人間に精神的安らぎを与えるから有用であり，そのかぎりにおいて真理なのである」と「真理の有用性」を説いたことでも有名。 問5 西田が存在の原理とした概念で，いっさいのものを存在させる絶対的な無のこと。 問6 漱石は，旧来の日本人の生き方を，自己を見失い他者に迎合する浮き草のような他人本位の生き方と見て否定し，自我の追求に真正面から向き合うことを主張した。 問7 「普遍的な大我」とは，いわば「自然」のこと。近代的自我の確立に苦闘した末に到達した境地で，運命に甘んじて静かにいっさいを受け入れる態度をいう。

━━━━━━━━ **例題3** ━━━━━━━━

次の略伝の思想家を，下のa～dから1つ選べ。

- 1902年，ユダヤ系の法律家を父にオーストリアで生まれた。
- ウィーン大学で数学や理論物理学を学んだ。
- 著書『科学的発見(探究)の論理』で，反証可能性という方法を提唱した。
- ナチス迫害を逃れるためニュージーランドのカンタベリー大学に赴任し，『開かれた社会とその敵』を執筆し，プラトン，マルクスらのユートピア主義を，全体主義をもたらすものとして批判した。

a クワイン b クーン c ポパー d アドルノ

解答 c

解説 ポパーは，反証可能性を提唱し，反証方法のない仮説は科学的でないとした。なお，aのクワインはホーリズムを提唱した分析哲学者。bのクーンは，パラダイム概念を提唱した科学哲学者。d

296

のアドルノは，フランクフルト学派に属し，『啓蒙の弁証法』において，近代理性が自然や社会を搾取する道具的理性であることを批判した。

■■■■■ 例題4 ■■■■■

次の各問いに答えよ。

問1　キリスト教がその母体となったユダヤ教と異なり，世界宗教になった要因について説明せよ。

問2　仏教における解脱とはどのような境地をあらわしているのか説明せよ。

解答　問1　選民思想をもつユダヤ教とは異なり，権威や伝統にとらわれずすべての人に救いを与えたから。　　問2　欲望によっておこる苦悩を脱して永遠の安らぎ(涅槃)を得ること。

解説　問1　ユダヤ教はユダヤ人の民族宗教である。ユダヤ人は神と契約を結んだ唯一の人々であり，契約を守ることによって終末において神の救済を受けられるという選民思想が根本にある。キリスト教はユダヤ教の一派として始まったが，ユダヤ教と異なり，全ての人を救済の対象としたことで世界宗教となった。

問2　仏教における解脱とは，本能に基づく迷いに心を縛られている煩悩の状態から解放され，永遠の平和である涅槃へいたること。仏教の実践において究極の境地とされる。

■■■■■ 例題5 ■■■■■

次の各問いに答えよ。

問1　日本の古代仏教について述べた文として，最も適当なものを次の①〜④から1つ選べ。

①　聖徳太子は仏教を本格的に理解した最初の人物とされる。本人は出家をしないものの，出家僧の仏教経典を中心に三経義疏などを講じている。

②　飛鳥時代には，仏は蕃神として八百万の神の上位に位置づけられる神となった。

③　奈良時代における仏教は，天皇の保護をうけ，鎮護国家仏教として盛んになった。

④　古来の仏への信仰は，神への信仰と分断されたままつづき，平安時代になると，本地垂迹説として対立が決定的になった。

問2　次のⅠ～Ⅳの文に該当する人物名とその著書の組合せとして，最も適当なものを下の①～④から1つ選べ。

Ⅰ　初め天台宗の教学を学んだが，比叡山の黒谷にこもって浄土教に対する思索を深め，念仏以外の一切を雑行として捨てる専修念仏の立場に達した。

Ⅱ　比叡山の堂僧であったが，越後に流され，のち関東に移った。東国で農民の間に20余年過ごし，新宗派を開き，寺院も持たず，弟子を同朋と称した。

Ⅲ　捨家棄欲を説き，全国を遍歴し賦算や踊りをとりいれたため，教団は急速に発展した。

Ⅳ　末法の現実を救うものは法華経であるとの確信に達し，専修念仏の影響をうけて唱題を主唱する一方，他宗派を激しく攻撃した。

①　Ⅰ－法然－『選択本願念仏集』

②　Ⅱ－日蓮－『開目抄』

③　Ⅲ－一遍－『教行信証』

④　Ⅳ－道元－『正法眼蔵』

問3　禅宗について述べた文として，最も適当なものを次の①～⑤から1つ選べ。

①　栄西は比叡山に学び，のち宋に修行し曹洞宗を開いた。

②　栄西は飲茶の修行は悟りを体得するための最良の手段であるとした。

③　道元は，坐禅し戒律を守ることで，国家に役立つ優れた人物の育成を説いた。

④　禅の起源はヨーガであり，禅宗は古代インドにおいて成立した。

⑤　道元は，ひたすら坐禅の修行をすることにより，身心脱落の悟りの境地に至れるとした。

問4　江戸時代の日本の思想家に関する語の組合せとして，最も適当な
　ものを次の①〜④から1つ選べ。
①　伊藤仁斎−高く直き心−ますらをぶり
②　安藤昌益−分度と推譲−報徳
③　林　羅山−孝−知行合一
④　本居宣長−惟神の道−真心
問5　明治期の日本の思想家について述べた文として，最も適当なもの
　を次の①〜④から1つ選べ。
①　内村鑑三は，「二つのJ」に仕えることを念願し，「私共に取ては
　イエスと日本国とは同一のものであります」と述べている。
②　福沢諭吉は，西洋近代の自然法思想を導入し天賦人権論を説き，
　フランス系の自由主義を主張した。
③　中江兆民は，自由民権運動の理論的指導者として，主権在民の
　立場から官民調和・富国強兵論を展開した。
④　新島襄・植村正久・新渡戸稲造らは，明治6年のキリシタン禁令
　解除の後，西洋近代思想を支える精神としてのカトリックを広め
　るべくキリスト教精神に基づく教育に力を注いだ。

解答　問1　③　　問2　①　　問3　⑤　　問4　④　　問5　①

解説　問1　③の鎮護国家仏教とは，仏教をさかんにして仏教の力によっ
　て国家の安泰をはかろうとするもの。　問2　文章Ⅰは法然，Ⅱ
　は親鸞，Ⅲは一遍，Ⅳは日蓮のこと。また選択肢中の『正法眼蔵』
　は道元，『開目抄』は日蓮，『教行信証』は親鸞の著書。
　　問3　道元は，身体も精神も一切の執着を離れて悟りの境地に入
　ることを説いた。　　問4　それぞれ人物名を，①は賀茂真淵，②
　は二宮尊徳，③は中江藤樹に直せば正しい。　問5　②は中江兆
　民，③の官民調和・富国強兵論は福沢諭吉，④はカトリックでな
　くプロテスタント。

中高公民（倫理） 現代社会における倫理

ポイント

「現代社会における倫理」では，生命倫理が頻出である。日々進歩を続けるバイオテクノロジーは，生命の営みにどこまで人間が立ち入ることが許されるかという倫理上の新しい問題を投げかけている。それが生命倫理（バイオエシックス）である。ごく最近の動向が出題されることが多いので，学習にあたっては基本的な事項を学ぶことの他，ニュースもこまめにチェックしておくことが必要である。生命倫理以外では，情報倫理や環境倫理，異文化理解などが，現代社会にまつわる倫理の問題として出ている。

□**バイオエシックス** 生命倫理と訳される。生命を意味する「バイオ」と倫理を意味する「エシックス」を組み合わせた造語で，1970年代頃から使用されるようになった。

□**生命の質** 英語の頭文字をとってＱＯＬともいう。その人の人生や生活の「質」という面に重点を置いて医療を行うという考え方。

□**インフォームド＝コンセント** 医師から病状や治療法について十分に説明を受けた上で，患者自身が選択なり同意なりを行うこと。患者の自己決定権を尊重する見地から現代の医療の大勢になりつつある。

□**末期医療** ターミナル＝ケアともいう。治療の見込みがない末期の患者に対し，人間らしい死を迎えさせるために行う医療のこと。

□**ホスピス** 末期医療を行うための施設。治療ではなく，肉体的・精神的な苦痛を和らげて安らかな死を迎えさせる緩和ケアが中心となる。

□**リヴィング＝ウィル** 「生前の意思」という意味で，自分の死のあり方について，延命措置の拒否や死後の臓器提供など，本人があらかじめ自分の意思を表明しておくこと。

□**尊厳死** リヴィング＝ウィルに基づいて，治療の見込みがない場合に延命措置を止め，自然な死を迎えさせること。自然死ともいう。

□**安楽死** リヴィング＝ウィルに基づいて，治療の見込みがない場合に

医師が投薬などを行って死なせること。延命措置を行わないのは尊厳死と同様だが，尊厳死が概ね受け入れられる傾向にあるのに対し，安楽死には否定的な見方が多い。

□**脳死**　身体は活動しているが，脳の機能が不可逆的に停止した状態。生命維持装置を使えば心臓が止まらないため，「人の死」にあたるかどうか議論が重ねられている。

□**臓器移植**　病気や事故などによって十分に働くことができなくなった臓器を他人の正常な臓器と置きかえること。臓器を提供する者をドナー，受け取る者をレシピエントとよぶ。

□**臓器移植法**　臓器移植は提供される臓器が新しい程成功率が高いため，脳死者からの移植を認めるかどうかが問題となった。我が国では1997年に臓器移植法が成立。2009年に改正されて15歳未満者の場合も家族の承諾があれば臓器提供を可能とした。2010年施行。

□**人工授精**　精子と卵子を人工的に受精させること。子宮内に精子を人工的に注入する方法と，母体から卵子を一旦外に取り出して受精させる方法とがある。

□**代理出産**　何らかの事情で女性が妊娠できない場合，他の女性に代理母として妊娠・出産をしてもらうこと。人間関係が複雑になるため，我が国では代理出産は認められていない。

□**出生前診断**　生まれていない状態で，男女の性別や遺伝病・障害の有無を診断すること。受精卵の段階で行う**着床前診断**と，胎児の段階で行う胎児診断とがある。

□**ＤＮＡ**　デオキシリボ核酸のこと。遺伝子の本体であり，生命活動の根底となる働きをする。

□**ヒトゲノム**　人間の遺伝子情報の全体をいう。1990年代から解読作業

が国際的規模で進められ，2003年，すべての塩基配列が解読された。

□**遺伝子組み換え作物**　遺伝子の本体であるDNAに人為的な操作を加えて，品種改良あるいは新規開発した農作物のこと。人体や生態系への影響が未知なために警戒する向きも強く，我が国では食品に遺伝子組み換え作物の使用を表示することが義務づけられている。

□**クローン技術**　ある個体と全く同じ遺伝子を持つ個体を人為的に作る技術。1990年代にイギリスでクローン羊ドリーが作られて話題になった。人間へのクローン技術の応用は原則禁止される傾向にある。

□**ＥＳ細胞**　胚性幹細胞のこと。受精卵が分裂を始めた初期胚から作られ，あらゆる器官に分化する能力を持つ細胞。医療の可能性を広げることが期待されるが，ヒトとなりうる受精卵を材料とするために倫理上の問題が生じ，各国で対応が割れている。我が国では条件を限って研究が認められている。

□**ｉＰＳ細胞**　人工多能性幹細胞のこと。皮膚細胞から作られ，ES細胞と同じような能力を持つ細胞。あらゆる器官に分化する能力を有するため，新しい医療方法の開拓や再生医療への応用が期待されている。2007年に日本の医学者・山中伸弥がヒト体細胞を用いて作製に成功したと発表した。

━━━━━ 例題１ ━━━━━

次の語句について説明せよ。

報道倫理とメディア・リテラシー

解答　マスメディアによるコミュニケーションは，不特定多数の受け手への一方向的な情報伝達という特徴から，多数の受け手に対して大きな影響力をもっている。そのためマスメディアには，内容の正確さや偏りのなさといった報道倫理が求められる。しかし，視聴率や購買部数を上げるために刺激的で感情的な報道を行うことがあり，また，報じられる量や詳しさ，表現のしかたには送り手の主観や評価が含まれていることがある。そこで受け手の側にも，送り手がどのような伝え方をしているかを批判的に読み説く力で

あるメディア・リテラシーが求められる。それは，メディアの情報そのものをうのみにせず，その背景や意図などを解釈し，評価判断する能力のことである。

| 解説 | 報道倫理は，マスメディアの社会規範(社会的ルール)であり，発信する情報には正確性はもちろん，不偏不党の公平性が求められる。メディア・リテラシーとは，メディアが発信する情報をそのまま受け入れるのではなく，送り手の伝え方の背景や意図を見極めたうえで，正しく理解することをいう。別の言い方をすれば，メディアからのメッセージを主体的・批判的に読み解く能力である。リテラシーには，「読み書きする能力」という意味がある。

―――――― 例題2 ――――――

次の語句について説明せよ。

地球環境問題と世代間倫理

| 解答 | 人間が豊かさや快適さを求める中で，世界各地で資源やエネルギーが大量に消費され，結果的に自然環境の破壊につながり，地球環境問題として顕在化してきた。フロンガスの使用によるオゾン層の破壊や，化石燃料の使用による酸性雨の被害等はそうした地球環境問題の例と言える。世代間倫理とは，現在の世代は将来の世代に責任があり，将来世代に際限なく責任を負わせてはならないという考え方である。現在の経済活動が将来世代に大きな影響を及ぼすことに配慮し，未来の地球環境を守っていこうとする姿勢が求められる。

| 解説 | 環境省は地球環境問題として，オゾン層の破壊，地球温暖化，酸性雨，熱帯林の減少，砂漠化，開発途上国における公害問題，野生生物の減少，海洋汚染，有害廃棄物の越境移動の9つを挙げている。これらの問題には，地球上の広範囲で発生しており一国の努力では解決が難しいという共通点がある。世代間倫理とは，環境保護において論じられる考え方。将来の世代の利益を保護するため，現代の世代には負わねばならない義務があるとする。

例題3

次の文章を読んで，下の問いに答えよ。

　a生命の誕生や死に，人間はどこまで介入してよいのだろうか。科学技術の発達により，私たちは，生殖医療や延命治療，臓器移植，b再生医療の場面で「倫理観」や「生命の質」が問われることが増えている。

問1　下線部aに関する記述として最も適当なものを，次の①〜④までの中から1つ選び，記号で答えよ。

①　着床前診断は，体外受精した受精卵の遺伝子や染色体を検査し，子宮に戻す方法のことで，重い遺伝病児の出産の場合に限り，対象の遺伝子や染色体の診断が認められている。

②　尊厳死とは，死が不可避な末期状態の患者が，本人の意思に基づいて，延命治療を行わず，人間としての尊厳を保ったままの死を迎えることである。

③　出生前診断は，2013年に血液検査のみで安全・高精度な検査も可能になったが，染色体異常の可能性が高い場合に限り，認められている。

④　ホスピスとは，末期患者に対して積極的な延命治療を施し，残された死までの時間を有意義に過ごし，安らかな死を迎えるための施設のことである。

問2　下線部bに関する記述として適当でないものを，次の①〜④までの中から1つ選び，記号で答えよ。

①　ES細胞(胚性幹細胞)は，患者本人の細胞から作ることができないため，拒絶反応の危険性がある。

②　山中伸弥教授は，iPS細胞(人工多能性幹細胞)の研究が認められ，2012年にノーベル医学・生理学賞を受賞した。

③　iPS細胞(人工多能性幹細胞)は，すでに分化した体細胞を未分化状態にして作られるため，拒絶反応やガン化の危険性がない。

④　ES細胞(胚性幹細胞)は，受精卵の成長過程の胚の一部からつくられるため，人間に成長する可能性のある胚を壊すという倫理的な問題がある。

| 解答 | 問1　② 　　問2　③ |

解説　問1　安楽死(積極的安楽死)では，患者を死に至らしめるための
医療的な処置が行われる。この点において,尊厳死(消極的安楽死)
とは異なる。なお，①は習慣流産のある妊婦も対象となる。③は
高齢妊婦も対象。④では完治や延命のための治療は行われない。
　問2　iPS細胞にはガン化の危険性が指摘されている。よって，③
は誤り。ただし，ガン化する可能性のある細胞を除去する技術の
開発も進んでいる。なお，①のES細胞は受精卵から作製される。
②は体細胞を初期化する技術で，京都大学の山中伸弥教授がノー
ベル賞を受賞した。④については，iPS細胞ならば，こうした問
題は生じない。

―――――――――――― 例題4 ――――――――――――

生命倫理に関することとして最も適当なものを，次のア〜エから1つ選
び，記号で答えよ。

ア　ES細胞は体細胞からつくられるため，iPS細胞が抱えていた倫理
　的問題を克服することができた。ES細胞は個体全体の再生ではなく，
　組織や臓器の再生だけに限定されるが，難病克服や再生医療に新た
　な道をひらくことになった。

イ　臓器移植に関しては，臓器提供者であるレシピエントあるいはそ
　の家族と，移植希望者であるドナーの双方に移植に関する十分な説
　明を行い，同意を得ることが求められている。これはインフォーム
　ド＝コンセントとよばれ，患者の知る権利と自己決定権を重視しよ
　うとする考え方である。

ウ　体外受精による出産には，配偶者が出産する場合と，配偶者以外
　の女性に出産を依頼する代理出産とがありうる。特に後者の場合に
　は，代理母との間の親権・養育権を巡る問題や女性の出産機能を商
　品化しているのではないかという批判がある。

エ　医療は，生命や生きることに絶対的な価値を置く「QOL」の立場
　に立つものであるが，苦痛を与えるだけの延命措置を患者が拒否す
　るという尊厳死の考えは，限られた命を自分らしく生きたいという

「SOL」の考え方に基づいている。

解答 ウ

解説 アは「ES細胞」と「iPS細胞」の説明が逆。ES細胞は人の受精卵を利用する点で倫理的課題がある。イの「ドナー」は臓器提供者，「レシピエント」は移植希望者のこと。エは「QOL」と「SOL」が逆。QOLは「生命の質(quality of life)」，SOLは「生命の尊厳(sanctity of life)」を指す。

第 7 章

学習指導要領

学習指導要領　中学社会

ポイント

●改訂のポイント

①授業時数について

　今回の学習指導要領改訂によって，地理的分野の授業時数が115単位時間(5単位時間減)に，歴史的分野の授業時数が135単位時間(5単位時間増)に改められた。なお公民的分野の授業時数は100単位時間で，増減はない。

②主体的・対話的で深い学びについて

　中央教育審議会答申(平成28年12月21日)では，「何ができるようになるか」という学習の意義を明確にするという方針から，全ての教科を①知識及び技能，②思考力，判断力，表現力等，③学びに向かう力，人間性等の3つの柱で整理するという方針が示された。この内容は中学校学習指導要領(平成29年3月告示)第1章第1の3に反映されている。

　また学習指導要領の「第3　指導計画の作成と内容の取扱い」1(1)に示されているように，今回から生徒の主体的・対話的で深い学びの実現を図ることが全教科にわたり示されている。答申では，社会科における学びに対する視点について，以下の通り示されている。

「主体的な学び」の視点

・主体的な学びについては，児童生徒が学習課題を把握しその解決への見通しを持つことが必要である。そのためには，単元等を通した学習過程の中で動機付けや方向付けを重視するとともに，学習内容・活動に応じた振り返りの場面を設定し，児童生徒の表現を促すようにすることなどが重要である。

「対話的な学び」の視点

・対話的な学びについては，例えば，実社会で働く人々が連携・協働して社会に見られる課題を解決している姿を調べたり，実社会の人々の話を聞いたりする活動の一層の充実が期待される。しかしながら，

話合いの指導が十分に行われずグループによる活動が優先し内容が深まらないといった課題が指摘されるところであり，深い学びとの関わりに留意し，その改善を図ることが求められる。

「深い学び」の視点

・これらのことを踏まえるとともに，深い学びの実現のためには，「社会的な見方・考え方」を用いた考察，構想や，説明，議論等の学習活動が組み込まれた，課題を追究したり解決したりする活動が不可欠である。具体的には，教科・科目及び分野の特質に根ざした追究の視点と，それを生かした課題(問い)の設定，諸資料等を基にした多面的・多角的な考察，社会に見られる課題の解決に向けた広い視野からの構想(選択・判断)，論理的な説明，合意形成や社会参画を視野に入れながらの議論などを通し，主として用語・語句などを含めた個別の事実等に関する知識のみならず，主として社会的事象等の特色や意味，理論などを含めた社会の中で汎用的に使うことのできる概念等に関わる知識を獲得するように学習を設計することが求められる。このような観点から，例えば特に小・中学校における主権者教育の充実のため，モデル事業による指導法の改善や単元開発の実施，新しい教材の開発・活用など教育効果の高い指導上の工夫の普及などを図ることも重要である。

●教科の目標

　社会的な見方・考え方を働かせ，課題を追究したり解決したりする活動を通して，広い視野に立ち，グローバル化する国際社会に主体的に生きる平和で民主的な国家及び社会の形成者に必要な公民としての資質・能力の基礎を次のとおり育成することを目指す。

(1) 我が国の国土と歴史，現代の政治，経済，国際関係等に関して理解するとともに，調査や諸資料から様々な情報を効果的に調べまとめる技能を身に付けるようにする。

(2) 社会的事象の意味や意義，特色や相互の関連を多面的・多角

> 的に考察したり，社会に見られる課題の解決に向けて選択・判
> 断したりする力，思考・判断したことを説明したり，それらを
> 基に議論したりする力を養う。
> (3) 社会的事象について，よりよい社会の実現を視野に課題を主
> 体的に解決しようとする態度を養うとともに，多面的・多角的
> な考察や深い理解を通して涵養される我が国の国土や歴史に対
> する愛情，国民主権を担う公民として，自国を愛し，その平和
> と繁栄を図ることや，他国や他国の文化を尊重することの大切
> さについての自覚などを深める。

　社会科において育成を目指す資質・能力については，中央教育審議会
答申(平成28年12月21日)にて「公民としての資質・能力」を育成するこ
とを目指すとされ，(1)が「知識・技能」，(2)が「思考力・判断力・表現力
等」，(3)が「学びに向かう力・人間性等」を反映した内容となるよう整理
された。

　中央教育審議会答申によると，社会的な見方・考え方とは「課題を追
究したり解決したりする活動において，社会的事象等の意味や意義，特
色や相互の関連を考察したり，社会に見られる課題を把握して，その解
決に向けて構想したりする際の視点や方法」であり，小，中，高等学校
と校種の段階や分野・科目の特質を踏まえた「見方・考え方」をそれぞ
れ整理でき，その上で，「社会的な見方・考え方」をそれらの総称とした
とされている。

●各分野の目標

　各分野の目標は，従前の4項目から成り立つ構成から，「知識及び技能」，
「思考力，判断力，表現力等」，「学びに向かう力，人間性等」の3つの柱
を反映させた3項目から成り立つ構成に改められた。

〔地理的分野〕

> 　社会的事象の地理的な見方・考え方を働かせ，課題を追究した
> り解決したりする活動を通して，広い視野に立ち，グローバル化

する国際社会に主体的に生きる平和で民主的な国家及び社会の形
形成者に必要な公民としての資質・能力の基礎を次のとおり育成
することを目指す。
(1)　我が国の国土及び世界の諸地域に関して，地域の諸事象や地
　域的特色を理解するとともに，調査や諸資料から地理に関する
　様々な情報を効果的に調べまとめる技能を身に付けるようにす
　る。
(2)　地理に関わる事象の意味や意義，特色や相互の関連を，位置
　や分布，場所，人間と自然環境との相互依存関係，空間的相互
　依存作用，地域などに着目して，多面的・多角的に考察したり，
　地理的な課題の解決に向けて公正に選択・判断したりする力，
　思考・判断したことを説明したり，それらを基に議論したりす
　る力を養う。
(3)　日本や世界の地域に関わる諸事象について，よりよい社会の
　実現を視野にそこで見られる課題を主体的に追究，解決しよう
　とする態度を養うとともに，多面的・多角的な考察や深い理解
　を通して涵養される我が国の国土に対する愛情，世界の諸地域
　の多様な生活文化を尊重しようとすることの大切さについての
　自覚などを深める。

　答申では，社会的事象の地理的な見方・考え方とは「社会的事象を，
位置や空間的な広がりに着目して捉え，地域の環境条件や地域間の結び
付きなどの地域という枠組みの中で，人間の営みと関連付け」ることと
整理されている。

〔歴史的分野〕

　社会的事象の歴史的な見方・考え方を働かせ，課題を追究した
り解決したりする活動を通して，広い視野に立ち，グローバル化
する国際社会に主体的に生きる平和で民主的な国家及び社会の形
成者に必要な公民としての資質・能力の基礎を次のとおり育成す
ることを目指す。

(1) 我が国の歴史の大きな流れを，世界の歴史を背景に，各時代の特色を踏まえて理解するとともに，諸資料から歴史に関する様々な情報を効果的に調べまとめる技能を身に付けるようにする。

(2) 歴史に関わる事象の意味や意義，伝統と文化の特色などを，時期や年代，推移，比較，相互の関連や現在とのつながりなどに着目して多面的・多角的に考察したり，歴史に見られる課題を把握し複数の立場や意見を踏まえて公正に選択・判断したりする力，思考・判断したことを説明したり，それらを基に議論したりする力を養う。

(3) 歴史に関わる諸事象について，よりよい社会の実現を視野にそこで見られる課題を主体的に追究，解決しようとする態度を養うとともに，多面的・多角的な考察や深い理解を通して涵養される我が国の歴史に対する愛情，国民としての自覚，国家及び社会並びに文化の発展や人々の生活の向上に尽くした歴史上の人物と現在に伝わる文化遺産を尊重しようとすることの大切さについての自覚などを深め，国際協調の精神を養う。

答申では，社会的事象の歴史的な見方・考え方とは「社会的事象を，時期，推移などに着目して捉え，類似や差異などを明確にしたり，事象同士を因果関係などで関連付けたり」することと整理されている。

〔公民的分野〕

現代社会の見方・考え方を働かせ，課題を追究したり解決したりする活動を通して，広い視野に立ち，グローバル化する国際社会に主体的に生きる平和で民主的な国家及び社会の形成者に必要な公民としての資質・能力の基礎を次のとおり育成することを目指す。

(1) 個人の尊厳と人権の尊重の意義，特に自由・権利と責任・義務との関係を広い視野から正しく認識し，民主主義，民主政治の意義，国民の生活の向上と経済活動との関わり，現代の社会生活及び国際関係などについて，個人と社会との関わりを中心

に理解を深めるとともに，諸資料から現代の社会的事象に関する情報を効果的に調べまとめる技能を身に付けるようにする。

(2) 社会的事象の意味や意義，特色や相互の関連を現代の社会生活と関連付けて多面的・多角的に考察したり，現代社会に見られる課題について公正に判断したりする力，思考・判断したことを説明したり，それらを基に議論したりする力を養う。

(3) 現代の社会的事象について，現代社会に見られる課題の解決を視野に主体的に社会に関わろうとする態度を養うとともに，多面的・多角的な考察や深い理解を通して涵養される，国民主権を担う公民として，自国を愛し，その平和と繁栄を図ることや，各国が相互に主権を尊重し，各国民が協力し合うことの大切さについての自覚などを深める。

答申では，現代社会の見方・考え方とは「社会的事象を，政治，法，経済などに関わる多様な視点(概念や理論など)に着目して捉え，よりよい社会の構築に向けて，課題解決のための選択・判断に資する概念や理論などと関連付け」ることと整理されている。

●各分野の内容の構成について

〔地理的分野〕

従前の学習指導要領では，(1)「世界の様々な地域」と(2)「日本の様々な地域」の2つの大項目が示され，それぞれについて4つずつ指導項目が挙げられていた。

新しい学習指導要領ではA「世界と日本の地域構成」，B「世界の様々な地域」，C「日本の様々な地域」の3領域に再編された。追加されたA「世界と日本の地域構成」は，従前の2つの大項目からなる内容構成を見直し，両大項目の最初に置かれた「世界の地域構成」，「日本の地域構成」を統合して新たな大項目を設け，それを地理的分野の学習の冒頭に位置付けたものである。大項目Aは1つの中項目「(1) 地域構成」，大項目Bは2つの中項目「(1) 世界各地の人々の生活と環境」「(2) 世界の諸地域」，大項目Cは4つの中項目「(1) 地域調査の手法」「(2) 日本の地域的

特色と地域区分」「(3) 日本の諸地域」「(4) 地域の在り方」から構成されている。それぞれの中項目には3～4の指導事項があり，その中に「知識及び技能」に関する内容と「思考力，判断力，表現力等」に関する内容が詳述されている。

　学習の順序については「内容のA，B及びCについては，この順序で取り扱うものとし，既習の学習成果を生かすこと」と明記されていることに留意する。

〔歴史的分野〕

　従前の学習指導要領では，(1)「歴史のとらえ方」，(2)「古代までの日本」，(3)「中世の日本」，(4)「近世の日本」，(5)「近代の日本と世界」，(6)「現代の日本と世界」の6つの指導領域が示され，それぞれについて2～6項目ずつ指導項目が挙げられていた。

　新しい学習指導要領ではA「歴史との対話」，B「近世までの日本とアジア」，C「近現代の日本と世界」の3領域に再編された。A～Cそれぞれ大項目Aは2つの中項目「(1) 私たちと歴史」「(2) 身近な地域の歴史」，大項目Bは3つの中項目「(1) 古代までの日本」「(2) 中世の日本」「(3) 近世の日本」，大項目Cは2つの中項目「(1) 近代の日本と世界」「(2) 現代の日本と世界」から構成されている。それぞれの中項目には2～8の指導事項があり，その中に「知識及び技能」に関する内容と「思考力，判断力，表現力等」に関する内容が詳述されている。

〔公民的分野〕

　従前の学習指導要領では，(1)「私たちと現代社会」，(2)「私たちと経済」，(3)「私たちと政治」，(4)「私たちと国際社会の諸課題」の4つの指導領域が示され今回の改訂でもA～Dはこの構成に変更はない。また，大項目A～Cはそれぞれ2つの中項目で構成されている。中項目には3～6の指導事項があり，それぞれ「知識及び技能」と「思考力，判断力，表現力等」に沿って内容が整理されている。

●指導計画の作成と内容の取扱いについて

　以下に，旧学習指導要領との比較を示す。なお，下線部は編集部による。

1　(1)

新 単元など内容や時間のまとまりを見通して，その中で育む資質・能力の育成に向けて，生徒の主体的・対話的で深い学びの実現を図るようにすること。その際，分野の特質に応じた見方・考え方を働かせ，社会的事象の意味や意義などを考察し，概念などに関する知識を獲得したり，社会との関わりを意識した課題を追究したり解決したりする活動の充実を図ること。また，知識に偏り過ぎた指導にならないようにするため，基本的な事柄を厳選して指導内容を構成するとともに，各分野において，第2の内容の範囲や程度に十分配慮しつつ事柄を再構成するなどの工夫をして，基本的な内容が確実に身に付くよう指導すること。

旧 1(3)知識に偏り過ぎた指導にならないようにするため，基本的な事項・事柄を厳選して指導内容を構成するものとし，基本的な内容が確実に身に付くよう指導すること。また，生徒の主体的な学習を促し，課題を解決する能力を一層培うため，各分野において，第2の内容の範囲や程度に十分配慮しつつ事項を再構成するなどの工夫をして，適切な課題を設けて行う学習の充実を図るようにすること。

1 (2)

新 小学校社会科の内容との関連及び各分野相互の有機的な関連を図るとともに，地理的分野及び歴史的分野の基礎の上に公民的分野の学習を展開するこの教科の基本的な構造に留意して，全体として教科の目標が達成できるようにする必要があること。

旧 1(1) ※変更なし

1 (3)

新 各分野の履修については，第1，第2学年を通じて地理的分野及び歴史的分野を並行して学習させることを原則とし，第3学年において歴史的分野及び公民的分野を学習させること。各分野に配当する授業時数は，地理的分野115単位時間，歴史的分野135単位時間，公民的分野100単位時間とすること。これらの点に留意し，各学校で創意工夫して適切な指導計画を作成すること。

旧 1(2)各分野の履修については，第1，第2学年を通じて地理的分野と歴史的分野を並行して学習させることを原則とし，第3学年におい

て歴史的分野及び公民的分野を学習させること。各分野に配当する授業時数は，地理的分野<u>120</u>単位時間，歴史的分野<u>130</u>単位時間，公民的分野100単位時間とすること。これらの点に留意し，各学校で創意工夫して適切な指導計画を作成すること。

1 (4)

新 障害のある生徒などについては，学習活動を行う場合に生じる困難さに応じた指導内容や指導方法の工夫を計画的，組織的に行うこと。

旧 ※新設

1 (5)

新 第1章総則の第1の2<u>の(2)</u>に示す道徳教育の目標に基づき，道徳科などとの関連を考慮しながら，第3章特別の教科道徳の第2に示す内容について，社会科の特質に応じて適切な指導をすること。

旧 1(4)第1章総則の第1の2に示す道徳教育の目標に基づき，道徳科などとの関連を考慮しながら，第3章特別の教科道徳の第2に示す内容について，社会科の特質に応じて適切な指導をすること。

2 (1)

新 社会的な見方・考え方を働かせることをより一層重視する観点に立って，社会的事象の意味や意義，事象の特色や事象間の関連，社会に見られる課題などについて，考察したことや選択・判断したことを論理的に説明したり，立場や根拠を明確にして議論したりするなどの言語活動に関わる学習を一層重視すること。

旧 2指導の全般にわたって，資料を選択し活用する学習活動を重視するとともに作業的，体験的な学習の充実を図るようにする。その際，地図や年表を読みかつ作成すること，新聞，読み物，統計その他の資料に平素から親しみ適切に活用すること，観察や調査などの過程と結果を整理し報告書にまとめ，発表することなどの活動を取り入れるようにする。(後略)

2 (2)

新 情報の収集，処理や発表などに当たっては，<u>学校図書館や地域の公共施設などを活用するとともに</u>，コンピュータや情報通信ネットワークなどの<u>情報手段</u>を積極的に活用し，指導に生かすことで，生徒が

主体的に調べ分かろうとして学習に取り組めるようにすること。その際，課題の追究や解決の見通しをもって生徒が主体的に情報手段を活用できるようにするとともに，情報モラルの指導にも留意すること。

旧 2(前略)また，資料の収集，処理や発表などに当たっては，コンピュータや情報通信ネットワークなどを積極的に活用し，指導に生かすことで，生徒が興味・関心をもって学習に取り組めるようにするとともに，生徒が主体的に情報手段を活用できるよう配慮するものとする。その際，情報モラルの指導にも配慮するものとする。

2 (3)

新 調査や諸資料から，社会的事象に関する様々な情報を効果的に収集し，読み取り，まとめる技能を身に付ける学習活動を重視するとともに，作業的で具体的な体験を伴う学習の充実を図るようにすること。その際，地図や年表を読んだり作成したり，現代社会の諸課題を捉え，多面的・多角的に考察，構想するに当たっては，関連する新聞，読み物，統計その他の資料に平素から親しみ適切に活用したり，観察や調査などの過程と結果を整理し報告書にまとめ，発表したりするなどの活動を取り入れるようにすること。

旧 2指導の全般にわたって，資料を選択し活用する学習活動を重視するとともに作業的，体験的な学習の充実を図るようにする。その際，地図や年表を読みかつ作成すること，新聞，読み物，統計その他の資料に平素から親しみ適切に活用すること，観察や調査などの過程と結果を整理し報告書にまとめ，発表することなどの活動を取り入れるようにする。(後略)

2 (4)

新 社会的事象については，生徒の考えが深まるよう様々な見解を提示するよう配慮し，多様な見解のある事柄，未確定な事柄を取り上げる場合には，有益適切な教材に基づいて指導するとともに，特定の事柄を強調し過ぎたり，一面的な見解を十分な配慮なく取り上げたりするなどの偏った取扱いにより，生徒が多面的・多角的に考察したり，事実を客観的に捉え，公正に判断したりすることを妨げることのないよう留意すること。

■旧 ※新設

3

■新 第2の内容の指導に当たっては，教育基本法第14条及び第15条の規定に基づき，適切に行うよう特に慎重に配慮して，政治及び宗教に関する教育を行うものとする。

■旧 3 ※冒頭の「第2の」が新たに追加された以外，変更なし

================ 例題1 ================

中学校学習指導要領(平成29年3月告示)「社会」について，各問いに答えよ。

1 中学校社会科の目標について，(①)～(⑤)に適する語句を漢字で答えよ。ただし同じ記号には同じ語句が入るものとする。

　社会的な見方・考え方を働かせ，課題を追究したり解決したりする活動を通して，広い視野に立ち，(①)する国際社会に(②)に生きる平和で民主的な国家及び社会の形成者に必要な公民としての資質・能力の基礎を次のとおり育成することを目指す。

(1) 我が国の国土と歴史，現代の政治，経済，国際関係等に関して理解するとともに，(③)や諸資料から様々な情報を効果的に調べまとめる技能を身に付けるようにする。

(2) 社会的事象の意味や意義，特色や相互の関連を多面的・多角的に考察したり，社会に見られる課題の解決に向けて(④)・判断したりする力，思考・判断したことを説明したり，それらを基に議論したりする力を養う。

(3) 社会的事象について，よりよい社会の実現を視野に課題を(②)に解決しようとする態度を養うとともに，多面的・多角的な考察や深い理解を通して涵養される我が国の国土や歴史に対する愛情，(⑤)を担う公民として，自国を愛し，その平和と繁栄を図ることや，他国や他国の文化を尊重することの大切さについての自覚などを深める。

2 地理的分野の内容「C 日本の様々な地域」の「(3) 日本の諸地域」には，5つの考察の仕方を基にして，地域的特色をとらえさせること

が明記されている。この5つの考察の仕方の中核となるのは,「自然環境」「(ア)」「産業」「(イ)」「その他の事象」である。(ア),(イ)にあてはまる語句を書け。

3 次の文章は,地理的分野における内容の取扱いの一部である。(①)～(③)にあてはまる語句を書け。

・「領域の範囲や変化とその特色」については,我が国の海洋国家としての特色を取り上げるとともに,(①)や北方領土が我が国の固有の領土であることなど,我が国の領域をめぐる問題も取り上げるようにすること。その際,(②)については我が国の固有の領土であり,領土問題は(③)ことも扱うこと。

4 次の文章は,公民的分野の内容「D 私たちと国際社会の諸課題」の一部である。(①)～(③)にあてはまる語句を書け。

・世界平和と人類の福祉の増大

　　(①)と合意,効率と(②),協調,(③)などに着目して,課題を追究したり解決したりする活動を通して,次の事項を身に付けることができるよう指導する。

5 次の文章は,「第3 指導計画の作成と内容の取扱い」の一部である。(①)～(⑤)にあてはまる語句を書け。

・各分野に配当する授業時数は,地理的分野(①)単位時間,歴史的分野(②)単位時間,公民的分野(③)単位時間とすること。

・社会的事象については,生徒の考えが深まるよう様々な見解を提示するよう配慮し,多様な見解のある事柄,(④)な事柄を取り上げる場合には,(⑤)に基づいて指導するとともに,特定の事柄を強調し過ぎたり,一面的な見解を十分な配慮なく取り上げたりするなどの偏った取扱いにより,生徒が多面的・多角的に考察したり,事実を客観的に捉え,公正に判断したりすることを妨げることのないよう留意すること。

解答 1 ① グローバル化　② 主体的　③ 調査　④ 選択
　　⑤ 国民主権　2 ア 人口や都市・村落　イ 交通や通信
　　3 ① 竹島　② 尖閣諸島　③ 存在しない
　　4 ① 対立　② 公正　③ 持続可能性　5 ① 115

② 135　　③ 100　　④ 未確定　　⑤ 有益適切な教材

解説 1　①，②は今回の改訂で明記された文言である。④「社会に見られる課題の解決に向けて選択・判断したりする力」は「構想する力」に結びつく。　2　従前の学習指導要領では「歴史的背景」「環境問題や環境保全」「生活・文化」「他地域との結び付き」を中核とした考察も挙げられていたが，改訂に伴い5つに整理された。3　①竹島，②尖閣諸島については今回の改訂より触れられている。また，尖閣諸島には領土問題は存在しないことを扱うことが明示されている。　4　今回の改訂より，社会科では「〜に着目して」の形で考えられる視点例をそれぞれの内容について例示している。項目名と結びつけて正確に覚えておきたい。5　①②の授業時数は改訂に伴い改められた。④は義務教育諸学校教科用図書検定基準の第3章【各教科固有の条件】[社会科（「地図」を除く。）] 2を反映させたもので，新設の項目である。

例題2

次の文は，中学校学習指導要領解説社会編（平成29年7月　文部科学省）の一部である。文中の各空欄に適する語句を答えよ。

(1)　③社会科，地理歴史科，公民科における「見方・考え方」

○「社会的な見方・考え方」は，課題を追究したり解決したりする活動において，（　①　）等の意味や意義，特色や（　②　）を考察したり，社会に見られる課題を把握して，その解決に向けて（　③　）したりする際の視点や方法であると考えられる。そこで，小学校社会科においては，「社会的事象を，位置や空間的な広がり，時期や時間の経過，事象や人々の相互関係などに着目して捉え，比較・分類したり総合したり，地域の人々や国民の生活と関連付けたりすること」を「（　①　）の見方・考え方」として整理し，中学校社会科，高等学校地理歴史科，公民科においても，校種の段階や分野・科目の特質を踏まえた「見方・考え方」をそれぞれ整理することができる。その上で，「社会的な見方・考え方」をそれらの総称とした。

○こうした「社会的な見方・考え方」は，社会科，地理歴史科，公民

科としての(④)を促し，(⑤)を実現するための思考力，判断力の育成はもとより，生きて働く知識の習得に不可欠であること，主体的に学習に取り組む態度や学習を通して涵養される自覚や(⑥)等にも作用することなどを踏まえると，資質・能力全体に関わるものであると考えられる。

解答 ① 社会的事象 ② 相互の関連 ③ 構想 ④ 本質的な学び ⑤ 深い学び ⑥ 愛情

解説 これを踏まえ，中学校社会科における「社会的な見方・考え方」は，各分野の特質に応じて整理した。地理的分野では「社会的事象の地理的な見方・考え方」として，「社会的事象を，位置や空間的な広がりに着目して捉え，地域の環境条件や地域間の結び付きなどの地域という枠組みの中で，人間の営みと関連付けて」，歴史的分野では「社会的事象の歴史的な見方・考え方」として，「社会的事象を，時期，推移などに着目して捉え，類似や差異などを明確にしたり，事象同士を因果関係などで関連付けたりして」，その上で公民的分野では「現代社会の見方・考え方」として，「社会的事象を，政治，法，経済などに関わる多様な視点(概念や理論など)に着目して捉え，よりよい社会の構築に向けて，課題解決のための選択・判断に資する概念や理論などと関連付けて」働かせるものとされ，小・中・高等学校の学校種を超えて，社会科，地理歴史科，公民科を貫く「社会的な見方・考え方」の構成要素として整理した。

※学習指導要領及び学習指導要領解説は，文部科学省の HP から閲覧できます。

学習指導要領
(平成 29 年告示)

学習指導要領解説
(平成 29 年 7 月)

学習指導要領 高等学校地理歴史科・公民科

ポイント

●改訂のポイント

①主体的・対話的で深い学びについて

　今回の学習指導要領改訂は，中央教育審議会答申(平成28年12月21日)の内容を受けて行われている。答申で示された「社会科における主体的・対話的で深い学びの視点」については，本書の「中学社会」の節で述べているので，そちらを参照されたい。

②科目構成の見直しについて

　中教審答申を受けて地理歴史科の科目構成を見直し，共通必履修科目としての「歴史総合」と「地理総合」を設置し，選択履修科目として「日本史探究」，「世界史探究」及び「地理探究」を設置した。

　同様に公民科の科目構成も見直し，共通必履修科目としての「公共」を設置し，選択履修科目として「倫理」及び「政治経済」を設置した。

●教科の目標

　各教科の目標は，小学校・中学校と同様に，「知識及び技能」，「思考力，判断力，表現力等」，「学びに向かう力，人間性等」の3つの柱を反映させた3項目から成り立つ構成に改められた。

〔地理歴史科〕

> 　社会的な見方・考え方を働かせ，課題を追究したり解決したりする活動を通して，広い視野に立ち，グローバル化する国際社会に主体的に生きる平和で民主的な国家及び社会の有為な形成者に必要な公民としての資質・能力を次のとおり育成することを目指す。
> (1)　現代世界の地域的特色と日本及び世界の歴史の展開に関して理解するとともに，調査や諸資料から様々な情報を適切かつ効果的に調べまとめる技能を身に付けるようにする。

(2)　地理や歴史に関わる事象の意味や意義，特色や相互の関連を，概念などを活用して多面的・多角的に考察したり，社会に見られる課題の解決に向けて構想したりする力や，考察，構想したことを効果的に説明したり，それらを基に議論したりする力を養う。

(3)　地理や歴史に関わる諸事象について，よりよい社会の実現を視野に課題を主体的に解決しようとする態度を養うとともに，多面的・多角的な考察や深い理解を通して涵養される日本国民としての自覚，我が国の国土や歴史に対する愛情，他国や他国の文化を尊重することの大切さについての自覚などを深める。

　中央教育審議会答申によると，「社会的事象の地理的な見方・考え方」は「社会的事象を，位置や空間的な広がりに着目して捉え，地域の環境条件や地域間の結び付きなどの地域という枠組みの中で，人間の営みと関連付け」るものとして整理されている。また「社会的事象の歴史的な見方・考え方」は「社会的事象を時期，推移などに着目して捉え，類似や差異などを明確にしたり事象同士を因果関係などで関連付けたり」するものとして整理されている。

〔公民科〕

　社会的な見方・考え方を働かせ，現代の諸課題を追究したり解決したりする活動を通して，広い視野に立ち，グローバル化する国際社会に主体的に生きる平和で民主的な国家及び社会の有為な形成者に必要な公民としての資質・能力を次のとおり育成することを目指す。

(1)　選択・判断の手掛かりとなる概念や理論及び倫理，政治，経済などに関わる現代の諸課題について理解するとともに，諸資料から様々な情報を適切かつ効果的に調べまとめる技能を身に付けるようにする。

(2)　現代の諸課題について，事実を基に概念などを活用して多面的・多角的に考察したり，解決に向けて公正に判断したりする力や，合意形成や社会参画を視野に入れながら構想したことを議論する力を養う。

(3)　よりよい社会の実現を視野に，現代の諸課題を主体的に解決しようとする態度を養うとともに，多面的・多角的な考察や深い理解を通して涵養される，人間としての在り方生き方についての自覚や，国民主権を担う公民として，自国を愛し，その平和と繁栄を図ることや，各国が相互に主権を尊重し，各国民が協力し合うことの大切さについての自覚などを深める。

　中央教育審議会答申によると，「人間と社会の在り方についての見方・考え方」は「社会的事象等を，倫理，政治，法，経済などに関わる多様な視点(概念や理論など)に着目して捉え，よりよい社会の構築や人間としての在り方生き方についての自覚を深めることに向けて，課題解決のための選択・判断に資する概念や理論などと関連付け」るものとして整理されている。

●各科目のポイント

〔地理総合〕

【概要】

・共通必履修科目で，標準単位数は2単位である。

・旧学習指導要領(平成21年3月告示)の地理Aの内容を中心に一部地理Bの引き継ぎつつ，内容を一新した。

・科目の特徴は，以下の3点である。

　①持続可能な社会づくりを目指し，環境条件と人間の営みとの関わりに着目して現代の地理的な諸課題を考察する科目

　②グローバルな視座から国際理解や国際協力の在り方を，地域的な視座から防災などの諸課題への対応を考察する科目

　③地図や地理情報システム(GIS)などを用いることで，汎用的で実践的な地理的技能を習得する科目

【科目の内容構成】

大項目	中項目
A　地図や地理情報システムで捉える現代世界	(1)　地図や地理情報システムと現代世界
B　国際理解と国際協力	(1)　生活文化の多様性と国際理解
	(2)　地球的課題と国際協力
C　持続可能な地域づくりと私たち	(1)　自然環境と防災
	(2)　生活圏の調査と地域の展望

　A「地図や地理情報システムで捉える現代世界」は，「地理総合」の学習の導入として中学校までの学習成果を踏まえ，現代世界の地域構成を主な学習対象とし，その結び付きを地図やGISを用いて捉える学習などを通して，汎用的な地理的技能を習得することを主なねらいとしている。旧学習指導要領「地理B」の「(1)様々な地図と地理的技能」より内容を移行した。

　B「国際理解と国際協力」は，Aの学習成果を踏まえ，世界の特色ある生活文化と地球的課題を主な学習対象とし，特色ある生活文化と地理的環境との関わりや地球的課題の解決の方向性を捉える学習などを通して，国際理解や国際協力の重要性を認識することを主なねらいとしている。

　C「持続可能な地域づくりと私たち」は，A及びBの学習成果を踏まえ，国内外の防災や生活圏の地理的な課題を主な学習対象とし，地域性を踏まえた課題解決に向けた取組の在り方を構想する学習などを通して，持続可能な地域づくりを展望することを主なねらいとしている。

〔地理探究〕

【概要】

・選択履修科目で，標準単位数は3単位である。

・旧学習指導要領(平成21年3月告示)の地理Bの内容を中心に内容を改善した。

・「地理総合」で身に付けた学習の成果を活用し現代世界に求められるこれからの日本の国土像を探究する科目

325

【科目の内容構成】

大項目	中項目
A　現代世界の系統地理的考察	(1)　自然環境
	(2)　資源，産業
	(3)　交通・通信，観光
	(4)　人口，都市・村落
	(5)　生活文化，民族・宗教
B　現代世界の地誌的考察	(1)　現代世界の地域区分
	(2)　現代世界の諸地域
C　現代世界におけるこれからの日本の国土像	(1)　持続可能な国土像の探究

　A「現代世界の系統地理的考察」は，「地理総合」の学習成果を踏まえ，現代世界における地理的な諸事象を主な学習対象とし，その空間的な規則性，傾向性や関連する課題の要因を捉えるなどの学習を通して，現代世界の諸事象の地理的認識とともに，系統地理的な考察の手法を身に付けることを主なねらいとしている。

　B「現代世界の地誌的考察」は，Aの学習成果を踏まえ，現代世界を構成する諸地域を主な学習対象とし，選択した地域の地域性と諸課題を捉える学習などを通して，現代世界の諸地域の地理的認識を深めるとともに，現代世界の諸地域を地誌的に考察する方法を身に付けることを主なねらいとしている。

　C「現代世界におけるこれからの日本の国土像」は，A及びBの学習成果を踏まえ，現代世界における日本の国土を主な学習対象とし，我が国が抱える地理的な諸課題の解決の方向性や将来の国土の在り方を構想する学習などを通して，持続可能な国土像を探究することを主なねらいとしている。旧学習指導要領「地理B」の「(3)現代世界の地誌的考察　ウ　現代世界と日本」の内容を大項目として拡充した。

〔歴史総合〕
【概要】
・共通必履修科目で，標準単位数は2単位である。
・旧学習指導要領(平成21年3月告示)の世界史A，日本史Aの内容を

中心に一部世界史B，日本史Bを引き継ぎつつ，内容を一新した。

・科目の特徴は，以下の3点である。

①世界とその中における日本を広く相互的な視野から捉えて，近現代の歴史を理解する科目

②歴史の推移や変化を踏まえ，課題の解決を視野に入れて，現代的な諸課題の形成に関わる近現代の歴史を考察する科目

③歴史の大きな転換に着目し，単元の基軸となる問いを設け，資料を活用しながら，歴史の学び方（「類似・差異」「因果関係」に着目する等）を習得する科目

【科目の内容構成】

大項目	中項目
A　歴史の扉	(1)　歴史と私たち
	(2)　歴史の特質と資料
B　近代化と私たち	(1)　近代化への問い
	(2)　結び付く世界と日本の開国
	(3)　国民国家と明治維新
	(4)　近代化と現代的な諸課題
C　国際秩序の変化や大衆化と私たち	(1)　国際秩序の変化や大衆化への問い
	(2)　第一次世界大戦と大衆社会
	(3)　経済危機と第二次世界大戦
	(4)　国際秩序の変化や大衆化と現代的な諸課題
D　グローバル化と私たち	(1)　グローバル化への問い
	(2)　冷戦と世界経済
	(3)　世界秩序の変容と日本
	(4)　現代的な諸課題の形成と展望

　A「歴史の扉」では，歴史総合の導入として，中学校社会科歴史的分野の大項目A「歴史との対話」を踏まえ，高校の歴史学習への動機付けと以後の学習に必要な歴史学習の基本的な技能や学び方を身に付ける項目として設定した。

　B「近代化と私たち」では，産業社会と国民国家の形成を背景として，人々の生活や社会の在り方が変化したことを扱い，世界とその中における日本を広く相互的な視野から捉えて考察し，現代的な諸課題

の形成に関わる近代化の歴史を理解できるようにすることをねらいとしている。

C「国際秩序の変化や大衆化と私たち」では，政治，外交，経済，思想や文化などの様々な面で国際的な結び付きが強まり，国家間の関係性が変化したことや個人や集団の社会参加が拡大したことを背景として，人々の生活や社会の在り方が変化したことを扱い，世界とその中における日本を広く相互的な視野から捉えて考察し，現代的な諸課題の形成に関わる国際秩序の変化や大衆化の歴史を理解できるようにすることをねらいとしている。

D「グローバル化と私たち」では，科学技術の革新を背景に人・商品・資本・情報等が国境を越えて一層流動するようになり，人々の生活と社会の在り方が変化したことを扱い，世界とその中における日本を広く相互的な視野から捉えて考察し，現代的な諸課題の形成に関わるグローバル化の歴史を理解できるようにするとともに，考察，構想して探究し，現代的な諸課題を理解できるようにすることをねらいとしている。

〔日本史探究〕

【概要】

・選択履修科目で，標準単位数は3単位である。

・旧学習指導要領(平成21年3月告示)の日本史Bの内容を中心に内容を改善した。

・「歴史総合」で習得した歴史の学び方を活用して，我が国の歴史に関わる諸事象の意味や意義，伝統と文化の特色等を考察し，現代の日本の課題を探究する科目

【科目の内容構成】

大項目	中項目
A 原始・古代の日本と東アジア	(1) 黎明期の日本列島と歴史的環境
	(2) 歴史資料と原始・古代の展望
	(3) 古代の国家・社会の展開と画期(歴史の解釈，説明，論述)

B　中世の日本と世界	(1)　中世への転換と歴史的環境
	(2)　歴史資料と中世の展望
	(3)　中世の国家・社会の展開と画期(歴史の解釈, 説明, 論述)
C　近世の日本と世界	(1)　近世への転換と歴史的環境
	(2)　歴史資料と近世の展望
	(3)　近世の国家・社会の展開と画期(歴史の解釈, 説明, 論述)
D　近現代の地域・日本と世界	(1)　近代への転換と歴史的環境
	(2)　歴史資料と近代の展望
	(3)　近現代の地域・日本と世界の画期と構造
	(4)　現代の日本の課題の探究

　A「原始・古代の日本と東アジア」では，人類が日本列島で生活を営み始めた時代から平安時代までを扱い，原始・古代がどのような時代であったかを東アジア世界の動向と関連付けて考察し，総合的に捉えて理解できるようにすることをねらいとしている。

　B「中世の日本と世界」では，平安時代末から戦国時代までを扱い，中世がどのような時代であったかを東アジアやユーラシアの動向と関連付けて考察し，総合的に捉えて理解できるようにすることをねらいとしている。

　C「近世の日本と世界」では，安土桃山時代から江戸時代までを扱い，近世がどのような時代であったかを世界の動向と関連付けて考察し，総合的に捉えて理解することをねらいとしている。

　D「近現代の地域・日本と世界」では，近世の幕末期から現代までを扱う。今回の改訂で設置された「歴史総合」の学習を踏まえた，世界の情勢の変化とその中における日本の相互の関係や，日本の近現代の歴史を，多面的・多角的に考察し理解すること，それらを踏まえて，現代の日本の課題を考察，構想することをねらいとしている。ここでは，主題を踏まえた学習の展開をねらいとして，近現代を一つのまとまりとして大項目を構成した。日本史探究の大項目Dにおいては，科目「歴史総合」や，大項目A，B及びCの前近代の学習の成果を踏まえ，学習内容の相互の関係性や連続性，変化などに留意するとともに，学

習を通じて獲得した概念や，育成された思考力等を一層活用すること
を想定した構成としている。高等学校の歴史学習のまとめとして，歴
史に関わる諸事象相互の関係性や，地域と日本，世界との関係性など
を整理して構造的に理解すること，さらに現代の日本の諸課題につい
て多面的・多角的に考察して理解するとともに，歴史的経緯や根拠を
踏まえて構想することをねらいとしている。

〔世界史探究〕
【概要】
・選択履修科目で，標準単位数は3単位である。
・旧学習指導要領(平成21年3月告示)の世界史Bの内容を中心に内容
　を改善した。
・「歴史総合」で習得した歴史の学び方を活用して，世界の歴史の大き
　な枠組みと展開に関わる諸事象の意味や意義等を考察し，地球世界
　の課題を探究する科目
【科目の内容構成】

大項目	中項目
A　世界史へのまなざし	(1)　地球環境から見る人類の歴史
	(2)　日常生活から見る世界の歴史
B　諸地域の歴史的特質の形成	(1)　諸地域の歴史的特質への問い
	(2)　古代文明の歴史的特質
	(3)　諸地域の歴史的特質
C　諸地域の交流・再編	(1)　諸地域の交流・再編への問い
	(2)　結び付くユーラシアと諸地域
	(3)　アジア諸地域とヨーロッパの再編
D　諸地域の結合・変容	(1)　諸地域の結合・変容への問い
	(2)　世界市場の形成と諸地域の結合
	(3)　帝国主義とナショナリズムの高揚
	(4)　第二次世界大戦と諸地域の変容
E　地球世界の課題	(1)　国際機構の形成と平和への模索
	(2)　経済のグローバル化と格差の是正
	(3)　科学技術の高度化と知識基盤社会
	(4)　地球世界の課題の探究

A「世界史へのまなざし」では，世界史探究の導入として，人類の生存基盤をなす自然界に見られる諸事象や日常生活に見られる諸事象を扱い，地球環境と人類の歴史との関わりや，身の回りの諸事象と歴史との関わりを考察し，世界史を時間と空間の相で理解することをねらいとしている。

B「諸地域の歴史的特質の形成」では，歴史的に形成された諸地域の多様性を，諸資料を比較したり，関連付けたりして読み解き，多面的・多角的に考察し表現する活動を通して，諸地域の歴史的特質の形成を理解することをねらいとしている。

C「諸地域の交流・再編」では，諸地域の複合的・重層的なつながりを，諸資料を比較したり，関連付けたりして読み解き，多面的・多角的に考察し表現する活動を通して，諸地域の交流・再編を構造的に理解することをねらいとしている。

D「諸地域の結合・変容」では，地球規模での一体化と相互依存のさらなる強まりを，諸資料を比較したり，関連付けたりして読み解き，多面的・多角的に考察し表現する活動を通して，諸地域の結合・変容を構造的に理解することをねらいとしている。

E「地球世界の課題」では，「地球世界の課題」を扱い，諸資料を比較したり，関連付けたりして読み解き，探究する活動を通して，歴史的に形成された地球世界の課題を理解することをねらいとしている。

〔公共〕
【概要】
・共通必履修科目で，標準単位数は2単位である。
・原則として入学年次及びその次の年次の2か年のうちに履修させることとされている。
・旧学習指導要領(平成21年3月告示)の共通必履修科目であった現代社会は廃止された。
・家庭科，情報科や総合的な探究の時間等と連携して，現代社会の諸課題を捉え考察し，選択・判断するための手掛かりとなる概念や理論を，古今東西の知的蓄積を踏まえて習得するとともに，それらを

活用して自立した主体として，他者と協働しつつ国家・社会の形成
に参画し，持続可能な社会づくりに向けて必要な力を育む科目

【科目の内容構成】

大項目	中項目
A　公共の扉	(1)　公共的な空間を作る私たち
	(2)　公共的な空間における人間としての在り方生き方
	(3)　公共的な空間における基本的原理
B　自立した主体としてよりよい社会の形成に参画する私たち	
C　持続可能な社会づくりの主体となる私たち	

　A「公共の扉」は，社会に参画する自立した主体とは，孤立して生
きるのではなく，地域社会などの様々な集団の一員として生き，他者
との協働により当事者として国家・社会などの公共的な空間を作る存
在であることを学ぶとともに，古今東西の先人の取組，知恵などを踏
まえ，社会に参画する際の選択・判断するための手掛かりとなる概念
や理論などや，公共的な空間における基本的原理を理解し，大項目B
及びCの学習につなげることを主なねらいとしている。なお，この大
項目を構成する三つの項目については，「(1)公共的な空間を作る私た
ち」が，公共的な空間を作り出していく自立した主体について学ぶ項目
であること，また，現実社会の諸課題を見いだし，考察，構想する際に
活用する選択・判断の手掛かりとなる考え方や公共的な空間における基
本的原理を学ぶ「(2)公共的な空間における人間としての在り方生き方」
及び「(3)公共的な空間における基本的原理」が，これ以降の学習の基
礎となる内容を含む項目であることなどの特色がある。そこで，小・中
学校社会科の学習などの成果を生かすとともに，この大項目以降に学ぶ
内容の基盤を養うよう，項目(1)，(2)，(3)はこの順で扱う必要がある。

　B「自立した主体としてよりよい社会の形成に参画する私たち」は，
自立した主体としてよりよい社会の形成に参画することに向けて，現
実社会の諸課題に関わる具体的な主題を設定し，大項目のAで身に付
けた選択・判断の手掛かりとなる考え方や公共的な空間における基本

332

的原理などを活用して，人間と社会の在り方についての見方・考え方を働かせ，他者と協働して主題を追究したり解決したりする学習活動を通して，人間としての在り方生き方についての理解を深めつつ，法，政治及び経済などに関わるシステムの下で活動するために必要な知識及び技能，思考力，判断力，表現力等を身に付けることを主なねらいとしている。

　C「持続可能な社会づくりの主体となる私たち」は，持続可能な地域，国家・社会，及び国際社会づくりに向けた役割を担う，公共の精神をもった自立した主体となることに向けて，共に生きる社会を築くという観点から課題を見いだし，社会的な見方・考え方を総合的に働かせ，現代の諸課題を探究する活動を通して，その課題の解決に向けて事実を基に協働して考察，構想し，妥当性や効果，実現可能性などを指標にして，論拠を基に自分の考えを説明，論述できるようにすることを主なねらいとしている。その際，「この科目のまとめとして位置付け，社会的な見方・考え方を総合的に働かせ，Aで身に付けた選択・判断の手掛かりとなる考え方や公共的な空間における基本的原理などを活用するとともに，A及びBで扱った課題などへの関心を一層高めるよう指導すること」(内容の取扱い)が必要である。これまでに習得した「知識及び技能」に基づいて学習が展開されるため，他の大項目とは異なり，「知識及び技能」についての具体的な内容は示していない。課題の探究に当たっては，「個人を起点として，自立，協働の観点から，多様性を尊重し，合意形成や社会参画を視野に入れながら探究できるよう指導すること」(内容の取扱い)が必要である。以上のような大項目のねらいと趣旨を踏まえ，この大項目における学習が，これまでの「公共」の学習を基にした深い学びとなり，科目の目標が実現されるよう，適切かつ十分な授業時数を配当する必要がある。

〔倫理〕
【概要】
・選択履修科目で，標準単位数は2単位である。
・旧学習指導要領(平成21年3月告示)の「倫理」の内容を中心に内容

を改善した。

・「公共」で育まれた資質・能力を活用し，思索を深める科目

【科目の内容構成】

大項目	中項目
A 現代に生きる自己の課題と人間としての在り方生き方	(1) 人間としての在り方生き方の自覚
	(2) 国際社会に生きる日本人としての自覚
B 現代の諸課題と倫理	(1) 自然や科学技術に関わる諸課題と倫理
	(2) 社会と文化に関わる諸課題と倫理

　A「現代に生きる自己の課題と人間としての在り方生き方」は，「(1)人間としての在り方生き方の自覚」において，人間の存在や価値に関わる基本的な課題について思索する活動を通して，また「(2)国際社会に生きる日本人としての自覚」において，国際社会に生きる日本人としての自覚を深め，日本人としての在り方生き方について思索する活動を通して，他者と共によりよく生きる自己の確立を目指し，現代に生きる自己の課題と人間としての在り方生き方に関心をもち，自己探求と自己実現に努め，良識ある公民としての自覚を深めることができるようにすることをねらいとしている。このねらいに基づき，この大項目は現代に生きる自己の課題と人間としての在り方生き方について思索を深めるために手掛かりとなる多様な視点(概念や理論など)に着目して，人間としての在り方生き方についての見方・考え方を働かせ，様々な人生観，世界観ないし価値観を理解できるようにすることが大切である。その際，着目する多様な視点(概念や理論など)は，とりわけ「倫理」の学習においては，その意義が一様ではなく，それ自体が多様な意義をもちうることに留意する必要がある。

　この大項目の学習は，大項目の「B　現代の諸課題と倫理」における現代の諸課題との関わりにおいて人間としての在り方生き方について自覚を深める学習に結び付いて，望ましい人格の形成に努める実践的意欲を高めたり，良識ある公民として必要な資質・能力を育てたりすることにつながる学習である。したがって，この大項目では，生徒が人間としてよりよく生きる上での課題を自ら発見し，探究していこう

とする意欲を喚起する必要がある。

　Ｂ「現代の諸課題と倫理」は，大項目Ａの学習を基盤として，現代の諸事象に関わる倫理的諸課題の中から課題を選択し，生徒が主体的に課題を探究する学習へと発展させることができるようにし，これらの課題を探究する活動を通して，他者と共によりよく生きる自己を形成しようとする態度を育て，現代の倫理的諸課題の解決を探るために必要な，論理的に思考し，思索を深め，説明したり対話したりする力を身に付けることができるようにするとともに，現代に生きる人間としての在り方生き方について自覚を深めることができるようにすることを主なねらいとしている。

〔政治・経済〕

【概要】

・選択履修科目で，標準単位数は2単位である。

・旧学習指導要領(平成21年3月告示)の「政治・経済」の内容を中心に内容を改善した。

・「公共」で育まれた資質・能力を活用し，社会の在り方を発展的に学習し，社会形成に向かう科目

【科目の内容構成】

大項目	中項目
Ａ　現代日本における政治・経済の諸課題	(1)　現代日本の政治・経済
	(2)　現代日本における政治・経済の諸課題の探究
Ｂ　グローバル化する国際社会の諸課題	(1)　現代の国際政治・経済
	(2)　グローバル化する国際社会の諸課題の探究

　Ａ「現代日本における政治・経済の諸課題」では，社会の在り方についての見方・考え方を働かせ，現実社会の諸事象を通して現代日本の政治・経済に関する概念や理論などを習得させるとともに，習得した概念や理論などを活用しながら，他者と協働して持続可能な社会の形成が求められる現代日本社会の諸課題の解決に向けて政治と経済とを関連させて多面的・多角的に考察，構想し，よりよい社会の在り方

についての自分の考えを説明，論述することができるようにすること
を主なねらいとしている。

　B「グローバル化する国際社会の諸課題」では，社会の在り方につい
ての見方・考え方を働かせ，現実社会の諸事象を通して現代の国際政
治・経済に関する概念や理論などを習得させるとともに，習得した概
念や理論などを活用しながら，他者と協働して持続可能な社会の形成
が求められる国際社会の諸課題の解決に向けて政治と経済とを関連さ
せて多面的・多角的に考察，構想し，よりよい社会の在り方について
の自分の考えを説明，論述することができるようにすることを主なね
らいとしている。

例題1

次の文は，高等学校学習指導要領(平成30年3月告示)で示された地理
歴史科の目標である。文中の各空欄に適する語句を答えよ。

　社会的な見方・考え方を働かせ，課題を追究したり解決したりす
る活動を通して，広い視野に立ち，（　ア　）する国際社会に主体的に
生きる平和で（　イ　）な国家及び社会の有為な形成者に必要な公民
としての資質・能力を次のとおり育成することを目指す。
(1)　現代世界の（　ウ　）と日本及び世界の歴史の展開に関して理解
　するとともに，調査や諸資料から様々な情報を適切かつ効果的に
　調べまとめる技能を身に付けるようにする。
(2)　地理や歴史に関わる事象の意味や意義，特色や相互の関連を，
　概念などを活用して多面的・（　エ　）に考察したり，社会に見られ
　る課題の解決に向けて構想したりする力や，考察，構想したこと
　を効果的に説明したり，それらを基に議論したりする力を養う。
(3)　地理や歴史に関わる諸事象について，よりよい社会の実現を視
　野に課題を主体的に解決しようとする態度を養うとともに，多面
　的・（　エ　）な考察や深い理解を通して涵養される（　オ　）として
　の自覚，我が国の国土や歴史に対する愛情，他国や他国の文化を
　尊重することの大切さについての自覚などを深める。

解答 ア グローバル化 イ 民主的 ウ 地域的特色
エ 多角的 オ 日本国民

解説 地理歴史科全体の目標は頻出事項なので丸暗記しておきたい。また誤字に気をつけなければならない問題でもある。

━━━━━ **例題2** ━━━━━

次の文は，高等学校学習指導要領(平成30年3月告示)で示された公民科の目標の一部である。文中の各空欄に適する語句を答えよ。

> (1) 選択・(ア)の手掛かりとなる概念や理論及び倫理，政治，経済などに関わる現代の諸課題について理解するとともに，諸資料から様々な情報を適切かつ効果的に調べまとめる技能を身に付けるようにする。
>
> (2) 現代の諸課題について，事実を基に概念などを活用して多面的・多角的に考察したり，解決に向けて公正に判断したりする力や，(イ)や社会参画を視野に入れながら構想したことを議論する力を養う。
>
> (3) よりよい社会の実現を視野に，現代の諸課題を主体的に解決しようとする態度を養うとともに，多面的・多角的な考察や深い理解を通して涵養される，人間としての在り方生き方についての自覚や，(ウ)を担う公民として，自国を愛し，その平和と繁栄を図ることや，各国が相互に主権を尊重し，各国民が協力し合うことの大切さについての自覚などを深める。

解答 ア 判断 イ 合意形成 ウ 国民主権

解説 平成30年度の改訂より，(1)が「知識及び技能」，(2)が「思考力，判断力，表現力等」，(3)が「学びに向かう力，人間性等」を反映した内容となるよう整理された。

━━━━━ **例題3** ━━━━━

次の文は，高等学校学習指導要領(平成30年3月告示)の地理歴史科の各科目の目標である。文中の各空欄に適する語句を答えよ。

337

〔地理総合〕
○　地理に関わる諸事象に関して，世界の生活文化の多様性や，
（　ア　），地域や地球的課題への取組などを理解するとともに，地
図や（　イ　）などを用いて，調査や諸資料から地理に関する様々
な情報を適切かつ効果的に調べまとめる技能を身に付けるように
する。

〔地理探究〕
○　地理に関わる事象の意味や意義，特色や相互の関連を，位置や
分布，場所，人間と自然環境との（　ウ　）関係，空間的（　ウ　）作
用，地域などに着目して，（　エ　）的，地誌的に，概念などを活用
して多面的・多角的に考察したり，地理的な課題の解決に向けて
構想したりする力や，考察，構想したことを効果的に説明したり，
それらを基に議論したりする力を養う。

〔歴史総合〕
○　近現代の歴史の変化に関わる諸事象について，（　オ　）の実現を
視野に課題を主体的に追究，解決しようとする態度を養うととも
に，多面的・多角的な考察や深い理解を通して涵養される日本国
民としての自覚，我が国の歴史に対する（　カ　），他国や他国の文
化を尊重することの大切さについての自覚などを深める。

〔日本史探究〕
○　我が国の歴史の展開に関わる事象の意味や意義，（　キ　）と文化
の（　ク　）などを，時期や年代，（　ケ　），比較，相互の関連や現
在とのつながりなどに着目して，概念などを活用して多面的・多
角的に考察したり，歴史に見られる課題を把握し解決を視野に入
れて構想したりする力や，考察，構想したことを効果的に説明し
たり，それらを基に議論したりする力を養う。

〔世界史探究〕
○　世界の歴史の大きな枠組みと展開に関わる事象の意味や意義，
（　ク　）などを，時期や年代，（　ケ　），比較，相互の関連や
（　コ　）とのつながりなどに着目して，概念などを活用して多面
的・多角的に考察したり，歴史に見られる課題を把握し解決を視

　野に入れて構想したりする力や，考察，構想したことを効果的に
　説明したり，それらを基に議論したりする力を養う。

解答　ア　防災　　イ　地理情報システム　　ウ　相互依存
　　　　エ　系統地理　　オ　よりよい社会　　カ　愛情　　キ　伝統
　　　　ク　特色　　ケ　推移　　コ　現代世界

解説　「地理総合」が(1)，「地理探究」が(2)，「歴史総合」が(3)，「日本史
　　　　探究」が(2)，「世界史探究」が(2)より出題されている。それぞれ
　　　　混同しないよう整理しておきたい。

━━━━━━━━━━━━━━ **例題4** ━━━━━━━━━━━━━━

次の文は，高等学校学習指導要領（平成30年3月告示）の公民科の各科
目の目標である。文中の各空欄に適する語句を答えよ。

●公共
　現代の諸課題を捉え考察し，選択・判断するための手掛かりとな
る概念や理論について理解するとともに，諸資料から，（　ア　）など
として活動するために必要となる（　イ　）を適切かつ効果的に調べ
まとめる技能を身に付けるようにする。

●倫理
　（　ウ　）人間として他者と共によりよく生きる自己の生き方につい
てより深く思索する力や，現代の倫理的諸課題を解決するために倫
理に関する概念や理論などを活用して，（　エ　）に思考し，思索を深
め，説明したり対話したりする力を養う。

●政治・経済
　よりよい社会の実現のために現実社会の諸課題を主体的に解決し
ようとする態度を養うとともに，多面的・多角的な考察や深い理解
を通して涵養される，国民主権を担う公民として，自国を愛し，そ
の平和と（　オ　）を図ることや，我が国及び国際社会において国家
及び社会の形成に，より積極的な役割を果たそうとする（　カ　）な
どを深める。

解答	ア　倫理的主体　　イ　情報　　ウ　自立した　　エ　論理的

ア　倫理的主体　　イ　情報　　ウ　自立した　　エ　論理的
オ　繁栄　　カ　自覚

解説　「公共」が(1)，「倫理」が(2)，「政治・経済」が(3)より出題されている。それぞれ混同しないよう整理しておきたい。

■■■■■■■■■■■ 例題5 ■■■■■■■■■■■

次の文は，『高等学校学習指導要領(平成30年告示)解説　地理歴史編』の「第1章第2節　地理歴史科改訂の趣旨及び要点」の一部である。これらを参考に，下線部の地理領域科目における「見方・考え方」を働かせる際に着目する視点を生かして，生徒が考察，構想した結果，獲得する知識の例として適当なものを，あとの①〜⑩から5つ選べ。

> …地理歴史科における「社会的な見方・考え方」は，各科目の特質に応じて整理した。地理領域科目では「社会的事象の地理的な見方・考え方」として，「社会的事象を，位置や空間的な広がりに着目して捉え，地域の環境条件や地域間の結び付きなどの地域という枠組みの中で，人間の営みと関連付け」，歴史領域科目では「社会的事象の歴史的な見方・考え方」として，「社会的事象を時期，推移などに着目して捉え，類似や差異などを明確にしたり事象同士を因果関係などで関連付けたりし」て働かせるものとされ，小・中・高等学校の学校種を超えて社会科，地理歴史科，公民科を貫く「社会的な見方・考え方」の構成要素として整理した。
>
> …(略)…
>
> …「社会的事象の地理的な見方・考え方」を構成する視点には，<u>「位置や分布，場所，人間と自然環境との相互依存関係，空間的相互依存作用，地域</u>」などがあり，…(略)…適宜適切にそれらの視点に着目することが大切である。

① 元禄文化は有力商人を背景に発展した。一方で，化政文化は旗本から町人まで広まった。

② 大豆が南米で大量に生産されるのは，気候条件，サバナの農地転用，品種改良などによる。

③　東京都の沿岸部は埋立地が広がり，工場，商業施設，住居などに利用されている。

④　人権思想の広がりは，工業化に伴う労働運動が起こった18 ～ 19世紀以降に見られた。

⑤　発展途上国の多くで，首都への機能の集中が進み，地方からの人口移動が進んでいる。

⑥　19世紀後半のアイルランドのジャガイモ飢饉は，アメリカ合衆国への移民を増大させた。

⑦　情報通信機器の世界的な普及拡大は，20世紀後半以降の技術革新などを背景にしている。

⑧　よりよい公共空間の形成には，他者の立場を尊重した合意形成のプロセスが必要である。

⑨　1970年代には，第四次中東戦争の結果として石油危機が起こった。

⑩　大都市周辺に広がる農業地域は，大都市で消費される野菜類を生産している。

解答　②，③，⑤，⑦，⑩

解説　①，④，⑥，⑨は歴史領域科目，⑧は公民領域科目に該当する視点である。なお，見方・考え方を働かせる際に着目する視点は，地理領域科目における位置や分布など，多様にあることに留意する。また，学習における追究の過程において，これらの視点を必要に応じて組み合わせて用いることが大切となる。

━━━━━━ 例題6 ━━━━━━

次の各問いに答えよ。

(1)　高等学校学習指導要領(平成30年3月告示)「公民」の「第3款　各科目にわたる指導計画の作成と内容の取扱い」において，「公共」を履修させる年次についてどのように規定されているか，書け。

(2)　高等学校学習指導要領(平成30年3月告示)「公民」の「第3款　各科目にわたる指導計画の作成と内容の取扱い」において，「倫理」，「政治・経済」の履修についてどのように規定されているか，書け。

解答 (1) 原則として入学年次及びその次の年次の2か年のうちに履修させる。 (2) 全ての生徒に履修させる科目である「公共」を履修した後に選択科目である「倫理」及び「政治・経済」を履修できる。

解説 各科目の履修については，必修科目である「公共」を履修した後，選択科目である「倫理」「政治・経済」を履修させることとなっている。そのため，「公共」は原則として，入学年次及びその次の年次の2か年のうちに全ての生徒に履修させることとなっている。よって，この教科の基本的な構造に留意するとともに，各学校で創意工夫しながら，適切な指導計画を作成することが必要となる。

※学習指導要領及び学習指導要領解説は，文部科学省の HP から閲覧できます。

学習指導要領 （平成 30 年告示）	学習指導要領解説 （平成 30 年 7 月）
	地理歴史編　公民編

●書籍内容の訂正等について

　弊社では教員採用試験対策シリーズ（参考書，過去問，全国まるごと過去問題集），公務員試験対策シリーズ，公立幼稚園・保育士試験対策シリーズ，会社別就職試験対策シリーズについて，正誤表をホームページ（https://www.kyodo-s.jp）に掲載いたします。<u>内容に訂正等，疑問点がございましたら，まずホームページをご確認ください。</u>もし，正誤表に掲載されていない訂正等，疑問点がございましたら，下記項目をご記入の上，以下の送付先までお送りいただくようお願いいたします。

> ① **書籍名，都道府県（学校）名，年度**
> 　（例：教員採用試験過去問シリーズ　小学校教諭 過去問　2026年度版）
> ② **ページ数**（書籍に記載されているページ数をご記入ください。）
> ③ **訂正等，疑問点**（内容は具体的にご記入ください。）
> 　（例：問題文では"ア～オの中から選べ"とあるが，選択肢はエまでしかない）

〔ご注意〕
○ 電話での質問や相談等につきましては，受付けておりません。ご注意ください。
○ 正誤表の更新は適宜行います。
○ いただいた疑問点につきましては，当社編集制作部で検討の上，正誤表への反映を決定させていただきます（個別回答は，原則行いませんのであしからずご了承ください）。

●情報提供のお願い

　協同教育研究会では，これから教員採用試験を受験される方々に，より正確な問題を，より多くご提供できるよう情報の収集を行っております。つきましては，教員採用試験に関する次の項目の情報を，以下の送付先までお送りいただけますと幸いでございます。お送りいただきました方には謝礼を差し上げます。
（情報量があまりに少ない場合は，謝礼をご用意できかねる場合があります）。

◆あなたの受験された面接試験，論作文試験の実施方法や質問内容
◆教員採用試験の受験体験記

- -

| 送付先 | ○電子メール：edit@kyodo-s.jp
○FAX：03-3233-1233（協同出版株式会社　編集制作部 行）
○郵送：〒101-0054　東京都千代田区神田錦町2-5
　　　　　　協同出版株式会社　編集制作部 行
○HP：https://kyodo-s.jp/provision（右記のQRコードからもアクセスできます） | |

※謝礼をお送りする関係から，いずれの方法でお送りいただく際にも，「お名前」「ご住所」は，必ず明記いただきますよう，よろしくお願い申し上げます。

教員採用試験「参考書」シリーズ

石川県の
社会科 参考書

編　集　ⓒ協同教育研究会

発　行　令和 6 年 7 月 25 日

発行者　小貫　輝雄

発行所　協同出版株式会社
　　　　〒 101 − 0054
　　　　東京都千代田区神田錦町 2 − 5
　　　　　電話　03 − 3295 − 1341
　　　　　振替　東京00190 − 4 − 94061

印刷所　協同出版・POD 工場

落丁・乱丁はお取り替えいたします
